U0531712

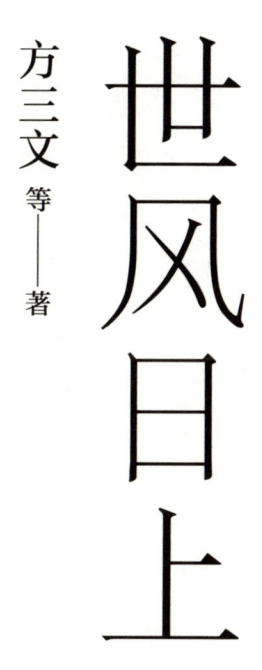

世风日上

方三文 等 著

雪球

中信出版集团｜北京

图书在版编目（CIP）数据

世风日上 / 方三文等著. -- 北京：中信出版社，2020.11
ISBN 978-7-5217-2175-1

Ⅰ.①世… Ⅱ.①方… Ⅲ.①投资—基本知识 Ⅳ.①F830.59

中国版本图书馆 CIP 数据核字 (2020) 第 165626 号

世风日上

著　者：方三文等
出版发行：中信出版集团股份有限公司
（北京市朝阳区惠新东街甲 4 号富盛大厦 2 座 邮编 100029）
承 印 者：北京通州皇家印刷厂

开　本：880mm×1230mm　1/32　　印　张：12.75　　字　数：283 千字
版　次：2020 年 11 月第 1 版　　　　印　次：2020 年 11 月第 1 次印刷
书　号：ISBN 978-7-5217-2175-1
定　价：79.00 元

版权所有·侵权必究
如有印刷、装订问题，本公司负责调换。
服务热线：400-600-8099
投稿邮箱：author@citicpub.com

特别说明

本书中 @ 不明真相的群众、方丈、方总、老方、方老板均指作者方三文。

本书引用了部分雪球用户在雪球平台（www.xueqiu.com）产生的内容，所引用内容均注明原作者的雪球用户名。

感谢钟俊鹏、何嘉兴、卡夫为本书的选编所做的贡献。

本书的版税收入除支付必要的编辑费用，将全部捐赠给六和公益运营的乡村阅读项目，感谢雪球用户贡献的精彩内容。

投资风险提示：
雪球里任何用户或者嘉宾的发言都有其特定立场，投资决策需要建立在投资者的独立思考之上。市场有风险，投资需谨慎。

目 录

自序　人心很古，世风日上　…. VII

第一部
人心很古

第一辑　人心——世象与人生 …. 3
人生是一种自然现象，本身没有什么意义，意义都是你赋予的

第二辑　人心——心理与道德 …. 32
善良是定性，聪明是定量，道德只能用于约束自己

第三辑　人心——信息与认知 …. 43
你眼中的垃圾可能是他人眼中的黄金

第四辑　人心——财富与公益 …. 77
财富的均值回归：人生而不平等，命运很难把握

第五辑　人心——家庭与关系 …. 91
幸福：聪明的人计算可变因素，智慧的人看重不可变因素

第六辑　人心——育儿与教育 …. 111
放弃回报，降低预期，享受过程，接受结果

第七辑　人心——文化与艺术 …. 143
美就像山顶，后面什么也没有

第八辑　人心——智能与未来 …. 149
经历过这么多人工智能的考验，人类还活在这个星球上，而且越活越好了

第二部
世风日上

第一辑　世风——经济与周期　..... 161
坚持劳动很重要，不要随便说"财务自由"

第二辑　世风——城市与农村　..... 188
土地产出与计划生育：馒头跟上了嘴的增长

第三辑　世风——市场与消费　..... 202
没有中间商赚差价

第四辑　世风——房产与房价　..... 217
如果没有房地产，中国人会比现在穷得多

第五辑　世风——行业与公司　..... 237
企业管理：自己的问题岂是自己能解决的

第六辑　世风——银行与金融　..... 277
贷款创造货币，杠杆则是人性的放大器

第七辑　世风——投资与炒股　..... 298
我入市以来始终满仓，无论是牛市还是熊市

第八辑　世风——历史与地理　..... 362
改革也有瞎折腾，减税才是硬道理

第三部
关于雪球

自 序
人心很古，世风日上

"不明真相的群众"是我在雪球上的用户名。雪球是我创办的一家投资者交流网站。

本书收录的内容是我近三年来在雪球上的聊天记录。

聊些什么呢？

我之前出过两本书，一本是《老二非死不可》，另一本是《您厉害，您赚得多》，都是以投资为主题的。

我平时在雪球上聊天，涉及很多跟投资非直接相关的内容，有很多用户说这些内容很有意思，问我能不能将它们结集成书。我觉得这个建议有道理。所以可以这样理解，《世风日上》的内容是我在雪球上跟投资非直接相关话题的聊天记录的摘录。

那我为什么会为本书取这个书名呢？

我们在雪球上的交流，除了跟投资直接相关的，其他内容涉及广泛，但大部分主要涉及两大问题：我们如何看待和摆脱自己的人生困境？我们如何看待各种各样的社会现象？

中国的知识分子面对这些问题的时候，最喜欢引用的一句话是："人心不古，世风日下。"

说实话，这么多年来，我对这句话一直感到非常困惑。

首先，人心怎么可能不古呢？

我觉得，人性的贪嗔痴从古至今没有什么变化。人的欲望与自身能力的差距、人面对无法认知的外部世界的惶恐、人面对不确定性的茫然，以及由它们酿成的人生的无力感与痛苦，从古至今，有什么变化？

我对此的看法是，人心很古，从根本上说，人生的困境是无解的。

而且我观察到，"世风日下"也有问题。

经济发展，人的生存资源持续扩张，决策空间加大，互相伤害的零和生存博弈显然会大大减少。

现代经济是协作经济，人需要相互信任、尊重契约，才能降低交易成本。所以人与人之间的善意、信任会受到持续的激励，契约精神显然在持续强化。

同时，法律和制度日益健全，技术手段进步，人因违法、违约受到惩罚的概率大大提升，这也进一步约束了人要做到守法、守约、守信。

我的看法是，历史上根本不可能存在一个远古的世风很好的时代。"世风日下"只是人对当今世界不完美的一种感慨，以及美化过去的一种习惯性思维误区。世间万物，很难有一种完美的状态或者一劳永逸的解决方案，但逐步改进、相对改善又是可能的。所以，世风其实是"日上"的。

这是本书收录的聊天记录中我的核心观点。我觉得我们面对自己内心的时候要足够悲观与保守，面对外部世界的时候要足够乐观与进取。唯其如此，我们才能跟自己、跟这个世界好好相处。

第一部
人心很古

第一辑　人心——世象与人生
第二辑　人心——心理与道德
第三辑　人心——信息与认知
第四辑　人心——财富与公益
第五辑　人心——家庭与关系
第六辑　人心——育儿与教育
第七辑　人心——文化与艺术
第八辑　人心——智能与未来

第一辑
人心——世象与人生

炒股：既是立身，也是立业，又是立功，还能立德

@ seven year： 方丈，你认为人生的意义是什么？聚焦到股市，你认为努力通过股市实现财务自由算是一种有意义的人生吗？

@ 不明真相的群众： 人生是一种自然现象，本身没有什么意义，意义都是你赋予的，所以你认为人生有意义就有意义，你认为人生有什么意义就有什么意义。

我觉得，能让自己满意的人生可以分四个角度或者层次。（1）理解这个世界的规律，获取生存资源，做到不被饿死。这叫立身。（2）获取的资源，能够让与自己关系亲近的人生活得更好。这叫立业。（3）能够给社会创造产品、服务的增量，为与自己没有直接关系的人创造价值。这叫立功。（4）自己的方法论、价值观、审美趣味能够产生超越时间的价值。这叫立德。

通过炒股实现财务自由，既是立身，也是立业，又是立功，还有一定的概率能立德，按照我的理解，这很有意义。

炒股的社会价值是什么？记分牌在上帝那里，你不用操心

@ **泥球球**：我提几个比较难答的问题。（1）一个人购买股票，持有一定时间，赚钱之后卖掉了，他在这个过程中为社会创造价值了吗？他创造的价值难道等于赚到的钱？（2）另一个人与之相反，亏钱了，他有没有为社会创造价值？（3）有人加一倍杠杆炒股，赚钱了，他比不加杠杆时赚得多，他创造的价值是否也比不加杠杆时多？（4）一个人购买期权或期货，赚了很多钱，他是不是为社会创造了更大的价值？（5）一个人购买期权或期货，赔得倾家荡产，抛开他自己的处境不谈，他是否为社会创造了价值？创造了多少价值？（6）把（4）和（5）题换成购买比特币，他们是否为社会创造了价值？

@ **不明真相的群众**：猿人早上走出山洞的时候，如果它是这样想的："我今天要找到食物，养活自己和家人；在找食物的过程中，要超过其他猿人；在找食物的过程中，要防止自己成为猛兽的食物。"那么我们会认为这是一个正常的猿人。

如果这个猿人走出山洞的时候，每走一步想的都是："我做的事情对原始社会有用吗？我如何才能为原始社会做出更大的贡献呢？"那么我们会觉得这个猿人真是病得不轻。

二级市场是整个资本市场的一个组成部分，二级市场参与者的主要贡献是给股权、债权交易提供流动性。如果股权、债权没有流动性，企业家的创新能力就会大打折扣，企业的融资能力也会大打折扣，那么当今社会由企业创新带来的丰富的产品、服务供应就根本不会存在。无论市场参与者用何种方式参与、盈亏如何，都有他的贡献，但每个人具体的贡献是模糊的。整体而言，

在流动性提供方面,"雪中送炭"的参与者提供的价值更大,比如在市场崩溃、流动性不足时提供流动性,在市场疯狂、流动性过剩时抽走流动性,那么他们获得的市场回馈就更有可能是正面(赚钱)的。

整个资本市场并不是从个人"利他"的角度设计的,而是从每个人获取私利的角度设计的。每个人获取私利的过程会自动形成细化合理的社会分工,丰富社会的产品、服务供应,最终大多数人都会获利,这是现代资本市场和现代经济体系的神奇之处。

所以,放心出门打猎,并且注意不要成为别人的猎物。关于你对社会的贡献,记分牌在上帝那里,你不用操心。如果你实在要操心的话,可以把从资本市场赚来的钱捐赠一点儿给你的母校。

@ **长风漫步:** 把创造财富和分配财富混为一谈。资源的拥有者靠出卖资源创造财富,并获取报酬,例如拥有体力和脑力的劳动者,体力和脑力就是他们的资源,他们是财富的直接创造者。资源的分配者,例如企业家、公司领导,他让你挖地你就挖地,他让你搬砖你就搬砖。他们一般不直接创造财富,却通过调配资源使资源拥有者能够愉快、高效地把资源转化成财富。还有资本家,他们不用调配资源,更不用直接劳动创造财富,他们直接控制资本流动,承担资本损失的风险,获得风险收益。

残酷的社会告诉我们:资本家的收入 > 企业家的收入 > 劳动者的收入。这三个分配层级决定了分配比例,承担风险的人往往获得更大的比例。10 个资本家投资 1 个项目,10 000 个资源拥有者通过 100 个领导者的调配,靠出卖体力和脑力,日夜加班创造财富。这些财富由这 10 110 个人来分享(当然已经缴过税)。你不要说财富是你创造的,你就要多分。你是万分之一的劳动者,注定不会和十分之一的资本家一样。资本回报就是谁承担大风险，谁就获得大收益，而不是谁创造谁获得。

那么股票市场是什么？它就是财富的再分配市场，是三个阶层之间的电梯。你买一手工商银行股票，是不是和大股东同股同权了，是不是就会获得企业发展的收益？你，一个出卖自身资源的劳动者，突然像资本家一样了，有没有很惊喜？这时候你发现你"躺着"把钱赚了，并没有像以前一样出卖体力。可是你的收益很少，因为你只买了一手，只承担了一手股票的风险。

风险则是一个会让电梯向下走的按钮，谁都不知道按钮什么时候会被按亮。那你今天以每股10元买入，明天以每股11元卖出，是创造了1元的价值吗？没有。价值投资者持有股票1万年，他也没有直接创造价值，价值都是劳动者创造的。

那突然多出来的1元交易差价是怎么回事？它是对公司未来盈利或亏损的提前分配。预测公司会盈利，股价就会高出当前价值，高出部分就是对未来公司盈利的预先分配；预测公司会亏损，股价就会低于当前价值，低的部分就是对未来公司亏损的预先分配。

有没有发现，对未来公司盈利或亏损的预先分配似乎和劳动者没什么关系，这简直就是资本家的特权。所以大家都来这个电梯前，希望乘电梯到社会财富分配的顶层，只是有的人可能坐错了方向。

所以，不要问雪球上那些股票交易大鳄有没有创造财富。他们不创造财富，也不用创造财富，他们是靠承担风险来获得自己那份财富的。

我们散户来到股票市场，想本着财富再分配的目的从资本家那儿再分一杯羹，以弥补自己靠出卖体力和脑力获得的微薄收入。结果，散户经常坐错电梯，被分配了。

不要在沉船上停留，外面的世界没有想象中那么险恶

@ 娃娃头2002：方总，我今年36岁，"211工程"高校硕士毕业，已婚，有一个女儿，即将有第二个小孩，目前全家已定居杭州，想长期在杭州发展，有一套90平方米的住房，有一辆车，有80万元房贷，有30万元存款在股市中。我目前在一家国企上班，从事电厂的设计工作，今年是入职第8年，我老婆也在一家国企从事会计工作。我们俩的企业基本算同一行业，已算夕阳产业，虽然工作很忙，但收入越来越低（行业萎缩、竞争激烈），也看不到发展机会，赖着不走就等于养老了。因此，我们俩都很想换个行业，寻求新的发展，不知道方总能否给点儿建议。

@ 不明真相的群众：我觉得可以考虑结合自己的愿望、能力找一份更好的工作，在一条沉船上慢慢死去的感觉实在太糟了。

多年前，我在一家知名报社工作，我觉得报刊这种媒体形式承受互联网的冲击，不可持续，所以我离开了报社。后来我在一家门户网站工作，我觉得门户网站这种业务形态跟报社没有本质上的不同，都面临着互联网2.0模式和移动互联网的冲击，不可持续，所以我又一次选择离开。

你看，现在我也没有饿死。你没有什么好失去的，外面的世界没有想象中那么险恶。

今非昔比，仕途之外天宽地阔

@ **您赚的多**：方丈，在中国古代，有没有什么投资致富的渠道？如果方丈活在古代，会选择怎样的生活？

@ **不明真相的群众**：中国古代比较稳妥的致富办法只有一个——做官。现在则不然，当官之外的出路非常宽广，这是巨大的进步。为什么会这样呢？因为中国古代的主要产业是自给自足的种植业，需要交换的生产要素很少，无法形成复杂的、互利的社会分工，所以在财富分配方面，基本上只有两种人：交税（耕种）的和收税（不耕种）的。如果你是耕种者，那么你难免受穷，你致富的唯一办法就是挤进收税群体。

人生会有幸福，但是幸福只是阶段性的感受

@ **不明真相的群众**：幸福是一种主观感受，人生的意义是自我赋予的。

如果你用静态的标准或者目标衡量自己是否幸福或者人生是否有意义，就会面临困境：你在接近这个目标的过程中会觉得它有意义，达到这个目标会觉得幸福，超过这个目标，它带给你的良好感受（幸福）一定会持续衰减，所以你会觉得不开心。

这个问题是人生的困境，无解。如果一定要找到出路，一是树立一个不那么容易达到的目标，通过延长接近目标的过程来延续幸福的感受，这就是所谓的"奋斗"；二是设定自由、审美等相对虚幻又更接近感受的意义。

然而这些手段的作用都是有限的，很可能随着你的生命曲线进入平稳或者下降通道，你会觉得不幸福，直到你的生命消亡。

@ **旋转企鹅罐**：那么"平平淡淡一辈子也会过得幸福"之类的话是骗人的吗？

@ **不明真相的群众**：人生会有幸福，但是幸福只是阶段性的感受。

@ **美港资本陈龙**：老方所言极是。除了目标层面，幸福快乐的恒久感受还来自你生命中重要的人与你之间的情感关联。

直路与弯路：明明有桥可走，干吗摸着石头过河

@ **天涯2017**：方丈，一个人如果走了大弯路，又有能力跳出来，是不是比一路顺风没有走弯路创造卓越概率更大？或者说一个新股民，雪球价值投资大V[①]是他的入门老师，相比先追涨杀跌，痴迷技术，而后不断反思突破自己走向价值投资，哪条路更好？

@ **不明真相的群众**：摸着石头过河的人一定比从桥上过河的人更卓越？有些弯路是外部客观条件造成的，大部分弯路是自己的愚蠢和无能造成的，走更多弯路并不一定会减轻自己的愚蠢和无能，很可能加重了自己的愚蠢和无能。所以真正有价值的是如何让自己更聪明、如何增强自己的能力，而不是选择弯路还是直路。有直路可走却偏要走弯路，那一定是很愚蠢的行为。

@ **群兽中的一只猫**：有一种情况例外，就是走弯路的过程是自己主动探索的选择。如果最后能有好的总结和反思，对以后会有一点儿帮助。

@ **不明真相的群众**：我觉得只有正确的路和错误的路。人都在寻找正确的路，但囿于自己的能力很可能走到错误的路上去。如果最

---

① 大V指在网络平台上获得个人认证，拥有大量活跃粉丝的用户。——编者注

后走到正确的路上，事后看起来是走了弯路，但很难故意去走弯路或者错误的路。

@ **有言在先：** 我同意人类所有的知识源于实践。可是，如此绝对的话会引发很多问题，例如这里把人类的整体和个体混在一起了。对人类（整体）来说，知识、思想是从实践得来的。但每个个体不是这样，每个个体（需要）通过学习，掌握他人、祖祖辈辈在实践中所获得的知识。

人类有一个非常强大的工具，就是语言，所以我们可以通过学习获得知识，而不是亲践亲知。

@ **仓佑加错－何弃疗：** 为什么连续创业者的成功率比首次创业者高？

@ **不明真相的群众：** 创业成功后再次创业和创业失败后再次创业，哪个成功率高？这里面要考虑一个巨大的变量，即首次创业失败后有勇气再次创业的比例非常低。

有些人能从自己过往的经历中总结经验教训，提升下一次"击球"的成功率，这段经历有可能是成功的经历，也有可能是失败的经历。没有证据表明失败的经历的经验值更高。

不要因看不清 100 千米外的远山而摔倒在脚下的泥坑

@ **愚蠢的萨克：** 看您提过的《月亮与六便士》，感觉能追求自己的理想才是真正的不虚此生。可怜自己连真正想要的是什么都不知道，所做的一切只是为了让自己在别人眼里还不错。就像那个放牛娃的小故事，别人问他："你那么辛苦放牛为了什么呀？""我放牛是为了牛长大了能卖钱。"放牛娃笑嘻嘻地说。"那你挣钱是为了什么呀？""为了娶媳妇呗。""娶完媳妇呢？""生娃。""然

第一部　人心很古

后呢？""嘻嘻……让娃放牛呀，我爸就是这么做的。"

@ **不明真相的群众**："不知道自己想要什么"是一种非常奢侈的人生状态。实际上，大部分人都知道自己想要什么：想要活着，不想死；想要有饭吃，不想被饿死；想要有稳定的收入，不用每天为吃饭犯愁；想要工资比别人高，吃得比别人好。这些问题以及很多别的问题解决了，才有资格说"不知道自己想要什么"。

不知道不要紧，先把眼前的问题解决，一步一步往前走，不要因看不清 100 千米外的远山而摔倒在脚下的泥坑。

终其一生，人都需要劳动两只手，喂饱一张嘴

@ **到哪都得要个名字**：小弟今年快 30 岁了，生活在三线城市，这些年一直做小生意养家！最近一直在想我余生应该怎样生存，在小地方上班赚得少，做小生意很辛苦，而且做三五年就得换行，每次换都是新的开始，很累，很容易失败！要是年轻点儿还好，到 35 岁、45 岁、55 岁这几个坎怎么过？就我这种情况，还有什么工作可以伴我余生，越老越吃香，比如我做不来的风水师，或者其他小生意，能保我后半生活得有点儿样，少折腾。往后余生，只走这一条路！

@ **不明真相的群众**：每个人来到世间都只带着两只手、一张嘴。终其一生，人都需要劳动两只手，喂饱一张嘴。没有什么外在的东西，比如"工作"可以一劳永逸地解决问题。每个阶段都有每个阶段的问题。在外人眼里比较"成功"的人生，也并非一劳永逸地解决了问题，而是每个阶段能解决每个阶段的问题。

"无财作力，少有斗智，既饶争时。"在劳力阶段，辛苦不

说；在斗智阶段，也不会轻松；在争时阶段，也很容易犯错误，把之前的积累都耗光。

有人的地方就有江湖，要么忍，要么狠，要么滚

@ **雪球用户**：不喜欢组织文化又不能离开体制，怎么办？

@ **不明真相的群众**：任何组织都有可能因为"文化"让其成员有不好的体验。在工作目标不一致、激励机制不清晰的组织里，这种可能性更大。你不喜欢这种文化，又加了"不能离开体制"这个前提，那么你只能适应这种文化，倒不是说你要去迎合你不喜欢的东西，但可以保持距离，按自己的规则行事，或者换一个自己喜欢的组织。

@ **阳自东来**：有人的地方就有江湖，要么忍，要么狠，要么滚。

关于"996"：中年男人爱加班，只是因为太寂寞

@ **雪里个球**：请教方丈对于"996"工作制的看法，作为老板，雪球鼓励员工实行"996"吗？

@ **不明真相的群众**：我觉得，从公司的角度看，应该以目标为导向，而不是以形式。如果目标是合理的，那么"996"也可以，"10107"也可以，"7×24"也可以。据我观察，有很多公司是为了加班这种形式而加班，只是让员工坐在工位上而已。

从员工的角度看，加班没有什么大不了的。就业市场是一个有充分选择权的自由市场，你要珍惜自己的选择权，这个世界上也有大把朝九晚五的工作。

第一部　人心很古

　　我有一个朋友，在欧洲一家企业工作，他很喜欢加班（当然，也有可能是他的工作效率低，或者说，他喜欢在别人的非工作时间工作）。下班时间一到，保安就把所有人赶出办公室，强行剥夺了他加班的自由，搞得他非常郁闷。

@ **鲁滨逊君**：我一直怀疑加班到底是什么原因，是不是内部官僚制度造成的？之前我在一家号称工作非常繁忙的单位工作，事情确实也多，但更多的是因为底层一线不敢做事，不断请示，中层不拿主意，为了免责，各种程序、手续层出不穷，做一件小事，文件就得用几十张纸，结果其实几句话就能说清。

@ **不明真相的群众**：从家庭生活中已经得不到什么乐趣的中年男人，坐在办公室里只是解决自己的寂寞问题，如果有一帮下属陪着自己，就比较完美了。

尽人事听天命，共享千姿百态的人生

@ **天道骑龙 plus**：方丈，人和人之间的本质差别究竟在哪儿？为什么洛克菲勒和巴菲特是超级资本家，是"食物链"顶端的男人，而大部分人每天忙忙碌碌也没多少质的改变。

@ **不明真相的群众**：人与人之间，禀赋、能力、运气天差地别，由此造就了千姿百态的人生。然而人类社会进步几千年，也摸索出了几十亿人和谐共处的规则：无论占有的资源多么悬殊，一个人无法随意剥夺另一个人的生命、财产和其他基本权利，这保证了群体的生存和基因的多样性，然后通过基因变异、命运的偶然性，造就千姿百态的人生。几十年、上百年以后，这些统统归零，重新开始……

作为个体，我们可以把握的是主观的努力，以及接受基因变异和命运的偶然性。

@ **愚者 TheFool**：方丈的意思是说：尽人事听天命。

@ **关耳闻心**：伊壁鸠鲁把幸福快乐定义成至善的时候就曾告诫弟子，快乐是件辛苦的差使。仅有物质成就并不能让我们长久地感到满足。事实上，盲目追求金钱、名誉和欢愉只会让我们痛苦不堪。

女性与哲学：让男性哲学家相妻教子试试看

@ **大黑天人**：方丈，在哲学上有重大建树的女性有哪些？女性在哲学方面的研究与男性有哪些差异？女性是否会因过于注重形象（包括自己和他人）而与哲学失之交臂？

@ **不明真相的群众**：女性在哲学方面的建树确实有限。原因可能有很多，我试着分析一下。首先，女性的注意力分布倾向于均衡，男性的注意力分布倾向于专注，哲学需要专注。其次，从基因繁衍的角度来看，在很长的时间里，只有特别优秀的男性才可以获得繁衍基因的权利。男性有追求杰出的基因，所以各行各业的高度成就大部分由男性取得。进入现代社会以后，这种状况有所改变。所以，以后也许会出现女性哲学家。

@ **飞刀猩猩诸法空**：我没有统计数据，不好分析全社会女性，我只能说说我的个人经历。我喜欢哲学，也愿意花时间研究。但是，如果我用八个小时上班，用两个小时做饭洗衣，花三个小时带孩子，我就根本不可能进行任何"深入的思考和系统的学习"。我相信稍微从事过脑力劳动的人都能理解，没有大段安静的时间是没办法工作的。

我们北方对女性的要求是，勤劳、能干活，脾气好、不爱作，不要想太多。像我这种什么也不管，一天到晚想得多的脑力劳动者，按社会评价妻子或者母亲的标准衡量，是非常糟糕的。

事实上，不少男性哲学家也选择独身。

税收与社保：所有用工都需要足额缴纳社保

@ **请按常理出牌：** 方丈，虽然您不太关注宏观研究，而更多关注企业本身，但毕竟企业也是社会的一部分，重大政策可能对企业产生深远影响。所以我请教您一个问题，社保改由税务部门征收是否严重影响民营企业的发展？据我所知，好未来（TAL）以往的做法是给月入 1 万元的教师按 3 000 元的基数缴纳社保。

@ **不明真相的群众：**（1）我们不能把社保缴纳跟税收混为一谈，所有用工都需要足额缴纳社保，这是无法阻挡的。我们不能一方面希望有强大的社会保障，另一方面又不愿意缴纳社保。

（2）现在足额缴纳社保肯定会使之前不足额缴纳社保的企业的成本上升很多，企业经营会面临很大的困难，而这些企业又发挥了很大一部分就业功能。所以我希望有关部门配套出台一些减税措施，不然会比较严重地影响就业问题。

（3）长远来看，各种生产要素的价格体系终究会形成新的平衡。只要中国的企业税负不高于别的国家，中国企业的效率优势、中国的产业配套优势、中国的市场规模优势、中国的劳动力成本优势还是很明显的，放眼全球还是很有竞争力的。

人为什么一定要积极乐观呢

@ **薛定谔家的小猫**：怎么摆脱生活中的虚无感？怎么保持积极乐观的人生态度？

@ **不明真相的群众**：人为什么一定要积极乐观呢？

@ **薛定谔家的小猫**：当然，人不一定非要积极乐观，人生也不一定非要有意义，人生的意义是个体赋予的。换个问题，如果我希望自己的人生态度是积极向上的，那么怎么才能长期保持这种正向的人生态度和状态呢？

@ **不明真相的群众**：在精神层面，必须有不是太实又不是太虚、不是那么容易达到也不是完全不可能达到的目标，以此激励自己。在物质层面，必须具备达成目标所需的"激素"。很多时候，所谓没有激情、不积极向上，根本原因是人老了，"激素"分泌不够。

遍身罗绮者，造福养蚕人，但他们为什么仍然贫穷呢

@ **瓦尔登湖畔的梭罗**：方丈，没有太多边际实用价值的奢侈品，比如名酒、名烟、名包，它们对于社会进步有什么意义？

@ **不明真相的群众**：任何产品或服务都不是为了"具有社会进步的意义"而存在的，而是因需求而存在。如果要考虑它们的社会意义，那么奢侈品是最好的暴富税，它通过富人的感性消费把财富转移支付给穷人。

@ **天行健地乾坤**：富人买了奢侈品，财富怎么就转给穷人了？

@ **不明真相的群众**："遍身罗绮者，不是养蚕人。"富人消费丝绸，最后财富都转移给养蚕的、织绸的、卖绸的、缝衣的人了。即便

第一部 人心很古

他们没有"遍身罗绮",但比没有就业要好多了,或者说他们穿上绸缎的概率大大提升了。如果富人挖个坑把银子埋起来,那就没有办法实现财富转移,会制造通货紧缩。所以虽然《蚕妇》这首诗的创作者是用它来控诉社会不公,但在我看来,它很好地解释了社会分工、财富转移。

@ **细雨初秋千棵树**:遍身罗绮者的购买力是从哪里来的?养蚕人为什么没有这样的购买力?不平等能不能推动社会进步,要看不平等的具体情况,看不平等是怎么造成的。在权力分配资源的体系下,不平等可能是社会革命的推动力,但代价巨大,也暂时谈不上经济进步;在市场分配资源的体系下,不平等才更可能是社会进步的动力。不过即便如此,也要鼓励价值观多元化。单一价值观可能会推动社会在数量和效率方面的进步,多元价值观则会带来更加参差多态的社会进步。

@ **看脚下**:这是你独立思考的结果吗?我小时候深信教科书上的这些概念,导致我青少年时期进入了自我矛盾和全面否定的阶段。

@ **不明真相的群众**:这不是教科书的问题,是古人的认知能力问题。我们设想一下,如果"罗绮"只能"养蚕人"穿,那么他们的食物又从哪里来?是不是也是他自己种才公平合理?那样的话,社会分工根本不可能支持养蚕、织绸这种"没有实际作用"的奢侈产品或服务,所有人都光着身子上树摘果子。那是不是大家理想中的公平社会?

@ **纯粹理性实践**:按理说,养蚕卖丝绸,高端需求毛利高,应该很赚钱才对,但是很多养蚕人还是穷苦人。究竟是这门生意不行,还是养蚕人经营得不行,还是营商环境太差了?

@ **不明真相的群众**:主要问题是养蚕这个环节没有门槛。

做技术还是做销售，找找你的杠杆在哪里

@ **只做你的崔斯坦：** 方丈，上次咨询完以后努力工作，在半年内涨了一次薪水。现在我的技术达到了一定的水平，所以发现了一个问题。技术是有价的，可以买，那我有钱了就可以买到能力强的师傅啊。做了 20 年的师傅月薪也就八九千，现在的修理工还附带销售，只有卖出产品才能拿提成。那同等条件下何不去做销售呢？保底都有五六千啊。修车修到怀疑人生。技术已经不是一等重要的了。挣钱才是能力，技术的目的就是挣钱。技术只是工具而已。那么如何使自己的薪水快速上涨呢？技术是不可能太快地增强了。

@ **不明真相的群众：** 工作整体上分两种：一种是没杠杆的，技术类工作大体属于此类，这在大公司里一般叫作 P 系列；另一种是有杠杆的，销售管理类工作属于此类，这在大公司里一般属于 M 系列。

　　如果想要通过工作赚到比较多的钱，那么销售管理类的工作更有可能实现，但它需要你拥有一定的技能，并且能承受较大的工作压力。能做好技术工作的人未必能做好销售管理类的工作。当然还存在另一种可能，有的人做技术不行，做销售管理却做得风生水起。

　　韩信说刘邦"陛下不能将兵，而善将将"，有人说刘秀"临小敌怯，临大敌勇"。人各有所长，做自己擅长的就好。

@ **财富酵母：** 资本家是用钱做杠杆，管理者是用人做杠杆。一个人要想有大成功，基本都少不了杠杆。

第一部　人心很古

持续努力，不会"干了又好不到哪里去"

@ **境洲**：方丈，我不安于现状，但又无力改变。钱都花在房子上了，经验又没有积累。我现在处于一种不干会"死"，干了又好不到哪里去的状态，因此非常焦虑，如何破局？

@ **不明真相的群众**：这个世界上绝大部分人，在绝大部分时候，都处于"不安于现状，但又无力改变"的状态。

如何破局？如果有清晰的目标、持续的努力，只要运气不是太差，肯定不会"干了又好不到哪里去"，肯定会好得超乎想象。如果没有目标，又不愿意努力，那就接受自己的平庸，找点儿平常的乐趣，没有必要给自己找气受。最差的情况是既不干又怨天尤人，好像世界欠你什么一样。

@ **深深蓝1**：世界有时就是不公平。为什么有人生在贫困山区，有人生在北京？

@ **不明真相的群众**：人能做的是改变能改变的事情，而不是抱怨不能改变的事情。

生在穷人家，一样被宠爱

@ **葛二蛋哥**：生在穷人家是什么感受？

@ **不明真相的群众**：饿、馋、窘、怯、羞、愤、恨……

@ **吃瓜不吐籽群众**：方丈，你的这条评论攻击性太强了，穷人家的孩子也不至于只有负面的感受。

@ **不明真相的群众**：您说得很有道理。大部分家庭都是正常家庭，说不上富，也说不上穷。大部分孩子也接受自己的家庭是正常家庭的现实，会以正常的心态对待。

其实，有很多物质不是那么富足的家庭给孩子的体验是很好的，主要源自家人之间的爱。也许每个家庭拥有的财富数量有很大差距，但输出爱的能力是差不多的。

社会资源和运行规则：是谁让你当了房奴

@ forcode：《愤怒的葡萄》一书讲的是 20 世纪 30 年代美国大萧条时期，破产且丧失土地的俄克拉何马州农民听信加州有高薪工作机会，开着一辆破旧卡车，带上全部家当，举家自驾几千公里的故事。路上，爷爷奶奶相继去世。最后农民到达加州，发现高薪工作机会是假的，遍地是失业的流民。农民进入一个雇用了大量打手的农场摘桃子、葡萄，人身自由受到限制，摘一筐桃子才得 5 美分工资，全家劳累一整天赚到 1 美元。农场内部商店的物价很高，1 美元都不够吃饭。工人名义上赚到了 1 美元，又全被农场商店用食物回收了，工人拼死拼活都不够喂饱自己，相当于免费给农场主干活，比农奴好不了多少。

我由此联想到现实社会的货币回收机制：现代社会每个人看似拥有选择工作和居住地的权力，付出劳动、获得报酬，然后可以选择把报酬花在不同地方。实际上，社会通过提高生存必需品的价格，把劳动者辛辛苦苦工作获得的货币又都回收了，真正留给他们用于享受或可以储蓄起来、很长时间不劳动也够花的钱很有限。

社会回收货币的途径有哪些？食物、衣服、交通、住房、教育、医疗、孩子、通胀……如果能够在住房、教育和孩子方面要求低一点儿，甚至不生孩子，其实人们可以活得轻松很多，这三

第一部 人心很古

方面就是无底洞。那样，你被回收的货币就会少得多，可以少奋斗很多年……

@ **不明真相的群众**：逻辑不是这样的，不是"社会"收走了你的资源盈余，而是大部分人都量入为出，会有意识地花光自己一辈子获取的资源。死的时候，留下一套房子，人生的账大体也做平了。只有那些生产资源的能力远远超过消耗资源的能力的人才会有盈余。

@ **forcode**：从《愤怒的葡萄》来讲，那个黑心农场就是故意垄断了商店里食物的价格，让名义上能够打工获得报酬的人活得跟农奴没两样，辛苦一整天挣的钱只够维持最基本的温饱。

　　类比一下，我们的社会，某些资源是否也被故意垄断了？比如住房这种必需品，就跟黑心农场的食物一样不可不买。人们辛苦一辈子，两代人省吃俭用攒了几十年的钱，最后全部被房子掏空了，又得从头攒钱还债。要是10年的工资买得起住房，大多数人就不用活得这么辛苦……

@ **不明真相的群众**：这个假设没有意义，住房的价格并不是"社会"制定的，而是所有买房者共同决定的。你认为10年的工资买得起房是舒适的，就一定有人愿意用30年的工资来买房，那么房价就是由他来定的。

@ **forcode**：事实上，如果放开土地供应、自由竞争，房价到不了今天这么离谱的地步，最多掏空2个人的钱包，不需要掏空6个人的钱包。

@ **不明真相的群众**：你只看到了房子作为消费品的一面，没有看到它作为投资品的一面。任何资产，只要价格持续上涨，就会吸引大量的趋势投资者掏空钱包去买，这时候，价格就是由风险偏好最高的购买者定的。

为什么有人不愿意生孩子了？没有时间和精力

@ **魔鬼列车长小高：** 别再吹新加坡组屋了，新加坡的生育率也是全球倒数的。

@ **不明真相的群众：** 我观察到的现象是，低收入阶层的生育意愿比较强，教育水平和收入水平提升以后，人们的生育意愿会降低，但到了富裕阶层，其生育意愿又会增强。不是因为他们的空间压力小了，而是他们已经富裕到可以通过外包减少养育孩子对自己的时间和精力的侵占，或者有能力让夫妻一方不工作、全职养育孩子。所以，我认为时间和精力的挤占效应、对自己拥有的时间和精力的估值是影响生育意愿的核心因素。

世风日上：犯罪率持续下降

@ **时间的路口：** 方丈，有一种现象困扰我已久，我上班的地方离老家很近，所以我经常回去，20年来，眼见老家的风气由淳朴一点一点变得功利至上。原来生活贫穷时，大家都穷，日子倒也安稳，虽不能说是无忧无虑，但称得上夜夜安眠。后来社会变革，一部分人先富起来，人们的心理开始失衡。可是那部分先富起来的人是怎么富起来的呢？许多人依靠二字真经：坑、蒙（不是全都这样，但至少有90%是这样的）。我绝不情愿黑化自己的家乡，可事实真的如此。他们的价值观就是"能赚钱就行"，他们的口头禅是"撑死胆大的，饿死胆小的。干板直正，饿得头疼；瞎胡捣捣，吃得傻饱"。

请问方丈，应该将其看作社会发展过程中不可避免的一种现象，还是价值观扭曲造成的必须加以纠正的不正当风气？（必须声明，我乃一介草民，绝无站在道德的制高点批判老家人的意思。）

@ **不明真相的群众**：道德是用来约束自己，而不是用来评价别人的。你问一问自己，你的自我约束是多了还是少了？

道德水平在两种情况下会越来越高：（1）每个人的生存资源更加充裕，有更多选择的自由，不用通过伤害别人获取生存资源；（2）整个社会规则清晰透明，他人的行为更加可测。

也许你现在看到的道德状况并不让你满意，但你认为的过去"大家都穷，日子倒也安稳，虽不能说是无忧无虑，但称得上夜夜安眠"很可能是一种错觉，原因可能是视角问题，比如在孩子眼里无忧无虑的童年，父母却在为学费夜不能寐；游子心中淳朴的家乡，却是游客眼中利欲熏心的他乡。绝不存在一个因为贫困而无忧无虑的世界。

另外，从统计数据来看，犯罪率在持续下降。道德的根源基于协作共赢的事前约束，所以道德进步不可能基于人心的主动变化，只能基于协作需求的增强，以及事后惩戒的强化。

@ **宁静的冬日 M**：人心本身是一个有趣的世界，总体看它自古以来都是：生活越好，情怀越高。于是，大家就在仅仅是为了过得越来越好的努力中，不知不觉变成了越来越好的人。

社保的作用是带来安全感

@ **Hyperofree**：我现在 35 岁，以前断断续续工作过三四年，后来就没上班，社保也就断了。我的问题是：是否有必要自己掏钱买社保？这么做是否划算？中间已经断了几年是否有问题？

@ **不明真相的群众：** 如果你有强烈的不安全感，而且认为有社保可以缓解你的不安全感，那么当然可以自己缴纳。

@ **平常心投资：** 社保本身不重要，但是医保是和社保捆绑的。如果会理财，那你老了之后没有社保照样可以生活，但没有医保可能就艰难了。所以，个人还是有必要缴纳社保和医保的。医保缴足一定年限（有的地方是 15 年，有的地方是 20 年），你达到退休年龄后才能享受城镇居民医保。

@ **老和山下的鱼：** 社保还是要缴的，比起商业保险，这真的是国家福利呀。

@ **坚持 de 简单：** 全自费缴纳养老保险，不如拿这些钱买沪深 300。

@ **fish_j：** 别误导别人。只要你活得够久，社保比任何股票都要靠谱，那是基本保障。

生老病死：趁还活着给自己开个追悼会如何

@ **苍月风静：** 今天家父因身体原因在医院。我看见医院来往的老年人，心中难免感慨。想问方丈，人是应该有尊严地离去，还是靠着现代医疗手段维持生命。（不考虑钱的问题。）我看过一篇文章，说北欧国家的人患癌症和不治之症的很少，是因为他们认为生老病死是自然而然的事，不要强求。你认同这个观点吗？

@ **不明真相的群众：** 认同这个观点。

@ **熊出没注意 2：** "说北欧国家的人患癌症和不治之症的很少，是因为他们认为生老病死是自然而然的事"，还有这种说法？我记得丹麦的癌症发病率好像是全球第一吧？

@ **不明真相的群众：** 是的，北欧癌症高发，丹麦的肺癌发病率居全

第一部 人心很古

球第一。这并不是因为北欧人的生活条件不好，而是他们的生活条件太好了。他说的是不是患了癌症和不治之症还在积极治疗的意思？

@ **不一 2017**：应该让父母有尊严地离去，如果是不治之症，就没有必要再动手术。我的老母亲患了肺癌，动过一次手术。现在她自己告诉我，如果以后要再次手术才能多活几天，请我一定要拒绝医生的建议，她不想再吃这个苦了，宁愿早点儿走。她说，人总有一死，她不怕，也不在乎早点儿上路。听得我泪流满面。

@ **心新 NL**：这说到底是对待生命和死亡的态度。我的一个同事得了癌症，其间还被医生用错一次药，进了 ICU（重症监护病房），但他还是很乐观，经常来看我们。后来，他决定接受安乐死，死前组织了一次 Party（派对），穿上球衣、球鞋，踢了一场球。他临走前还回来给我们看照片，照片里大家是非常快乐的。他已经走了两三年。这个事情给了我很大的触动。欧美国家的医患关系和谐和人正确对待死亡以及医生的作用有很大关系。

@ **不明真相的群众**：我听过一个故事：有一个人住在养老院里，过得挺好，有一天，他突然向子女提出要（生前）给自己开个追悼会。

怎样拓展能力圈：少数人能坚持学习，其中包括你吗

@ **多乐市**；方丈，如何才能拓展自己的能力圈，能通过哪些途径，有哪些书籍可以参考，盼指教！

@ **不明真相的群众**：能力圈非常难拓展，尤其是难以通过单一途径，比如读某一本书拓展。这就犹如问一个人，今天做什么事情能发大财。

如果真的能形成所谓的能力圈，多半是靠积累，就是对某些

事物长期观察、思考、参与，在信息的占有和思维的深度上形成相对优势。所以专注和勤奋可能是能力圈的主要基础，当然不排除一些人天赋异禀。

对大部分人来说，知道事情超出自己的能力圈比拓展自己的能力圈更重要。比如在投资上，定投指数基金比投资个股更适合大多数人，就是因为前者对能力圈的要求更低。

@ **宁静的冬日M**：在投资领域，讲到能力圈时往往会出现一种特别的现象：真有的人知道自己有，没有的人也觉得自己有。就跟两个人下围棋一样，赢的那个人很容易就能看出输的那个人棋力太低，和自己的差距太大，知道自己一定能赢；输的那个人却往往也以为自己能赢，每次差那么一点点就能赢了。

因为人在真有能力圈之前其实很难看清自己到底是有强大的能力圈，还是有强烈的有能力圈的愿望。

@ **不明真相的群众**：与平凡的自己和解与认识自己的能力圈是一个道理，两件事并不矛盾。知道自己几斤几两，做自己能做的事情并把它做好，我不认为这是认怂，这样的人是伟大的现实主义者、乐观主义者。

@ **2022的阳光**：我说三点，你看是否认同。（1）脚踏实地，争取把你能做的每件事都做到极致。至于能力圈以外的东西，你想提升就玩命学，不想学就歇着。（2）坦然接受生活的一切。（3）没有什么认怂，也没有什么挣扎与享受，这都是瞎想。认认真真过好每一天，不枉此生。

@ **为与散人**：其实我的问题很简单：如果你现在是个普通人，你要不要拼命把自己变得不普通？

@ **2022的阳光**：理解。先说我的观点：努力做事，只做最好的自己。

我前段时间也有和你同样的想法，年轻时总希望还有时间能干点儿大事，但到了不惑之年，要再去努力挣扎，干出什么大的成就，就感觉希望渺茫。但我总不能就这么碌碌无为地过完这一生吧。所以我认为应做到以下两点。

（1）放平心态。能够波澜壮阔过完一生的是极少数，绝大部分人都是平平淡淡地过一生。请注意，我用的不是"普通"这个词，普通是和别人比，人的一生没法和别人比，只能和自己比，只做最好的自己。

（2）努力前行，专心做事。但行好事，莫问前程，努力做好当下的每件事，不要去问做了以后我能取得多大的成就。成功在于长期的坚持，只要功夫到了，其他都会不期而至。就像任正非当然不可能想到今天取得的成就，他也有挣扎，他挣扎的是怎么把当下的事做好，挣扎的是怎么应对公司将来的风险，而不是挣扎个人的成就。

与你分享，并自勉。

@ **借书人**：不太赞同方丈的观点。我觉得人生本就是一个试错的过程，不开始怎么知道我不可以。我觉得能力圈并不是专指投资，是不是因为大家都在做投资，所以固化思维认为此处的能力圈就是指投资类的。

我一直认为通过刻意的学习及练习，加上时间这个复利的关键，是可以取得不可估量的价值的，以下是我的个人经历。

（1）10年前我考入大学，不知道自己擅长什么、喜欢什么，感觉自己备战高考多年，除了数理化，什么都不会。那时，我觉得读书是最好的自我提升方式。我读很多种类的书，这些书不仅助我成长，而且每当我有人生的困惑时，一些好书总会帮我解惑。

（2）我8年前开始跑步，5年前开始登山、参加马拉松，每个周末都是与一帮驴友登山、徒步及露营，圈儿里的大牛都是登过珠峰的，所以我那时候有一个梦想，就是登上珠峰。两年后，我的半月板受损，我知道自己与珠峰无缘了。所以休息一段时间后，我发现运动产生的多巴胺也麻痹了我的思维，登珠峰从来就不是我能力范围之内的事。

（3）2015年，我决定开始理财。花了两年时间学习投资基金和股票，理财账户日渐充盈，感觉不错。这四五年来，我不断地学习及领悟，发现不对就立刻叫停。

（4）一年前，我开始接触写作，有人约稿，也有纸媒转载文章付我稿费。其实，我之前从来不知道自己会接触写作这一行，但我今年因本职工作异常忙碌而停止接稿，专注于本职工作的投入与发展。

（5）今年年初，我成功地从技术岗转到了管理岗，备受领导重视，做的也都是自己喜欢做的事。我发现自己在工作中有一些短板，比如对于Office办公软件并不精通，所以昨天去听了一节讲座，但收效甚微，于是我立刻报了秋叶的网课，着手学习。基础技能就是刚需，马虎不得。

这十年来，通过不断学习与反思，我收获了很多，不管是内在还是外在，最重要的是持续及坚持。

遇到任何问题，我们很难通过看一本书就有所获，而是需要大量的阅读并结合实践才能有较大的收获。

我现在几乎不给身边的人意见，别人怎么样都是别人的事，除非对方想让我帮帮他，这时候我还要衡量对方是否真心想让我提意见。因为生活中的大多数人只有无数次想要改变的心，却从未行动；少部分人想要改变，也行动了，但只有开头；仅有极少数的人坚持到了最后。

我一直以为坚持是很容易的事，其实不是。坚持是一种品质，这种品质不是所有人都有的。

把穷人的日子毁掉的往往是不切实际的"投资"

@ sevenyear：方丈，在目前的市场估值情况下，假如你有20万元闲钱，你是倾向于消费优先（生活改善）还是投资优先，为什么？

@ 不明真相的群众：我一直以来的观点是先消费后投资，不管市场估值如何。有花不了的闲钱，我才会拿去投资。

@ 大苹果的飞飞：怎么定义花不了的闲钱？花不了主要是靠节制和节约吧，不然对大多数人来说其实都是想花钱的。要投资，其实还是需要抑制自己的消费欲望，在如此丰富的商品世界里，要想有闲钱只能如此。

@ 不明真相的群众：会节制和节约的人自然不会问这个问题。纠结该花钱还是该投资的，大概率来说，消费是更好的选择。

@ 荒石悬山：方丈这样说会误导中低收入者，可能他们永远没有可投资的第一桶金，永远没有被动收入的机会，这是很多人穷的原因之一。

@ 不明真相的群众：恰好相反，"中低收入者"如果不广泛"投资"于彩票、股票，踏踏实实挣工资，适度消费，日子都会越过越好。把穷人的日子毁掉的往往是不切实际的"投资"。

人与人的区别并不在于是文科生还是理科生

@ **当真傻白甜：** 方丈，您是否认同，在思考绝大多数问题时，理科生比文科生更切合实际、更理性、更不容易掉进坑里？文理分家，让考生专攻一个方向，是不是一种错误的培育方式？个人认为高中阶段应在难度和知识量上降低最高值，文理不再分家，高考结束后，考生再选择自己喜爱的专业。这是否可行？

@ **不明真相的群众：** 现在绝大多数文科专业都是现代科学，都是基于理性的。人与人的区别并不在于是文科生还是理科生，而在于是聪明还是愚蠢。

团队执行力三要素：事情可行，分工合理，奖罚公平

@ **不明真相的群众：** 如何长期保证团队的执行力？我的答案是：事情可行，分工合理，奖罚公平。

@ **动动你鸭：** 据我观察，做得好又做得久的同行大致满足了员工三层次的需求。第一层是个人诉求，一般有两点，一是给足工资（温饱），二是提供学习机会（求知欲、好奇心）。第二层是团队归属感，就是在这个团队里感受到团队协作，比自己单打独斗强。第三层是做的事情至少能让自己的员工感到具有一定（积极）的社会意义。不少做好了前两层次的，一般看起来就非常成功了。但是感觉真正做到长久的还是得做到第三层。说来说去，感觉好像跟方丈说的是一回事？

@ **不明真相的群众：** 事情可为，可以把"意义"分解。短期事可为，有小利可分；中期事可为，有大利可图；长期事可为，有价

第一部　人心很古

值和审美上的满足感。

把分到手的事情做好，对乏味的自己多少也会有一点儿爱

@ **LESSLOW**：如何找到自己真正热爱的事情？

@ **不明真相的群众**：明白自己热爱什么，就找到了啊。

@ **大苹果的飞飞**：达拉斯小牛队的老板库班说过一个逻辑，我觉得很有道理，就是先去做一件你擅长并且能够帮助你赚钱的事，再去做你热爱的事。库班善于投资赚钱，但他热爱的是篮球。

@ **不明真相的群众**：我同意这种说法。有一件热爱的事情属于天赋异禀，绝大部分人一辈子也不会有什么热爱的事情，什么都差不多。所以承认这个事实，把现实分到手的事情做好，比如完成学业、完成工作、履行一个家庭成员的基本职责，做着做着，可能对这个乏味的世界和乏味的自己，多多少少也会有一点儿爱了。

第二辑
人心——心理与道德

心理上觉得可以逾越的贫富差距，可能是经济发展最大的动力

@ **不明真相的群众**：心理上觉得可以逾越的贫富差距，可能是经济发展最大的动力。

@ **不明假象的散户**：心理上觉得不可逾越的贫富差距，可能是经济发展最大的阻力。

@ **王夕刚**：巴菲特说是嫉妒推动社会的发展。

@ **王星 Vincent**：正面的嫉妒才能推动社会发展，狭隘的嫉妒很容易导向"打土豪分田地"、反全球化、反市场化。

@ **不明真相的群众**："打土豪分田地"是由"心理上觉得不可以逾越的贫富差距"导致的。

@ **钻木取火 1**：但共同富裕本身不就应该是人类社会追求的终极目标之一吗？

@ **不明真相的群众**：这是想自己暴富的人忽悠别人给他卖命的幌子。

嫉妒是人类进步的主要动力

@ **青山战魂：** 方丈，请问如何克服"嫉妒"这种非常糟糕的情绪？

前段时间，在学习查理·芒格和霍华德·马克斯两位大师的智慧箴言时，发现心理学是两位大师反复强调的，其中"恐惧""贪婪"之类的我认为还不至于那么坏，唯有"嫉妒"真是有百害而无一益，比如嫉妒别人重仓高收益会导致自身的策略变形，嫉妒同龄人步步高升会使自己情绪糟糕。人是一种社会动物，国内尤甚，社交场合的中心是"成功人士"，周边之人谀辞滚滚、令人作呕，谈论的主题则总是职位和房子。我有心不参与此类聚会，又会让人觉得我的性格古怪、不合群，以致至亲都会认为你有问题。

@ **不明真相的群众：** 做大自己拥有的，对别人的嫉妒就会少一点儿。

@ **青山战魂：** 实话实说，方丈这个答复在提问前是我自己唯一想到的办法，也估计大师会这么说，但总感觉还差那么一层，因为自身做大了，随着阶层上升，还会有更触不可及的目标。

在研究学习《传习录》《穷查理宝典》的时候，两位大师提到"知道不好的事情，就不要去触碰它，要去消除它，自然自身就精进了"，但这个心理层面实在是难达到，心魔难除呀。

@ **不明真相的群众：** 没事的，嫉妒是人类进步的主要动力。

"人心很古"指的是人性不会变

@ **萃随：** "人心惟危，道心惟微"，古今相同，社会风气会因为教化而不同，这几年网络上是可以切实感受到世风日下的。

@ **不明真相的群众：** 我说的"人心很古"，指的是人性不会变。人性是复杂的，人对事件的反应也是多样的。我说的"世风日上"主要基于两点：法制会越来越健全，规则更加清晰；人的生活水平会越来越高，决策空间增大，人与人直接的利益冲突会减少。

@ **旦峒岛**：你说的是圣人，我们都是凡人，自然境界不高。另外，如果教化有用，我们被教化了两千多年，早就该路不拾遗、夜不闭户了。法制和民主为什么是现实的、残酷的，因为法制和民主才能避免人们互相伤害，而不是教化。胡适曾说，一个肮脏的国家，如果人人讲规则而不是谈道德，最终会变成一个有人味儿的正常国家，道德自然会逐渐回归；一个干净的国家，如果人人都不讲规则却大谈道德，最终会堕落成为一个伪君子遍布的肮脏国家。

人人都是多心的和尚

@ **等一朵花开 2015**：方丈，如果说嫌贫爱富、追涨杀跌是人性，那爱占小便宜、斤斤计较算不算呢？

@ **不明真相的群众：** 假僧接刀在手，解开衣服，挺起胸膛，将左手抹腹，右手持刀，唿喇的响一声，把腹皮剖开，那里头就骨都都的滚出一堆心来。唬得文官失色，武将身麻。国丈在殿上见了道："这是个多心的和尚！"

假僧将那些心，血淋淋的，一个个捡开与众观看，却都是些红心、白心、黄心、悭贪心、利名心、嫉妒心、计较心、好胜心、望高心、侮慢心、杀害心、狠毒心、恐怖心、谨慎心、邪妄心、无名隐暗之心、种种不善之心，更无一个黑心。[1]

---

[1] 引自《西游记》第七十九回。

情绪经常失控怎么办？扩大决策空间，或者降低决策难度

@ **不明真相的群众**：人难免情绪失控，有时候我们把这归结为个人的性格特征。但是产生任何情绪都是有原因的，通常来说，人陷入困境，决策空间有限，找不到出路，就容易焦虑和情绪失控。比如你没钱了，找这个人也借不到钱，找那个人也借不到钱，能不暴躁易怒吗？比如女性每个月有一段时间情绪比较容易失控，原因是什么？因为那段时间她不舒服，坐着也不舒服，躺着也不舒服，也就是没有决策空间。

所以管理情绪的办法是：（1）扩大自己的决策空间，提升自己的能力，增加自己的资源；（2）降低自己的决策难度，约束自己的欲望，避免做超出自己能力和资源的事情。

道德是基于协作共赢预期的事前自我约束

@ **Joe 银河**：大家有没有发现，快递员、送餐员干得不好，客户还不敢给差评？

@ **不明真相的群众**：我一直觉得，对待餐馆服务员、出租车司机、快递人员的态度是衡量一个人修养的基本标准。

@ **坚持保守**：在杭州，从事这些行业的基本上都是外地人，我不但对他们微笑，还对他们说谢谢。我要让他们感觉杭州是一座温暖的城市，使人愿意留下来。这样我的房子才有可能增值。与人为善是一种美德，也是保护自己资产的手段。

@ **不明真相的群众**：道德是基于协作共赢预期的事前自我约束。

@ **童年 De 夏天**：我对出租车司机以及快递人员倒是客气，可是人

家对我不客气啊!

@ **不明真相的群众**：(1) 你以礼待人不应该以别人以礼待你为前提条件;(2) 你以礼待人一定会提高别人以礼待你的概率。

@ **洗水标**：关键还是提高大家的认知水平，让参与者认识到这不是单次博弈，而是无限重复的场景，策略才会向"合作"靠拢。

@ **不明真相的群众**：从人类的历史来看，这是一个渐进的过程。采集狩猎社会以零和竞争为主，协作很少；农耕社会在土地占有方面是竞争，在水利设施方面有协作；工业社会的协作就多了；服务业社会没有协作，什么都办不了。所以，人心很古，世风日上。

善良是定性，聪明是定量，道德只能用于约束自己

@ **不明真相的群众**：在投资领域，善良是定性，聪明是定量。

@ **宁静的冬日 M**：善恶的根源是相同的，只是选择不同。选择恶，很多时候表面上也都能给出不得不如此的理由，其实大多是因为一时没有想清楚：人生中没什么事是必须做的，为达目标不择手段实际上是自己用"目标"限制了自己。

@ **不明真相的群众**：这种情况倒相对好处理。更难办的是，人对善恶的判断基于不同的立场、偏好，是个性化的，甚至有时候是截然相反的。所以，道德一旦用来要求别人，或者用暴力手段执行，后果将是灾难性的。

@ **宁静的冬日 M**：用道德约束别人，不但会让自己活得更糟，甚至会让世界变得更糟。

@ **田舍翁**：是的，道德是自律，法律是他律。

@ **不明真相的群众**：因为道德基于模糊的共识，没有法律那样严谨

第一部　人心很古

的制定过程，也没有严格的表述条文，所以道德带着很强的主观性。两个人对同一件事的道德判断有可能是完全对立的。所以，如果用道德要求别人，轻则陷入无休止的相互指责，重则变成对他人的暴政。

@ hiaobai：道德总是存在约束力的，不仅对自己，对其他人也是。一个社会，所有人都不用道德约束别人，真的会是一个比现在好的社会吗？或者说，一个社会，所有人都感受不到道德压力，真的会是一个好社会吗？我认为，不管你喜不喜欢，道德总是存在约束力的。一个人应该对自己有较高的道德要求，对别人有基本的道德要求（这句话其实就是一种道德要求，而且我认为是一种基本的道德要求，但事实是大部分人达不到这个要求）。同时要明白，道德是一种软约束，也就是说，用道德约束别人并不是说要别人一定这么做，而是你可以选择不跟他合作、不跟他来往或者远离他。

@ 不明真相的群众：用道德约束自己，是"圣人"，没有人能完全做到，但大家都可以朝这个方向努力；用道德标榜自己，是骗子和妄人；用道德评说别人，是每个人的权利，也是很普遍的行为。实施这种行为的时候，一定要考虑道德标准的多元性，要考虑他人的处境和感受。尽量不要用道德强制约束他人。

@ 童锅锅：领导要求员工少谈个人利益、多讲奉献，这样在道德上要求员工是不对的吗？方丈作为老板会这么要求员工吗？

@ 不明真相的群众：我不会这样要求员工，但我会告诉员工先做好自己的事情，最后获得的可能会超出你想要的。

悲观者总是正确，乐观者未必成功

@ **广州价协会会长**：怎么理解"悲观者正确，而乐观者成功"这句话？

@ **不明真相的群众**：因为竞争使得没有人能够在一个众所周知的机会上取得超越市场平均水平的成功。理性人能看到这一点，所以他们是悲观的，也是正确的。

　　超越市场平均水平的成功一定是一个疯子做了一件匪夷所思的事情，这个疯子一定是乐观的才会去做这件众人认为没有成功可能性的事情。如果西班牙人都认为驾驶帆船渡过大西洋是可以成功的，哥伦布就不值一提了。

@ **南无释迦牟尼**：最高水平的艺术家、科学家往往是悲观的，最高水平的政治家、商业家往往是乐观的。谁对谁错？若着眼于人生当下，人生是可以快乐的、幸福的、美好的，可以乐观的；若着眼于宇宙未来，宇宙必然是虚空的、冰冷的、徒劳的，这必然会引向悲观。生活是这样的，它必须建立在荒谬上，谎言就是顺应自然，真相就是戳破天机。生活是什么？生活就是一场大家都认同的谎言。谁最会骗自己，谁就最快乐、最成功；谁最不会骗自己，谁就最强大、最伟大。

@ **木卡TT**：乐观者成功是有一定的幸运者偏差在里面吧。事后总结，我是悲观者，那我怎么知道乐观者不成功会怎么办？

@ **不明真相的群众**：无论是乐观者还是悲观者，不成功都是正常的社会现象。

关于节俭：积极创造收入，量入为出消费

@ **牛仔很忙茫：** 方总，请问您怎么看待节俭这个问题？

@ **不明真相的群众：** 我们可以分两个角度考虑这个问题：收入的创造，以及支出的控制。（1）收入的创造很消极，支出不控制，那么生活很快就会崩溃。理论上也很难持续做到这一点，消费的钱从哪里来？（2）收入的创造很消极，支出严控制，这可能就是你说的"节俭"？这也不失为没有办法的情况下的理性选择。（3）收入的创造很积极，支出严控制，那么他会成为"圣人"，一般人都做不到。（4）收入的创造很积极，支出不控制，只要不赌，通常来说也没有大问题。事实上，大部分财富消亡都是赌（失败的投资）所致，吃喝玩乐花不了多少钱。

对普通人来说，积极创造收入、量入为出消费是相对舒适的人生态度。

坏人有恶报？人善被人欺？

@ **投资必须分散：** 这个世界是偏袒坏人的吗？举个例子，在监控稀少甚至没有、DNA（脱氧核糖核酸）等检测技术也没有的年代，坏人被抓的概率肯定非常低，即便是现在，世界上也没有哪个国家能100%破案。所以我得出结论，自然规则是有利于坏人的。在原始社会是不是更甚？先下手为强，直接把对方干掉了。

@ **不明真相的群众：** 对于人类行为的"好"和"坏"，人类社会一直存在硬约束和软激励。

硬约束指的是基于法律、暴力机器的事后惩罚。从人类历史

进程来看，事后惩罚机制越来越完善，但再完善也做不到所有的"坏事"都能受到及时、准确的惩罚。

软激励指的是更有协作共赢精神的人（或者说是做"好事"的人）在社会协作中会得到他人更多的善意和帮助。因为人类社会的协作需求越来越强，所以协作精神得到的激励也越来越强。但是，协作精神或者"好"的判断有很强的主观性，所以也不能指望所有"好"的判断一定是准确的，激励一定是合适的。有时候，欺世盗名也可以获得短期的超额激励。

@ **朴爱投资：** 方丈，人善被人欺是一种正常的社会现象，还是一种自我感觉？

@ **不明真相的群众：** "人善"很不好定义，我们姑且把它定义为在人际冲突中攻击性不强吧，不知你有没有异议。

在人际关系中，攻击性不强的人受到不公平对待的概率可能高一些，但是获取他人善意和帮助的概率也会高一些，受到强烈攻击的概率会低一些。相反，攻击性很强的人受到他人强烈攻击的概率也会高一些。

攻击性是否强，在很大程度上是先天禀赋，很难改变，也没有必要改变，因为它利弊皆有。能改变的是自己的能力。

我不怕丢丑，我从小就被人认为"笨"，这个"笨"不是说我的计算能力比别人差，而是指我在人际冲突、竞争中不善于维护自己的利益。可是现在回头想，我真的吃了什么亏吗？好像没有，真的没有。

维护世界的公平，尽量保持对"公平"的质疑和自省

@ **我不是大V**：方丈，您总是说世界不平之事甚多，不公平现象也是一种正常的社会现象。可是当我们看见、听见与我们无关的不平之事时，我们应该保持怎样的心态，应该以何种态度面对？是做"精致的利己主义者"还是怎样？

@ **不明真相的群众**：我觉得个人在公平方面可以做到以下三点：（1）尽量使自己不受不公平的伤害，或者受到不公平的伤害时能保护自己的权益；（2）有能力维护这个世界的公平，同时尽量保持对"公平"本身的质疑和自省；（3）尽量不要用自己的"公平"伤害别人。"公平"有很强的主观性，你眼中的"公平"可能是别人眼中的丧尽天良。

知道世界有多么荒谬，多少就会有点儿幽默感

@ **木头人135**：方丈，请问幽默是与生俱来的，还是可以靠后天有意识的锻炼？

@ **不明真相的群众**：幽默是对人类无知无助处境的自嘲，所以知道自己无知无助，知道世界有多么荒谬，人多少就会有点儿幽默感。

@ **voxvox**：芒格说，如果你能正确看待世界，那你必然是幽默的，因为这个世界太荒谬了。

为何要造假和撒谎？因为大部分人关注的是短时间和小概率

@ **盲人摸象的小乌龟**：方丈，我不否认有些企业喜欢造假，但是我

一直想不明白，对一家追求长期价值的企业来说，实事求是明显是最好的策略，造假无疑有百害而无一利，那么企业造假的动机是什么？它能得到什么好处？

@ **不明真相的群众：** 大部分人都知道撒谎是不好的，诚实是最简单可行的策略，但人还是难免撒谎。那么我们为什么撒谎呢？因为诚实的话就得直面自己的无能、无知和无助，直面世事的艰难，没有天上掉的馅饼，没有成功的捷径。所以你说"造假无疑有百害而无一利"，只是长时间、大概率来看是这样，在短时间、小概率看未必是这样。大部分人关注的是短时间、小概率。

第三辑
人心——信息与认知

信息和认知：吾生也愚蠢，而知也无涯

@ **秋路子**：对你来说，大部分信息是无用的。如果大部分都是有用信息，你自然会飞速进步，然而你的飞速进步又会使它们很快成为无用信息。

@ **不明真相的群众**：这个说法是对的，是任何知识型社区都会面临的问题，即知识的产出永远赶不上用户的进步。

@ **82年的可乐**：当下情况确实如方丈所说，知识型社区对个人的优势随着时间轴有一个明显的塌陷过程，但我觉得用户的进步速度是有极限的，未来知识的产出速度却看不到极限。今后的世界应该会很精彩。

@ **不明真相的群众**：是。个人的认知水平在某一阶段会有飞速的提升，这是一个证明自己很牛的过程。但到一定程度后，提升就会很困难，而整个人类对世界认知的拓展却是没有极限的，这是一个发现自己愚蠢的过程。

阅读与格局

@ **韭帝**：方丈，请问阅读哪些书有助于加强大局观？

@ **不明真相的群众**：阅读宗教典籍，明白人与神的关系，格局最大；阅读哲学书籍，明白人与世界的关系，格局其次；阅读科学书籍，明白事物与事物的关系，格局再次。

@ **llStone**：人类摆脱苦难的进阶一般是这样的，一开始会求助于科学，科学不管用了，再求助于哲学，哲学不管用了，会求助于宗教。

保健品有心理抚慰的作用，它是一门好生意

@ **不明真相的群众**：保健品用处有限，但用户对保健品的需求是真实的，所以保健品是好生意。

@ **Silence_XJ**：维生素也没用吗？

@ **不明真相的群众**：得维生素 C 缺乏病的时候有用。

@ **阿盐**：保健品没用？这不像不可知论者的观点……保健品有心理抚慰的作用，自我暗示对身体的影响可以比药品真正的影响更大。

@ **不明真相的群众**：这个我同意。

"命运"二字要拆开来看

@ **橡树木棉**：方丈到底相不相信命运？信不信有人能准确预测命运？

@ **不明真相的群众**：这个，首先你要准确地理解"命运"是什么意思。"命"的意思是你先天的禀赋，比如你是女的，这个无法改变；"运"指的是外部的偶然性，比如，你走在路上会碰到什

么人，这个无法预测。"命"和"运"加起来，就构成了一个人的"命运"，我们得把握可以把握的命，又得承认运的不可预测性。从这个角度，我是相信"命运"的，相信"命运"的意思并不是相信我们可以靠有限的信息（哪怕是"命"）完全预测将来。

这和投资有点儿像，我们可以用"命运"的方式来解释股价。公司也有"命"，比如它的商业模式、治理结构、企业文化，这些是可以尽量去把握的；公司也有"运"，比如股价每天的涨跌、宏观经济周期，它有很大的偶然性，无法把握。公司的"命"和"运"加起来，就是公司的"命运"。那么，对于公司的股价，我们相信有一定的可预测性，就是把握它的"命"，但又得承认无法完全预测，因为还有"运"。所以投资标的的选择和组合的构建得足够努力（尽人事），又得足够保守（知天命，有容错空间）。

信息的数量与质量：为什么要请有争议的人来演讲

@ **何适投资**：请方丈点评一下这篇文章①为什么上不了"今日话题"。

@ **不明真相的群众**：没有什么文章是必须上"今日话题"的。上不上"今日话题"，取决于运营人员的偶然性操作，它和你写文章的动机、内容都没什么关系。

@ **静待花开十八载**：那"今日话题"怎么保证质量？没有质量的"今日话题"意义何在？

@ **不明真相的群众**：不太可能保证质量。我展开说说我对"质量"的看法：（1）只有数量足够，才可能在里面找到"质量"；（2）质

---

① 文章内容书中已略。——编者注

量的标准是多样化的；（3）质量是动态的，比如，一条质量很差的错误信息，可能跟纠正它的后续信息加起来变成一组很有"质量"的信息。再补充一点，"质量"跟人的绑定也是弱的，再厉害的人也经常说错误的、质量差的话，再不厉害的人偶尔也能说对。

@ **中暑**：我看了咱们 2017 雪球嘉年华的视频，请问为什么雪球会请有争议的人来演讲？

@ **不明真相的群众**：任何人都是有争议的，有争议挺好。

@ **中暑**：但是我觉得他的演讲前言不搭后语，逻辑混乱，他提出的满仓操作，熊市不炒股会误导一些不明真相的群众。

@ **不明真相的群众**：对啊，你通过他可能"错误"的演讲得出的这个结论就很有价值啊。任何单一信息的价值都不是负责"正确"，而是成为我们思考的起点。

立场与看法：想要一个"反对"的按钮

@ **pp 时光机**：方丈，评论区是否可以增加一个"反对"按钮，点赞排在前面的观点，有一些是个人十分不赞同的，希望有一个"反对"按钮，能完整地展示出更多人对待某件事的态度。不能让评论区成为"喷子"的乐园。

@ **不明真相的群众**：对每个问题，不同的人都有不同的看法，人们对不同的看法都有表达权，正如你想要一个"反对"按钮。

什么东西是有意义的呢？比如，支持某件事的事实和逻辑，与反对它的事实和逻辑，这些信息有助于有心人更加深入地认识这个世界。什么是无意义的呢？就是单纯说"我支持……""我反对……"对别人没有什么意义。

第一部　人心很古

工具无罪：房子着火了，赶紧跑出来

@雪球用户： 朋友的老公从支付宝上贷款，结果挥霍光了，我认为互联网上贷款流程审核不严，也应负有责任。

@不明真相的群众： 这件事和支付宝、互联网金融有什么关系呢？

@思念如燕： 支付宝像传统银行一样，贷款的时候可加些技术手段确保是本人，当然密码算一种手段，可是密码是防不住身边人的。

@不明真相的群众： 这种事情显然应该主要考虑：（1）如何找一个靠谱的老公；（2）如果老公不靠谱，如何避免他的不靠谱殃及自身。这些问题不解决，在外面找解决方案，根本就没有意义呀。

@思念如燕： 确实，您这个观点更好。我是觉得人都应该有同理心。腾讯的股东当然希望每个人都玩《王者荣耀》，买的道具越多越好，把生活费都用于买道具，但是如果你是玩家的家人，是不是恨不得找马化腾算账？

@不明真相的群众： 这得看你到底是想解决问题还是想辩论。如果你是想解决问题，那么一定需要尽快找到问题的本质和症结，并在这个本质和症结上找到解决方案。如果你是想辩论，要追究这个世界上任何一个关联方是不是完美的、是不是完全没有责任的，那么你当然可以找到证据支持任何观点，哪怕它并不是那么充分和必要。这样，辩论就会无休止地持续，问题将永远无法得到解决。

@铁皮屋： 认为工具有错的人，以前还怪过手机、计算机……当然更早一点儿还有汽车、蒸汽机……

@snowman597： 转发代表我的态度。方丈说得太好了，有太多的"巨婴"总是认为世界欠他的，自己的问题都是别人造成的。仿佛腾讯没有了，就不会有人沉迷于游戏。本来是自己的问题，却一定要找替罪羊。

@ **思念如燕**：我并不是埋怨互联网金融，只是觉得它可以做得更好，也就是所谓的风控，而不是极力诱惑人、拉人下水。现状确实如此，不是吗？毕竟，不是每个人都足够理性，自制力差一点儿的人是活该，但谁又能拍胸脯说自己可以抵御所有诱惑呢？

@ **羽聆风**：一栋漂亮、温馨的房子着了火，大家让你先跑出来，你却说这房子住了十年，以前住的感觉多好啊。

与谎言相对的是真话，而不是真理、真相

@ **若尔盖的往事**：方丈，你第一次认知这个世界原来有谎言是什么时候？然后你做了什么？

@ **不明真相的群众**：人很小的时候就会撒谎，根本不用学习，所以这不可能是什么发现。

@ **湖湘耕读**：原帖主的"谎言"应该不是指小朋友捉迷藏时说的"我看到你了"这样的谎言，而是指父母和老师口中、教科书和媒体上的谎言。而方丈的回答是："都一样"。

@ **不明真相的群众**：从绝对意义上来说，任何语言都是谎言。我们能做的是承认人对世界认知能力的有限性，承认语言描述能力的有限性，同时，尽量使自己的语言接近事实。

@ **若尔盖的往事**：与谎言相对的是真话，不是真理、真相。我可以要求亲朋好友对我说真话，因为我也是这样对待他们的。我从不要求他们跟我说真理和真相。如果有人说了连他自己都不相信的话，那就是说谎了。所有的语言在绝对意义上都是谎言，这是偷

第一部 人心很古

换概念,我不认同。

信息和认知:图书馆里绝大多数书都是垃圾吗

@ **星尘 jeff:** 方丈,互联网的快速发展为我们提供了更多便利,其中一个体现在自我学习上。信息和知识很容易获取,只要你肯花时间,总能找到你想要的。但它同时带来一个问题就是信息太多、太杂,人的时间有限,大脑处理能力有限,很难从每天的信息轰炸中找到有价值的信息,例如刷论坛,刷了一整天貌似看了很多有价值的文章,实质作用有限(并不是指雪球)。

对有心去学习、有心去构筑自己的知识架构的人来说,有计划地系统学习很重要,我认为看书是一个途径,但通过网络搜索知识的学习仍然必不可少。为什么没有一些软件和论坛可以根据知识架构的分类、细分知识点推送有价值的文章、信息及内容,像"今日头条"一样。只不过"今日头条"推送的是新闻,我希望有内容提供商(或搜索引擎)推送有价值的知识类文章,便于学习,提高效率。这样一个软件和平台,我觉得应该会很受用户青睐吧。我开始以为知乎是这么一个平台,后来觉得不是。

你觉得这样的内容提供商有市场吗?目前有这样的提供商吗?为什么没有?有没有什么好方法利用互联网提高自己系统学习的效率?

@ **不明真相的群众:** 这样的内容供应商有很多啊,谷歌、百度、维基百科……

@ **大苹果的飞飞:** 呵呵,绝大多数中国人通过百度获取信息,我们都知道这些信息里存在一些欺诈、误导和谬误。

@ **不明真相的群众：** 我倒不是为百度辩护，但你说的这种情况跟百度的关系不大。搜索引擎搜索出来的信息、我们看书看到的信息、我们查阅核心期刊看到的信息都存在一些欺诈、误导和谬误。

为什么呢？一方面，欺诈、误导别人是出于利益动机，但这不是主要原因，更重要的是，在特定时间、空间里，人的认知能力非常有限，充斥着谬误；放在更长的时段和更大的空间里，人类的认知能力又是持续进步的，不断有昨天的真理或者常识被证明是谬误。所以人类生产的信息，从绝对意义上讲，以谬误为主。图书馆里的百万藏书、每年毕业的博士写的上万篇论文，基本都是过时的常识和将被证明的谬误。

但是，我们依然不能否定人类认知世界、总结规律、探求真理的努力，这些努力产生的有价值的成果都埋藏在堆积如山的信息垃圾、认知谬误里，不但事先难以被鉴定，甚至事后几百年才能被发掘。没有垃圾的数量堆积而只想要黄金，并不现实。

@ **大象和蚂蚁：** 不太同意。可能这些书不是最终的真理，但对绝大多数人来说是阶段性真理。

@ **八桶：** 怎么感觉转移了话题，认知有限和主观欺骗是两个概念啊。

@ **寂寞旧战场：** 就认知水平和思维能力来说，自身的认知局限和思维逻辑或框架的混乱是主因，外界信息的误导或欺骗是次因；题主明显是将两者颠倒了，方丈每次都是想扳过来，你们又给倒回去或是和稀泥，这也是"醉了"。

@ **摇滚游击队员：** 靠看影评、看球评理解电影和足球？理解它们的最佳途径就是去看，最好的分类专家就是自己。根部架构一旦确定，边界就会形成自己的触角，攫取相应的养分。

@ **s_crat：** 360搜索有一阵子做过用户用完网站给网站好评、差

第一部 人心很古

评的设计，类似知乎的思维，实际上作用有限。核心问题还是怎么判断一个东西有价值，其实就几种方式：专家模式、民主模式、无意识的行为数据。

（1）专家模式用了这么多年，好像参考性有限，对于谁是专家、哪位专家水平高，标准不一，这个模式辅助决策还行，主要靠它就不太靠谱。

（2）知乎和360搜索这样的民主模式好像也没更靠谱，主要是大部分人认可的事，很多时候是错误的。

（3）无意识的行为数据其实是最靠谱的，什么人点击了什么数据、停留多久、内容被什么网站引用等信息不会说谎。如果"今日头条"有精力，可以做得很精细。

信息传播的价值：
我发言的动机不是给别人提供营养，你们又不是庄稼

@ **谢大宝 Brian**：方丈每天聊的内容有95%都没有营养。

@ **不明真相的群众**：不同意您的说法，我认为是100%。

@ **谢大宝 Brian**：也是难为方丈，主要因为每天方丈被问到的很多问题可能是其他球友不关心或觉得没意思的话题。方丈要保持活跃度又非得一一回答，答多了难免乏味，有时候敏感话题又不能多说，毕竟其他大V可以说，而创始人在自家平台不好乱讲。我对方丈的水平还是认可的，但真心希望方丈除了回答一些提问，还能有更深刻、更有营养的内容分享给大家。说话片面了，抱歉。

@ **不明真相的群众**：我判断不了有没有营养，我发言的动机也不是给别人提供营养，你们又不是庄稼。我发言是自己图个乐。想要

营养的还是尽快拉黑我好了。

@ **不可说**：方丈日理万机，还这么有空码这么多字的回复。

@ **不明真相的群众**：这就是信息传播有意思的地方，一条东拼西凑、逻辑混乱甚至出处都是假冒的劣质信息，可以通过互动变成一条极优质的信息。

让人说话，天塌不下来

@ **寻找确定**：方丈您在网易工作过，请问您对网易的"喷子文化"怎么看？别告诉我这是一种正常的社会现象。

@ **不明真相的群众**：这当然是一种正常的社会现象。（1）人有发表观点的需求，这些观点对错掺杂；（2）人通常把自己认为是错误的（这种认为本身也是对错掺杂）、不符合自己意愿的观点发表行为定义为"喷"。所以全世界的人都一边喷别人一边说别人是"喷子"，这就是"喷子文化"的根源。

@ **zompire**："喷子"这个词也不知是怎么来的，也许一开始是用来形容那种口吐唾沫、强词夺理、污言秽语之人，其实倒也形象。但这个词被滥用了，只要有人提出不同看法，哪怕温和有礼、有理有据，也被骂成"喷子"。这样，"喷子"的身份其实就出现了转移和错乱，如同方丈所言，大家都成了对方眼中的"喷子"。

@ **午后窗外的阳光**：您这就有点儿欺负我们读书少的人的意思了，我们也想像北大中文系的毕业生一样出口成章啊！没办法，"出口成脏"也是表达。让人说话，天塌不下来。您要是真想展现您的优越感、精英责任和强大，您就别管别人怎么说话，自己依然持之以恒地口吐莲花、高谈阔论。所谓思想，就像早期的大炮，

第一部　人心很古

一炮弹打出去，您很难知道它飞到哪儿去了，也没把握它炸不炸，或许等炮弹飞一会儿，会炸出意想不到的动静。

@ zompire：当越来越多的人理解到这一点，不再把不同意见的表达者当成"喷子"，这个社会也就变得正常了。

@ vmnvw：我被人喷过，也喷过别人，也和别人互相喷过，所以我算是个"喷子"。我被人拉黑过，也拉黑过别人，也互相拉黑过，所以应该也算是求仁得仁了。

其实很多大 V 也都在问：对啊，我在现实生活中衣冠楚楚的，感觉大家都尊敬我、爱戴我，凭什么你们在网络上就不这样对待我了？其实这是必然的。（1）现实中你才认识几个人啊？几个人看得见你啊？网络上可动辄几千、几万人甚至有几千万人看到你的言论。（2）现实中你也不会见人就展示一篇几千字的稿子给他看啊，受喷点少，拉拉家常没什么可喷的点。（3）现实中和你有交集的人基本都有利益相关，谁都不愿意得罪谁，网络上反正谁也不指望向谁借钱，所以没有顾虑。（4）现实中喷的成本高，比如你觉得办事人员态度差，但你要让他帮你办事，也不敢得罪他、喷他，但你会在网络上骂他们，说他们是垃圾，别说你没干过，我不相信。（5）还有很多零碎的原因，比如别人觉得你发帖量太多或太少，观点太愚蠢，人长得太丑，太小气，太……

@ 不明真相的群众：不完全同意你的看法，现实生活里其实喷得更厉害，比如家庭成员互相喷。另外，人受到的关注越多，错误被大家指出、记住的概率越大，这也是一种很合理的权力制衡。如果人因为地位高而不能被指出错误，是很可怕的，那么社会就会匍匐在地位高的人的"绝对真理"之下。大树底下，寸草不生。

所以，人不能被分为"大 V""中 V""小 V"，人都是一样的人，认知能力有差距，但差距不大。有时候看对，有时候看错；在有些问题上看对，在有些问题上看错。不可能只要求别人赞，却接受不了别人喷。

如果能让别人喷明白自己的错误，我认为是最大的收获。

成功是成功的亲妈，失败是成功的后妈

@ **与谁同坐—不知道**：小时候就听家里人说"失败是成功之母""这次犯了错误，吸取的教训会是下次进步的阶梯"。但是现在看书都说最新的研究结果是"成功是成功之母"，成功过的人更容易成功。方丈，对今天的你帮助大的是昨天的"成功"还是"失败"？

@ **不明真相的群众**：成功的人更可能成功，是针对所有人的概率问题，是成立的。失败是成功之母，是针对自己，如果能从自己的失败中吸取教训，那么更有可能成功，这也是成立的。

我觉得过去曾取得成功的人比从来没有成功过的人更容易成功，因为人与人之间毕竟有能力差距，但是成功过一次的人再次成功的概率很低，毕竟每次成功都有很大的运气成分。

@ **孚威兄弟**：成功是成功的亲妈，失败是成功的后妈。

平常心：单纯地谈心态没有意义

@ **灰溜溜的逃跑**：方丈，我觉得拥有平常心是人生中最重要的，它能使你笑看每天的风云变化，看淡得失。请问，一个心态容易失衡的人怎么才能保持平常心呢？

@ **不明真相的群众**：单纯地谈心态没有什么意义。整体上，人能做

第一部　人心很古

的是提升自己的能力、增加自己的资源，以及约束自己的欲望和诉求。前者与后者的落差越小，心态就会越好。

深度调查和社会化媒体：核心价值在于其独立的态度

@ **沙雕球友**：近来又有怀念深度调查的文了，方丈可能是雪球上对这个最有发言权的用户，从文章的角度来说，您认为为什么文中说到深度调查消亡了，您放弃这份荣誉感转向创建雪球时又是怎样的想法？

@ **不明真相的群众**：我觉得深度调查的核心价值并不在于深度，而在于其独立的态度。在传统媒体的模式下，独立的态度的生存空间很小，因为媒体的资产所有权、人事任免权、业务指导权都不是独立的。在这方面，现在的社会化媒体由当事人直接发布信息，减少中间环节，受众参与动态纠正误差，起的作用比深度调查大得多，主要原因并不是说用户的专业素养比深度调查记者好，而是它的独立性，这是由无数参与主体的独立性互相支持、制衡决定的。我觉得创建雪球对信息市场的价值比做一名记者要大得多。

@ **顿牛**：深度调查类似于警察追凶，社会化媒体类似于悬赏缉拿，后者的效率更高。基于互联网的社会化媒体很容易在有效和无效的信息流中拼凑出事情的真相，其调查深度和传播广度都超过传统媒体。如果以前那些参与深度调查的记者自己成了一个独立的社会化媒体，其价值能被放大很多。

@ **用户 5979397136**：结果就是：人们接收资讯的闸门要开大几倍，事件从此再也没有起点和终点，只有进行时，那么人们的上网时长和频次不可避免地要撑到极点了。

@ **灵_狐**：方丈说得好！社会化媒体最大的障碍就是面临各种删帖。

@ **不明真相的群众**：发帖和删帖是动态的。不要只看到删帖，没看到发帖。

认知与辨别能力：你眼中的垃圾可能是他人眼中的黄金

@ **价值小股东 2016**：方丈，有段时间"垃圾股"当道，鸡犬升天，作为因为雪球改变投资命运的过来人，我有个可能不成熟的建议，希望雪球做一个风险提示，告知新股民应该格外小心这些"垃圾股"。或者，请雪球的小编搜罗一些类似的文章集合发布，让大家多一点儿理性的思考！

@ **不明真相的群众**：这个建议确实很不成熟，雪球没有能力鉴定哪些是"垃圾股"。

@ **梁宏**：我不信方丈不清楚哪些是"垃圾股"，这话说得太假，这是一种撇责任的说法，是雪球不想掺和的意思。如果真的只是因为雪球没能力鉴别，那雪球可以花点儿小钱请人鉴定，每个月一千元就够，比如我。

@ **不明真相的群众**：我完全不同意这个看法。（1）是不是垃圾是个性化的，你眼中的垃圾可能是他人眼中的黄金。（2）是不是垃圾是动态的，垃圾便宜到极点可能是黄金，黄金贵到极点可能是垃圾。而哪里是极点，大家的看法不一样。（3）模糊地看、事后看，垃圾可能是清楚的；具体地看、当时看，哪个是垃圾，是模糊的。所以，是黄金还是垃圾，得自己去判断，别人的意见仅供参考。

比如，多年前，你买乐视网的股票，很多人就认为是垃圾，但你不这样认为。这说明大家对垃圾的看法不一样，那么你能指望一个人来做一次裁决，判断谁的看法是对的？后来，你自己对乐视网的看法又变了，这说明是不是垃圾在同一个人身上也是动态的。难道你能指望谁来告诉你，它什么时候是垃圾、什么时候不是垃圾？或者说，你认为它不是垃圾的时候，别人告诉你它是垃圾，这对你有什么意义呢？

@ **梁宏：**"垃圾股"是几乎没有长期投资者的，大家都知道有些"垃圾股"的购买者只是冲着短期的股价炒作去的。这就是好公司和"垃圾公司"的区别。

乐视网当年营收不断增大，业务扩张。它有很多"乐粉"，有很多长期投资者，我当年也一度持有很长时间。乐视网的股票当时肯定不算"垃圾股"，那只是不同流派对它判断的分歧而已。肯定没法把当时乐视网的股票归为"垃圾股"，因为公司有一大批长期投资者，业务种类在扩张，营收持续增长。乐视网是有看点的。至于之后，乐视网因为基本面变化而导致公司衰败是另外一回事。

方丈，你不能因为乐视网当时的观点分歧和后来正好衰败，而总结为你的好股也许就是别人的"垃圾股"。你这是偷换概念了。

公认的"垃圾股"是什么？主营业务基本没什么前景，一点点利润或者持续亏损。别说利润，连营收也没增长甚至微乎其微。行业地位根本就是末流。公司没什么长期投资者。没人看好公司前景，然而因为某些概念或者某主力资金坐庄，股价被做得很高，高估得一塌糊涂。

@ **不明真相的群众：**你说的并不构成对我观点的任何反驳啊，我陷入了淡淡的忧伤……

@ **托尼张**：你想救买"垃圾股"的人，买"垃圾股"的人还想救你呢。做好自己就行，都是成年人，为自己的行为负责，谁也不是太乙救苦天尊。雪球是一个中立的平台，不该带有倾向性，你觉得它应宣传价值投资，别人想它为什么要宣传价值投资？

@ **zompire**：这主要是由"非黑即白，非忠即奸"的世界观形成的：对一切事物都要分个对错，自己不知道怎么分，就希望有人来判定。跟我们小时候看电影一样，人物一出来，就问这是好人还是坏人。正常来说，人长大了就知道这个世界是多元和多彩的，但在某种教育下，还是有相当一部分人仍然停留在小时候看电影的状态。

@ **不明真相的群众**：我小时候看电影，对于人物，首先不是分成好人与坏人，而是先问哥哥："这人是不是'我们'的？"我们之前受的教育，凡是那些长相俊美、表情果毅、获得了最后胜利的都是"我们"的。

　　这时候哥哥的知识优势就来了："人不是分成'我们'的和'他们'的，而是分成好人和坏人。"我马上叹服，原来世上还有这么深刻的思想……

如果存在一个言论开放的市场，
那么谣言有可能在传播中得到纠正

@ **价值趋势技术派**：雪球上的有些帖子是否涉嫌造谣？雪球的价值观能否容忍这种行为？

@ **不明真相的群众**：（1）有些消息也许是谣言，也许不是谣言，发出来之前没人知道。（2）发出来之后，有的人认为是谣言，可以提供能证明它是谣言的补充信息。(3)这样,"谣言"和辟谣的补充信息就构成了一个持续更新的信息组合,获取这个信息组合的用户有了更多信息进行判断,有的用户认为它是谣言,有的用户认为不是。随着补充信息越来越多,整个信息组合会越来越接近事实,受众做出正确判断的概率就越大。(4)任何单一主体(包括每个用户,也包括雪球这样的组织)都没有能力判断每条具体信息的真伪,但众多用户的参与和持续的互动可以鉴定大多数谣言。这就是雪球的"价值观"。(5)如果认为自己有能力鉴定一条谣言,请提供有说服力的补充信息,而不是愤愤不平——"世界上为什么会有谣言",这种愤怒毫无意义,因为世界上传播的许多信息都是"谣言"。

@ **逸修1**:整个流程的前提有两个:(1)用户有一定的判断能力;(2)用户全程参与,最起码不是只参与第一阶段。实际情况是多数用户没有那么强的判断力,或者说他在熟悉的领域有较强的判断力,但换个领域就没有了,并且很多用户没有时间和心思全程参与谣言事件。那么对于很多用户,谣言刚出现时的效果会一直在,不会有纠正过程,所以从源头上减少谣言的产生很有必要。

@ **不明真相的群众**:(1)从绝对意义上说,世间传播的信息绝大部分是谣言,因为世界难以认知和不可描述、人的认知能力有限、人有不良动机。信息偏离事实,绝大部分是前两者造成的,少部分是后者造成的。

(2)谣言的传播和危害有不同的级别。绝大部分谣言并未广泛传播,也没有什么危害。当谣言传播到一定程度、有一定潜在危害时,如果存在一个言论开放的市场,那么谣言有可能在传播中得到纠正。有些谣言会造成社会危害,那么可能事后触发司法程序，让谣言的生产者和传播者都承担责任。这种事后惩罚机制又可能倒逼言论的生产者和传播者事先自我约束。所以合理的言论约束机制是事先自我约束，事中动态纠错，事后严厉惩罚。

（3）借力第三方的事前审核机制需要特别警惕，因为任何第三方也一样受限于认知能力有限和不良动机。

承认人类的认知能力有限是巨大的进步

@ **副队别开枪是我：** 方丈，你认为现代人不需要向古人寻求智慧，认为世界一直都会是混乱和未知的。那么你怎么评价所谓中西方传统文化的差异，东方的中庸、阴阳与西方的理性、逻辑？

@ **不明真相的群众：** 这个区别主要不存在于东方和西方之间，主要存在于传统和现代之间，存在于人类认知能力发展的历史进程中。

人在这个世界上都会面临如何认知这个世界的问题，比如，太阳为什么每天升起？为什么会刮风下雨？为什么人会生病、死亡？

远古时代，人类的认知能力非常有限，主要靠想象力去认知，比如一切都是神的恩典、一切都是命中注定、你五行缺木、你家风水不好。想象力的特征是不用逻辑闭环、不用证伪的，所以人主要依靠想象力的认知体系，能够解释一切问题。

后来，随着现代科学的发展，比如科学的测量、计算，以及严格的采样、统计、逻辑推理，人们发现：传统的以想象力为核心的认知体系可能完全是错的，同时，无论现代科学如何发展，还是只能局部、阶段性地解释一些现象，而这个解释换一个时空还有可能是错的。所以现代科学的核心就是不可知论。不可知论看起来让人悲观，但它让人类从靠想象力强行解释世界，到承认

第一部 人心很古

世界不可知、承认人类的认知能力有限是巨大的进步。

@ **高望村东头 004 号**：我们不知道我们不知道什么，我们知道我们知道的是有局限的。

@ **巴索罗斯**：不是不可知，是有限可知，而且在不断发展。

@ **张登络**：世界是可以被认识的，但也提倡在科学实践中不断认识和发展真理。方丈至少不会是虚无主义者，不可能去认为人类对于认识世界的一切努力都是徒劳的，至少认为部分认识世界是可能的，通过努力可以认识更多。只是方丈不认为人类可以完完全全认识世界的一切。就像目前非特殊三体运动没有固定解释，文明再高几个层次也不可解一样。

目前哲学是以人类能否完全认识世界为可知不可知的分野罢了，实际上两者没有那么截然对立，也基本没什么冲突。至少两者都有共同的敌人——虚无主义。

@ **不明真相的群众**：有一句话，叫作"散兵坑里没有无神论者"，当你完全无知、无助的时候，想象力就是你唯一能抓住的稻草了。谁敢说自己能永远不陷于无知无助的境地呢？

@ **大不了从凌开始**：认同方丈的观点，世界的复杂性和人类能力的局限性导致我们很难做到绝对可知，但可以通过螺旋的上升逐渐逼近可知。完全的可知论容易导致绝对的真理和权威，进而是盲目的自负，无论对自己还是社会都会是巨大的灾难。

同时我也发现，很多人（包括很多高学历的人和成功的企业家）同时依靠想象力和科学观认知世界。对待工作和科研，他们能够找资料、调研，做实验依靠数据和推理的方式验证，但针对自己接触不多的问题，即抽象的问题，比如管理问题、人性问题，他们又回到了依靠想象力、依靠盲目的权威崇拜和道听途说认知世界的水平。

@ 不明真相的群众： 这是很正常的，牛顿也是这样的。

@ 路的尽头_左转： 现代科学的世界观是不可知论？

@ 不明真相的群众： 是的，承认世界不可知，任何人或者方法都无法完整、系统地解释世界，任何解释方法都只能反映事物的局部、阶段性规律，所以人需要不停地修正认知谬误。在相对论的认知框架下，万有引力就只是局部真理。

在投资方面，格雷厄姆近乎一个绝对不可知论者，倾向于只能根据100%已发生的事实进行投资；巴菲特觉得基于对商业模式、治理结构的理解，可以在一定程度上预测未来。

天道与人道：部分境遇存在正反馈效应

@ 简单幸福平常心： "天之道，损有余而补不足；人之道则不然，损不足以奉有余。"请问：我们应该守天道还是守人道？是天之道的方式合理还是人之道的方式合理呢？

@ 不明真相的群众： 这句话本身是错的，别琢磨它了。

@ 否极能否泰来： 我怎么觉得这句最经典呢。胃酸有余或不足就得胃病，炒菜放盐都不能有余，所以"损有余而补不足"可谓经典。有余和不足都是极端的，也是相对而言的，不过每个人对这句话都有不同的理解。

@ 不明真相的群众： （1）没有什么天之道，天之道只是人的想象。（2）人之道有时损不足而补有余，有时损有余而补不足，并无定数。

@ 此心光明则万物生： "天之道，损有余而补不足；人之道则不然，损不足以奉有余。"前半句说的是正态分布，极好的和极差的都是

第一部　人心很古

少数派，绝大部分人在中间，都会有饭吃，所以不要贪心一个人把好处都占了；后半句讲的是马太效应，强者愈强，弱者愈弱，赢者全赢，胜者通吃。后者教我们尽人事，前者教我们听天命。

@ **司马缸不方**：天之道，就是均值回归。

@ **若水无心**：天之道，是否可以理解为一种宇宙自然无规律现象（也许是人类目前无法理解的规律）？

@ **不明真相的群众**：举一个例子，比如"善有善报，恶有恶报"流传甚广，那它是"天道"还是"人道"呢？我们可以理解它是"天道"，就比如一些自然现象，其主宰的力量是谁，如何触发，以什么标准执行，如何执行，没人知道，大家凭自己的想象和偏好各自解释。这种想象倒也没有什么坏处，但它的问题在于有时候社会现象和我们的想象相符，有时候又不相符。比如，我们进行一种大样本的统计，可以得出一个靠谱的结论，大体上，一个对人友善的人通常可以得到他人更多的善意和帮助，他的境遇好的概率是比较大的。但是，我们又经常看到坏人发了财，好人坐飞机失事了，一架出事的飞机上全是坏人？家属们肯定不同意这个结论。

那如何解释这个事情呢？其实是完全可以解释的。造成一个人境遇的原因，有一些是存在正反馈效应的，比如人际关系，你释放善意，他人大概率也会对你释放善意，所以在这类事情上，"善有善报，恶有恶报"是成立的，这是"人道"。同时，乘坐飞机失事、被雷击等，纯属小概率事件，没有正反馈效应，这种事情上善有恶报或者恶有善报都很正常，这就是"天道"，或者说，并不存在什么"天道"。

所以我的建议是，敬天道，尽人道。

@ **午后窗外的阳光**：禁忌的产生大致是这样的。人类群居社会化以后，为了保障群体生存有序，能最大概率地延续基因，会确立一些行为规范。为了保障规范行之有效，精英会参照人们多年来形成的对相关性和因果律的认知错觉，利用迷信把规范包装成禁忌来增加规范的权威性。如果仔细考察禁忌的产生和流传，不管有些禁忌现在看起来多荒谬，在当时的条件下都有一定的客观依据，并不都是非理性的迷信。还有很多，现在仍然是人与人相处社会成本最低的规范模式。

所以，天道和人道其实是天人合一的啊！

卖方报告用心险恶？认知能力不足以绝对解决问题是人们共同的困境

@ **非典型伪价值投机：**方总，我最近看了一些外资投行的分析报告，很生气，因为这些报告枉顾事实，瞎写一通。虽然我知道投行写东西都是有目的，但是想请教方总，你觉得当职业需求和基本常识发生冲突时，应该职业性地说假话，还是坚持常识给客户一个真相？

@ **不明真相的群众：**大概率上来讲，这些分析师的职业操守没有什么问题，他们并没有你所想象的不可告人的阴暗目的，其职业需求和基本常识也没有冲突，他们的报告并不是职业性的假话。但是，事后来看，公司的发展证明当初的报告错了，这是再正常不过的事情，说起来，这是能力问题。有几个人能看清楚公司、行业几年以后的发展呢？

所以，这些事情能给我们的教训是我一再强调的："任何来自他人的信息，都只能作为投资决策的参考，无论这个信息来自

第一部　人心很古

政府官员、公司管理层、经济学家、投资机构、媒体，还是其他任何信息提供方。一旦自己做出投资决策进行了交易，自己就必须承担交易的所有后果。"

期望他人的信息永远准确、观点永远正确，就像期望自己永远不犯错误一样，是很可怕的期望。

@ **不动如佛**：方丈的话简单理解就是：他们不是坏，他们是蠢。

@ **不明真相的群众**：并不是"他们蠢"，而是我们每个人都蠢。认知能力不足以绝对解决问题是人们共同的困境，但不要否定每个人相对解决问题的努力，更不要用事后绝对正确的标准质疑他人的动机。

@ **GyzDeNiro**：投行的目的是让人频繁交易，这样才能让经纪业务赚钱，仅此而已。

@ **不明真相的群众**：你想多了。分析师是个人品牌非常有价值的职业。大部分分析师穷尽毕生之力，都想写出一篇洞穿时光、看到多年以后的公司、行业发展的报告，奈何力有不逮。这难道不是每个人的困境吗？

@ **billxuj**：卖方报告，关键看分析的逻辑、采用的数据与结论的匹配程度。如果你通过认真研读，认为你关注的标的的卖方报告是错误的，那不是件好事吗？如果这进一步造成了标的的价格下降，不是天上掉馅饼了吗？你为什么生气呢？

传统家训与普世价值：别管什么耕读传家

@ **以愚困智**：我喜欢读史，近来思考一个深刻的问题，百思不得其解。辛亥革命之前，中国上千年历史进程中以小农经济为主，所以重农抑商，大多数明智的人选择了耕读传家；改革开放以来，我国实行的经济制度是以公有制为主体、多种所有制经济共同发展。作为一个平民，以什么传家为好？既注重现实，又要有奔头。求方丈指点。

@ **不明真相的群众**：首先，"耕"肯定是不行了，农业占 GDP 的比例还会持续降低。其次，"读"是骗人的。中国古代所谓的读主要是"学而优则仕"，是为了当官，如果你学而优而不仕，那么"读"就成了笑话。这也是可以理解的，因为古代社会分工很粗放，要么劳心者治人，要么劳力者治于人，选择空间不大。

拜现代社会生产力发展和社会分工细化所赐，在"耕"和"读（仕）"之外，还有很大的发展空间，经商可以，治学也可以，自由选择，所以就别耕读传家了……

@ **爱思堡**：方丈对耕读传家的解释没有与时俱进。我家的家训确实有"耕读持家"这么一句话。我对"耕读持家"的理解是：耕，就是要让自己吃饱；读，就是要让脑子也吃饱。放在现代社会，也是一样。

@ **不明真相的群众**：这样说的话，"耕读传家"就是普世价值观，那也说不上是谁家家训了。

保持对世界的好奇心，保持对真理的警惕

@ **空调冰箱洗衣机**：方丈，能谈谈对真理的理解吗？

@ **不明真相的群众**：说实话，我非常害怕"真理"这个词。人类认知世界，总结出了一定的规律，通常非常有意义。人类能够比古人生活得更加幸福、更加安全，靠的就是持续认知世界、总结规律。

一旦把这种规律定义为"真理"，就非常可怕了。因为人认

知世界的过程是持续、动态的，所以总结出的规律也是阶段性、局部适用的。超越了特定的时间、空间，真理很可能变成谬误。所以对规律的总结一定要保持开放性，但是"真理"这种说法封锁了这种可能性。如果把真理强加到别人头上，那么结果就更加可悲了。所以，保持对世界的好奇心，保持对真理的警惕。

@ **老邓蜗牛**：真理可怕，自以为掌握了真理的人更可怕。

@ **裸猿文明**：方丈，您更认可英伦三岛为主的经验论，还是欧陆为主的理性论？或者说，您认为知识的来源是先天的还是后天的？

@ **不明真相的群众**：我搞不太清楚，我只是自己随便拍脑袋想出来的。

认知与经历：亲身感知有很大局限

@ **不明真相的群众**：未必要亲身经历才能知道一件事情，亲身经历对一件事情的判断未必就是对的。

@ **ny一**：不是所有事情都要亲见亲历，要从历史中学习。有些事情，亲身经历不仅是不现实的，而且可能需要付出很大的代价，甚至存在潜在危险，如吸毒的危害、酒驾的危害。正如芒格所讲，一本30美元的历史书里可能蕴含着价值数十亿美元的商业答案。

@ **欲速则不达869**：人的认知有三条途径，即亲身感知、他人告知（包括读书、学习等）、逻辑推知。人类发展到今天，最高效的学习方式是他人告知（甄别、筛选特别重要），难度最大的是逻辑推知，亲身感知是印象深刻的学习方式（在某些领域还无可替代）。但亲身感知有很大的局限，一是可能会错，二是效率低下。

聪明人知道人们会在哪些地方犯错

@ 菜木寸：请问为什么过度自信在知识类或技能类的比赛、考试或选拔中不常见，而在金融领域很普遍呢？

@ 不明真相的群众：反馈的对应性和时间长度。比如在定义无争议的赌博上，大家并不容易过度自信，但如果把赌博包装成投资，大家就自信了。（1）亏了钱，那是因为市场不行、因为庄家太坏、因为上市公司造假，可以随意归因。（2）浮亏只是波动。是不是只是波动？有时候是，有时候不是，但到底是不是，只有时间能给我们答案。

@ 轩轩啦啦啦：我觉得门槛太低是重要原因。

@ 顿牛：投资者不是自信，而是对结果有不合理的期待。许多投资者其实知道自己的投资水平、专业能力并不出众，投资决策经常也拿捏不定（所以喜欢看股评，看法容易受他人影响），但是投资回报在短期内跟投资能力不具备唯一相关性，这使得投资者在市场好的时候有明显的侥幸心理。在考试和比赛中，能力和结果具有较强的相关性，参与者不容易产生太强的侥幸心理。

@ Czgmafia：在开车这件事上也是过度自信的，开车这件事的定义很清楚呀。

@ 不明真相的群众：开车出事故的概率非常小，那么在没有出事故之前，开得好不好完全是自己主观定义的。

@ sunrain1122：自恋、性和攻击性是人的三大动力。过度自信其实在很多方面常见，比如八成的人认为自己的驾驶水平高于其他人，在争论中很难说服他人，这其实是人非常显著的一个认知偏误，普通人因为这个而犯错，聪明人知道人们会在哪些地方犯错,知道那里也存在机会。

所谓看懂公司,是不确定感低到让人舒服的程度

@ **KeineAhnung**:方丈,雪球里的"夹头"①经常会讨论"能力圈""看懂一家公司",我一直怀疑是否有人能真正看懂一家公司,很多公司的CEO(首席执行官)都不一定知道自己的公司未来会怎么样。我认为大家说看懂一家公司实际上是因为相信所以看懂。比如在房地产行业,有些人相信未来的房市会稳定,龙头公司会取得更多的份额,所以公司前景光明。但是有些人相信未来房市会崩,房地产公司也会跟着崩,所以看不明白。请问方丈,您对看懂公司如何理解?怎么才算看懂一家公司呢?

@ **不明真相的群众**:人可以认为他看得懂,这是他的权利。他认为看得懂,有可能他实际没看懂,那么他理应承担看错的损失。人也可以认为自己看不懂,那么他可以投资指数基金。人也可以认为指数都看不懂,那么可以不投资。这都没有什么问题。

@ **不明真相的群众**:人能不能认知世界?有一个人叫牛顿,他发现(总结)了万有引力定律,这被视为人类认知世界的重大进步。后来有个人叫爱因斯坦,他发现(总结)了相对论,按照相对论,万有引力定律是错的或者在某种程度上是错的。这说明人能认知世界还是不能认知世界?只能说,相对能,相对正确,不能放弃认知的努力,并做好结果是错误的准备。

@ **专注大机会**:这种思维会错误地导向虚无主义。对于这个世界,

---

① 夹头指价值投资者。——编者注

认知确实困难，但并非不可以努力认知，不能绝对认知不代表不能相对认知，努力提高对世界的认知能力是人作为高级动物的特质。你无法判断人家有没有看懂，你自己能不能看懂投资对象是你自己需要判断的。如果你认为没有一家上市公司是你能看懂并值得投资的，还参与证券投资，那么你就是举着火把穿越火药库。

@ **正原成长策略**：所谓看懂，是不确定感低到让人舒服的程度（人不喜欢不确定感）。

如果独立思考出错了，就是自以为是

@ **巴索罗斯**：方总，您认为独立思考与自以为是的关键不同是什么？

@ **不明真相的群众**：自以为是是独立思考的一个分支，如果独立思考出错了，就是自以为是。

所以不用纠结于这两个概念，真正有意义的是增强思考的正确性。方法无非是：事实上尽量不要缺失（搜集尽可能多的信息，考虑足够多的变量），逻辑上尽量不要有漏洞。

@ **炒乌豆**：除了"事实上尽量不要缺失（搜集尽可能多的信息，考虑足够多的变量），逻辑上尽量不要有漏洞"，建议增加一条：情绪上尽量坚持理性和平和。

@ **巴索罗斯**：以结果论决策性质要出大问题。自以为是不允许身边有芒格的存在；同样，我们的祖先也有"李世民畏魏征"的情况。

@ **不明真相的群众**：所以，"自以为是"有可能解读为：依赖不充分甚至单一的条件和臆想的逻辑做复杂的决策。

科学与玄学

@ 邓肯6789：方丈,想请问下您对玄学的看法。

@ 不明真相的群众：人活在世界上,总是面临着无知、无助的困境,比如:人为什么会生老病死?为什么会刮风、下雨、打雷?两个水平相当的同窗进京赶考,为什么一个高中榜首,另一个名落孙山?同一个导演拍的电影,为什么一部的票房仅有10万元,另一部达到了10亿元?同一个团队制作的游戏,为什么一款的收入只有10万元,而另一款有10亿元的收入?这些问题,人可以通过搜集尽可能多的信息,进行尽可能严密的逻辑推理,得出一些结论,但并不能保证这个结论一定是对的。

远古时代,因为观察、测量和统计方法有限,逻辑推理的体系不完备,人在大部分时候面临的都是这种无知、无助带来的恐惧。如何缓解这种恐惧?有一种办法是建立一种解释系统,这种解释系统的信息采样、边界是模糊的,原因和结果之间的关系也是模糊的,甚至这种关系可能是事后建立的(未来信息)。

正因为如此,这种解释系统是无往而不利的,它可以解释这个世界上的一切现象。这样的解释系统,你也不能说它一定没有用处,比如它可以缓解你的恐惧。

即使科学发达到今天的程度,对于世界上的大部分问题,人类还是找不到答案,无知和无助仍然伴随我们,所以这样的解释系统也一定会伴随着我们。

@ 不知大师：从这个角度看,科学也只不过是比较科学的迷信?

@ 不明真相的群众：不能这样讲。科学是以世界不可完全解释为前提的。比如任何一个科学的结论,它通常都会注明是在什么限定条件下得出的，有可能存在怎样的偏差，超过限定条件，结论可能就不成立。

@ **特立独行 W-Y**：方丈解释了人迷信是因为这是无知而缓解恐惧的一种方法，这种无知现象还会延续。方丈回答得两边都不得罪，看来是被"喷"怕了。

@ **不明真相的群众**：非也非也，我不是怕被"喷"，我是对人的无知无助有一些感同身受的理解罢了。我并不喜欢用单一的尺子量这个世界。

@ **裸猿文明**：这个问题我想延伸一下，算命、风水都是以《易经》为重要指导的，杨振宁先生对此有过评价，我和大家分享一下。

杨振宁先生在 82 岁时谈到，《易经》影响了中华民族的思维方式，而这个影响是现代科学没有在中国萌芽的重要原因之一，其主要影响有两点。

（1）中国传统文化里没有推演式思维方法。中国传统文化的一大特色就是只有归纳，没有推演。在中国，归纳法最早的来源就是《易经》里的算卦。归纳法和演绎法没有好坏之分，但是没有演绎法就不可能推演出科学里重要的方程式。像法拉第归纳出电磁现象，麦克斯韦推演出电磁方程组，电气时代由此诞生。中国古代在归纳这条路上走到黑，到后来产生了大量不规范的归纳。

（2）中国传统文化里有"天人合一"的观念。《易经》说的是"天人一物，内外一理"，就是说天道、地道、人道在里面，这些规律跟人世间的规律是一回事，这是硬要把人文规律用在自然现象上。古希腊时期的西方很幸运地躲开了这种逻辑，但是其他文明都没有这么幸运。科学最初的突破就是击碎"天人合一"

这样的观念，承认人世间有人世间的规律、自然界有自然界的规律，它们是两回事。

不过，杨振宁先生认为中国传统文化也有正面的作用，那就是"韧性"。比如，我们可以在经济极为困难的条件下制造"两弹一星"，可以在经历了几十年纷乱后使文盲率迅速降到5%以下，只用20年就实现经济腾飞，并在这20年里让2亿农民转移到城镇工作。这些靠的就是我们文化里独有的"韧性"。

我认为杨先生关于科学与玄学之间的思考非常有代表性。

@ **不明真相的群众：** 我补充几点看法。（1）同意关于归纳和演绎的部分。（2）人世间的规律很难升华到科学层面。比如，所谓"好人有好报""努力能成功"，如果样本足够，可能是有一定的规律存在，但如果放在个案上，很可能完全不成立。这是典型的归纳法。（3）无法证明"韧性"与中华民族、《易经》的关系。关于"韧性"的描述，更像是归纳法的结果。

@ **裸猿文明：** 针对第三点回复一下方丈。（1）关于"韧性"，确实是归纳法。归纳法从现象提炼出猜想，演绎法把猜想证明为定律。严格来说，有关人类活动的研究都属于归纳法，比如经济学、心理学、投资。（2）归纳法也有高质量的规范，我们在生活中面临的大多是低质量、不规范的归纳法。杨振宁先生对比了2004年和1920年中国社会的状况，也对比了同时期体量和中国大致相当的大国（比如印度和巴西）的情况，结果发现它们都远不如中国的改变大。一般来说，改变越剧烈，其过程中受到的阻力越大，"阵痛"越强烈，而只有中华民族特有的"韧性"才能承受如此巨大的全民变化。（3）几乎所有的知识都源于归纳法。高质量的归纳法可以参考穆勒五法：契合法、差异法、契合差异并用法、共变法和剩余法。

@ **不明真相的群众**：为什么选取2004—2017年？如果选取这个阶段，就可以得出"中国房价永远上涨"的结论。但换一个时间段，比如1997—2017年，就得不出这个结论了。

@ **裸猿文明**：（1）方丈可能看错了，杨先生选择的是1920—2004年，是剧烈动荡的近百年，所以它作为样本还是有一定参考性的。（2）方丈说得没错，所有的归纳都不是真理，有其局限性。例如英国哲学家伯特兰·罗素提出的观点，被称为"罗素的火鸡"[1]，用来讽刺归纳主义者：通过有限的观察，得出自以为正确的规律性结论。（3）归纳法得出结论，不能用"永远""唯一正确"此类绝对性词语，那些都是低质量的归纳。所以，在罗素讽刺之后，科学和哲学的大厦上就多了波普尔、库恩、卡拉托斯作为补充。我们熟悉的科学和证伪之间的关系就是为了解决"罗素的火鸡"这个讽刺问题的。

怎样提出一个好问题

@ **K线决战**：关注方丈后，看到方丈每天都回答很多球友提出来的问题。我也想来问问，在您看来，怎样的问题才是好问题？普通人怎样才能问出一个好问题？

@ **不明真相的群众**：（1）它得是一个"问题"，而不是发表了一通看法。（2）它得是"一个"问题，而不是一堆互不相关的问题。一次能把一件事讨论清楚就行了。（3）它得是别人能回答且愿意

---

[1] 饲养场里有一只火鸡经过细致的观察，发现主人每天会定时给它喂食，无论晴雨，但它没想到在圣诞节前夕，主人没有给它喂食，而是把它宰杀了。——编者注

回答的问题。问题的内容最好能引起广泛的共鸣。(4)在封闭性与开放性之间，取一端。要么极度封闭，把人逼上绝路，只能回答"是"还是"不是"；要么极度开放，答主有空间洋洋洒洒说一大通。(5)你这个问题问得不错。

自己的感性和他人的理性：马后炮综合征

@ **不明真相的群众：** 人在做决策的时候大多依据非常有限的信息，在情绪驱动下拍脑袋做决策，所以事后看来大部分决策都是碎片化的、非系统性的。

但人在分析外部世界和他人行为的时候都成了战略专家，认为他人的决策一定是系统的、有逻辑的，然而这种系统、逻辑基本都是想象出来的。其实，他人与自己是一样的。

@ **亏掉嫁妆变剩女：** 人生在世，对于这种事，只要知道两点：(1)这世上绝对存在不需要读书也很聪明、不需要努力也过得很好，甚至不需要钱就能快乐的人；(2)那个人绝对不是你。

@ **群兽中的一只猫：** 经济学家布莱恩·阿瑟的研究表明，人并不善于进行归纳性逻辑思考，却是认识和追求时尚潮流的高手。所以人是一台天生的根据观点而来的演绎机器。《决策制胜》一书里，经济学家做了一系列实验，证明信息的增加并不能提升预测结果的准确率，而只能增强自信心。

行为经济学这些年越来越火，得到了主流学界的认可。但是实质上即使到现在，大部分理论都只是从一些行为当中做出的一个稍微深层的归纳。这点可以参考诺贝尔经济学奖得主理查德·泰勒的书《"错误"的行为》。顶级的研究尚且只能从现象当中归纳出部分可能潜在的逻辑，所以大部分自以为能从一些片段性的信息中分析出他人和世界的系统性逻辑的人，何尝不是自以为是呢。我们都一样吧。人类有一个特有的怪癖。事情发生之后，我们总是相信，在事情发生之前，我们就已经对结果一清二楚。经济学家把这种癖好称为后见之明的偏差，或者说马后炮综合征。所以，我之前一直觉得不具有先验性的理论意义不大，讨论就更不用说了。

第四辑
人心——财富与公益

财富的均值回归：人生而不平等，命运很难把握

@ **不明真相的群众**：现代商业的规模特征使企业家在获得财富的体量方面，确实与普通民众拉开了差距。但是我们同时要注意一个特别有趣的问题，就是现代商业的核心资源是脑力资源，它并不能被遗传和继承，这也会导致他们创造的商业、他们获取的财富大部分都不能被遗传和继承。比尔·盖茨的儿女、巴菲特的儿女、扎克伯格的孩子也就比普通人过得好一点儿而已。这种均值回归要比历史上通过血缘遗传、固定资产继承的方式迅速得多。

@ **Every**：请问方丈，抛开遗产税不说，比尔·盖茨的儿女只需要用财富买入指数基金，怎么均值回归？事实上，比尔·盖茨从微软退休后，他的财富越来越多，但已经不是通过微软的业务赚来的了，而是源于投资增长，管理投资的也不全是他本人。现代信用货币，天然导致财富越来越集中。

@ **不明真相的群众**：很多超级富豪都意识到，如果子女不具备商业能力，传巨额财富给他们并不是好事。

@ **脚实宁致**：生而不平等（财富、教育、机会、智商、身体素质、医疗条件等），进而财富两极分化。

@ **不明真相的群众**：人生而平等，显然是骗人的，但要说人生而不平等，也太固化和悲观了。真正的规律是：人生而不同，命运更是无法把握。

@ **王夕刚**：方丈过于悲观了，虽然人生而不平等，命运很难把握，但毕竟有那么一小部分人还是扭转了人生。

@ **不明真相的群众**：人能够扭转人生就是命运无法把握的一个例证啊。

@ **字符76**：生而平等是起点平等，而不是结果平等。

@ **不明真相的群众**：起点也不可能公平啊，有的人身高1.8米，有的人身高1.5米，还有的人身有残疾。

富不过三代，穷不过五服：
社会固化意味着封杀了人的上升空间

@ **雪球网友**：为什么说富不过三代，穷不过五服？

@ **不明真相的群众**：这个主要取决于统计样本。人的财富拥有量肯定是呈金字塔状分布的。如果以绝对位置看，"富不过三代"基本是铁律，比如站在金字塔顶端的富人，要保持相同的位置超过三代肯定是不太可能的。同样的道理，每个站在财富金字塔顶端的人大概率来自原来位置更低的家庭，所以"穷不过五服"也有一定道理。但具体到每个人身上又并不是这样，穷人的孩子成为富豪的概率并不会比富人的孩子高。

@ **关耳闻心**：动态的不平等，需要完整地考虑未来和过去。

当某些人的社会地位从不下降的时候，这就意味着其他人被封杀了上升空间。

　　10%的美国人在其有生之年将有机会挤进前1%的收入排行榜，并待上1年；超过一半的美国人将挤入前10%，并待上1年。很显然，美国的数据和更加静态（但名义上更加平等）的欧洲是不同的。例如，美国最富有的500个人或家族只有30年历史，但在法国的名单中60%的富豪是靠继承得来的财富，1/3最富有的欧洲人在几个世纪之前就已经属于最富有的家族了，而佛罗伦萨的情况更为严重，几大家族控制那里的财富已达5个世纪之久。①

公益像大部分社会事务一样，都是由不同分工的人协作完成

@ **吃完韭菜放个屁**：方丈，做公益的目的和意义是什么？

@ **不明真相的群众**：每个人有每个人的目的。别人的目的我不知道。在我看来，做公益，表面上看是为了爽。人在心理上有索取的需求，也有付出的需求。公益满足了人在心理上付出的需求。

　　更深层次来说，是为了利。人群中的一部分人有可能因为外在的原因，比如家庭贫困、身体残疾，失去了生存与发展的机会。如果能通过公益这种资源调剂的办法给他们生存和发展的机会，对于维持社会稳定、增加社会的多元性都是有利的。

@ **踩着牛屎去翱翔**：方丈，做公益为什么和开股份公司一样，都要拿别人的钱来做？如果发起人自己的钱没有全部拿出来的话，我觉得他只是为了图名！

---

① @关耳闻心的回答摘自：纳西姆·尼古拉斯·塔勒布.非对称风险[M].周洛华,译.北京：中信出版社，2019.——编者注

@ **不明真相的群众：** 公益像大部分社会事务一样，都是由不同分工的人协作完成的。拥有捐助能力的人和执行公益项目的人往往是不同的人，需要不同的技能。过去的经验表明，这种分工对公益项目的持续运营具有非常好的作用。

我讲几个做公益的段子。有人把自己的衣物寄给某贫困山区学校（公益组织公布的地址），打电话给校长，问收到没有，校长说：没空去查，我不需要你们的同情。

我以前工作的某报发起捐助，给某县建造了 20 余所希望小学。有一年我去那个县，该县的"希望工程"办公室主任跟我说：你们这个活动是给了我们县一些经济资助，但也影响了我们县的形象……

我说这些段子不是为了谴责这些人，而是说公益也是很专业的事情，尤其是涉及被捐助者的意愿、心态，以及捐助双方的关系，都需要很专业地处理，最好委托给专业机构去做。如果只有良好的意愿，却没有顾及实施中具体的环境和技术问题，很有可能把好事办成坏事。

@ **六和公益：** 方丈说得对。这些情况我们都遇到过，甚至自己也犯过这样的错误。后来我们坚决停止做某些"公益"活动，反思行为背后的逻辑和伤害行为。理解、尊重甚至保护公益对象，提高公益人员的专业性，而不是仅仅依靠泛滥的同情。这是整个公益领域要做的事情。

公益利己，善恶同源：不要把自己当成救世主

@ **不明真相的群众：** 我觉得，捐赠者参与慈善、公益项目，最好也

将其理解为自己的需求，在捐助那一刻，需求已经得到满足。不应该对被捐助方有什么主动的、额外的要求。

@ **六和公益**：是的，我特别支持这种看法。公益的出发点大部分是利己，而且公益应该是让人快乐的事，如果做得不快乐，感到痛苦，就赶快停止。不要把自己当成救世主。

@ **不明真相的群众**：公益利己，善恶同源。

@ **持股养家**：特别是旧衣物这种东西，捐不捐是一回事，要不要是另一回事，搞不好就是对人家的尊严进行了侮辱。当然，捐钱不会有这种烦恼。

@ **六和公益**：是这样！我们后来坚决不做捐旧衣物的原因就是，那次我在发放时发现了许多难以描述的衣服，根本不能穿，我看到都难以接受。所以现在，无论是捐赠图书还是别的，我们都要做到提供最好的、合适的和崭新的。公益对象不是垃圾站。

@ **不明真相的群众**：捐钱的问题一般会小一点儿，但捐赠双方的关系容易出问题，比如捐赠方过于主动、频繁地"看望""关心"被捐赠方，这有可能造成被捐赠方的心理负担。

关于贫富差距：企业家对社会的最大贡献是什么

@ **打造机器**：方丈，您怎么看最近很火的电影《寄生虫》，富人压榨穷人，穷人寄生在富人身上，是这样吗？当今世界的各种问题是因为经过几十年的和平发展，阶层固化，富人越来越富，穷人越来越难成为富人而产生的吗？世界存在这样一种周期吗？新秩序建立—同一起跑线—和平发展—社会分层—阶层固化—重新洗牌—新秩序建立？

@ **不明真相的群众：** 首先要理解，贫富是相对概念，而不是绝对概念。所以，人类社会永远存在贫富差距，因为每个人的资源、能力、运气差别很大。但在不同的社会发展阶段、不同的经济模式下，贫富差距的形成原因不同，造成的社会问题也不同。

在采集、狩猎时代，人与人之间的差距主要是体力，体力主要取决于先天禀赋和年龄，而财产（果实、猎物）的可占有、保存时间很短。所以，个体有可能凭借体力上的优势成为群体里的"富人""强人"，这个人不仅可以占有、分配生存资源，甚至可以剥夺别的个体的生命权、交配权，可以说那时候的"贫富差距"可能是最大的。但是，体力优势的可持续性也很差，所以"富人""强人"都只能维持很短时间，然后被新生的"富人""强人"取代。那个时代，可以说是靠个体体力的代谢衰竭解决贫富差距问题。

到了农业时代，土地成为最重要的资源，占有土地多的人就会成为富人，而土地可以被保存、继承，所以富人的后代继续是富人的概率很大。当然，实际情况更复杂，实际上，获得（分配）土地的能力比土地本身更加重要。明朝的时候曾经对全国户口进行统计，发现全国占有土地超过 800 亩的大地主有 10 000 多人，这些人几乎全部都是依靠政治特权成为地主的，主要包括皇族、军官、政府官员和退休官员。这个特权阶层具备一定的开放性，比如平民子弟有可能通过科举考试进入这个阶层。但这条路径非常狭窄，对绝大部分人不适用，所以底层社会的生存状况非常差。底层社会的绝望积累几十年、几百年，就有可能酿成一次暴力反抗，打破原有的社会秩序，解决贫富差距问题。

在工业时代，对生产资料（资金、机器设备、专利技术）的占有也会导致人类出现非常大的贫富差距。但是，这个时代出现了一些变化。对劳动的技术要求高了，劳动质量的重要性超过了劳动数量，需要有合理的价格和一定的自由才能提高劳动的质量，所以劳动者的收入水平持续提升。另外，在这个时代，人类社会吸取了以前的教训，就是暴力反抗的后果对整个社会来说太严重，所以需要采取一定的措施缓解贫富差距和阶层矛盾，比如社会保障体系、社会福利制度，它们本质上都是财富分配环节的统筹。这些措施加在一起使得贫富差距虽然存在，但它引起的阶层矛盾和社会问题总体上在可控范围内。现在很多国家和地区，比如日本、北欧，不同阶层之间，生活方式已经趋同，整个社会呈现高度稳定的状态。但这也造成了另外的社会问题，因为福利不是无源之水，高福利的前提基本是高税收，所以这些社会对企业家的创造精神缺乏足够的激励机制，这有可能导致社会没有活力。

现在我们这个时代，信息服务业是新兴产业，它创造了最大的经济增加值，所以也成就了最多的富豪。因为产业规模大（全球化）、发展速度快，这些富豪致富的速度之快、财产的绝对规模之大在人类历史上都是罕见的。所以你可以认为现在的"贫富差距"非常之大。但是，这些富豪之所以成为富豪，主要靠个人的能力和运气，这些都是无法被继承的。所以，有些富豪不但不会期望将自己的财富主要传给子女，甚至生前就做好了决定，将大部分财富都捐赠给社会。

所以，我不觉得当今世界的主要问题是贫富差距。因为只要致富主要靠能力、运气，它们就一定会均值回归，给其他穷人创造机会变成富人（阶层流动），再辅以社会保障和福利制度。这样，贫富差距和它引发的社会问题比历史上任何时期都要缓和。

补充一点，我认为，普通人可感知、可跨越的贫富差距是人类发展的根本动力。

@ **打造机器：** 方丈关于贫富差距简史的介绍，读来很是受用，但是结论好像不那么有说服力。当代社会穷人的生存/生活条件也许是有史以来最好的，但是贫富差距也可能是最大的。我还是觉得当今社会的动荡跟过大的贫富差距有很大的关系。另外有一句话是："天之道，损有余而补不足；人之道则不然，损不足以奉有余。孰能有余以奉天下？唯有道者。"微观看穷人之所以穷、富人之所以富，各有原因，但宏观上看富人容易更富、穷人容易更穷。所以即使不考虑社会的动荡风险，单从道义上看，一定的福利制度也是很合理的，对吗？现在的社会也需要更高的福利政策吧？

@ **不明真相的群众：** 评估贫富差距是否合理，不能看财富拥有量的数字差距，那永远没有答案，因为每个人的标准都不同。有意义的标准是：（1）资源条件最差的人群有没有基本的生活保障和救济；（2）各个阶层有没有相对公平的发展机会，就是说所谓的"阶层流动"是否通畅；（3）资源条件好的阶层能否强行剥夺其他阶层的基本权利和发展机会。

社会福利制度对社会稳定起到一定作用，但自工业革命以来，人类生活改善主要依靠的是商业创新、技术进步带来的增量。存量调配起的作用微乎其微。

作为个人来讲也是这样，盯着存量考虑"分配"和"公平"往往只会带来怨恨与零和博弈，而盯着增量考虑"创造"和"效率"带来的幸福感才是源源不断的。

@ **行者东东已注册：** 赞。感觉原始社会、农业社会、工业社会大体是财富从供应方涌现，垄断供应是致富之路；信息社会是从满足人们的差异化需求这个角度出发，发掘需求是致富之路。发掘需求的终极大招是精神需求，因为其他需求都比较容易满足。

@ **远处看浪**：贫富分化是一种历史现象，只是在不同的社会发展阶段，贫富分化程度不同。在古代，也可以说是存量经济时代，最底层民众生活的质量很低，在现在的增量经济时代，即使是最底层民众也可以解决温饱问题。对普通人来说，与其抱怨贫富分化，不如努力提升自己的能力，不愿意改变自己的其实应该感谢那些富人，如果没有他们的资本、商业模式的创新、科学技术的发明，就不会有生产力的大发展，也不会有穷人现在满足温饱的生活。

@ **不明真相的群众**：企业家对社会的贡献主要并不是赚了多少钱以后捐赠给贫困地区，而是他的商业创新给社会提供了新的产品和服务，提高了社会效率，改善了用户体验；商业成功的过程提供了很多就业机会；通过纳税，整个社会有更多的资源改进公共设施。跟这些相比，所谓慈善，就相当于蜡烛相对于电灯。

@ **青山战魂**：方丈这段话说出了商业社会的精髓。那些眼红企业家财富的人不妨从另外的角度看看，企业家的财富是以公司形式存在的，这个跟过往以金银或者土地形式存在有本质区别。一个企业家再富有，终其一生也花不了多少钱，而公司只是他占股份多一些的地方，实际上是在不断满足所有人的需求。社会发展进化到这个程度，应该用增量、共赢思维替换老旧的存量、零和博弈。

@ **宁静的冬日 M**：贫富差距并不是美国或者日本、希腊当前面临的主要问题的根源。恰恰相反，为了减少贫富差距而由政府来提供水平过高的公共福利才是。

贫富差距无法消除，它是根植于人性的、有效的正向激励机制。但是我们可以在不消除它的前提下，看到大家慢慢过得越来越好。这样的路径不会是任何形式的斗争，而是千姿百态的生意。生意，就是生生不息的意思。世界上从来没有任何一种斗争能做到生生不息，因为它们都是干掉对手，富裕自己。只有生意能创造奇迹：在让自己越过越好的同时，也让对手越过越好，由此生生不息。

@ **以股证道858**：斗争（抢劫）是零和（最理想状态）、负和博弈。商业（交换）是正和博弈。经济学是人类最有价值的、最重要的学问。商业是最大的公平、最大的慈善、最大的福利、最好的道德约束。

@ **胡同里的肥猫**：好文。淘宝、拼多多这种生意平台对扶贫的效果其实更好。

@ **宁静的冬日M**：您说得对。商业竞争既是最好的道德约束，让企业为了追求自己的成功尽一切可能给人们带来福利，又是最好的量化尺规，福利与经济水平之间的微妙平衡点很难找准，公共福利的刚性特点导致它一旦超过经济承载力，就难以逆转。但是商业竞争带来的福利则不然，它在受竞争推动的同时，最终也受盈亏平衡制约，否则企业就会破产，从而靠市场力量更贴近福利与经济的平衡点。

我们仔细观察就会发现，商业竞争带来的福利不但已经由淘宝、拼多多、美团等公司充分体现在商品消费领域，也正在通过互联网教育、互联网医疗保险的强力竞争，影响传统来讲人们最关心的与公共福利关系最密切的教育和医疗领域。

举一个医疗保险的例子，过去人们普遍担心在低医保水平下，自己负担医疗费用的能力，现在某些大型互联网公司已经可以在极低年缴保费（对底层劳动者而言，往往也就是他年收入的

1%）的前提下，提供高达数百万元的医疗保障，而且并不会因为他得了癌症产生了理赔而增加他个人下一年的保费，只要整个保险产品还在持续，他下一年就可以用自然增长假设下的该年龄段的预定低费率继续投保。如果公司要改变预定费率，只能针对所有投保人改变。

有人说这种一年一保的产品不可靠，万一公司下一年停售该产品或者整体漫天涨价怎么办？对，如果没有竞争，这种情况很容易出现，但是在激烈的商业竞争中它很难发生，除非公司会因原定价陷入长期亏损——前文提到的约束。竞争和约束会让福利在合理的前提下最大化。

静态地看这个会受到成本制约的福利似乎也太有限了吧？其实不然，因为竞争会推动科技进步，它对成本下降的影响有时大到难以想象。不少朋友第一次看到前述医疗险费率时都觉得难以相信，总怀疑是不是其中有诈。其实大家想想下面这个竞争的例子就明白了，以前中国电信一家垄断，通信业没有竞争，我们打个越洋电话比在高成本的发达国家还贵几倍，现在竞争推动科技进步，用微信等社交软件交流，免除了话费。

剩余价值与福利社会：人人都可成为资本家

@ **谈股论球**：记得以前政治课上讲过，资本家靠榨取劳动者的剩余价值获得利润。可是如果当未来大量的机器人等人工智能代替很多工人时，资本家又靠什么来获取利润呢？

@ **不明真相的群众**：所谓的"资本家"或者"企业家"，是社会生产的组织者，他们组织资金、人力（包括但不限于体力劳动）、土地等各种所需的社会资源，给社会提供产品或服务。产品或服务如果提高了社会效率，改进了用户体验，就会有消费者购买。如果企业有竞争优势，那么企业销售的产品或服务就有利润。这些利润会按照供需关系被分配给生产的各个环节，资本家或者企业家会获得其中一部分。整体上看，在这个过程中，无论是消费者还是企业的员工，或是资本家，都是受益者。

生产产品或服务所需的社会资源会不停地变化。在任何时候，善于发现需求、提高效率、组织生产的企业家都更容易获得利润。本质上，利润来自效率提升或者竞争优势形成的价差，而不是某种资源的"剩余价值"。

@ 杨先森_：（1）我认同您的大部分观点，即资本家通过组织生产、创造价值获取利润，再进行利润的分配。但是同时也存在这种情况，资本家通过影响立法、控制土地供给获取利润。那么我的观点是，资本家可以通过创造价值来获取利润，也可以通过控制某些资源来创造竞争优势，从而获取利润。（2）在这个过程中，消费者、从业者、资本家的关系并不是一直对等的，有时候资本家需要"烧钱"来获取用户，有时候消费者、从业者并没有太多选择的余地，因为挑战资本家的难度很大。"从根本上来说，是消费者和员工的自由选择权制约了资本家。"自由选择权是一个理想的状态，但我不认为那是美好的时代。（3）我非常认同"用户第一，员工第二，股东第三"的理念，我认为不仅对于公司，对执政者来说也是如此，但这都是理想的状态。（4）"剩余价值理论"也许对让人民过好日子没有太多的好处，但是从历史上看，当人民过不上好日子或者吃不饱饭的时候，就会反抗。虽然反抗的结果各不相同，也并不一定每次反抗都有正面意义，但将时间拉长看，人民的反抗也是推动历史进步的一种方式（历史前进的动力源于人类的欲望和不满足）。

@ **不明真相的群众：**（1）获利的方式确实有两种：一种是创造价值提升效率，另一种是毁灭价值降低效率。比如，用户的需求是过河，那么有一种办法是修一座桥，提高大家过河的效率，然后收点儿过桥费；另一种办法是把桥拆了，不让其他船摆渡，只允许你一条船摆渡，摆到河中间的时候问客人想吃馄饨还是吃刀削面。只要存在充分的市场竞争，资本只能做第一件事，就是修桥，而且只会修更多的桥，因为所有资本都想获利。能做第二种事情的人不叫资本家，比如房地产供应，没有资本能够垄断土地的供应，只有土地的唯一卖出方可以。具体到一些地区，影响土地供应的既不是资本也不是政府，而是存量业主的利益，因为增加土地供应可能会造成存量房价格下跌。

（2）消费者、从业者、资本家之间的关系是动态的，甚至是交错的。你也举了很好的例子，企业家烧钱补贴用户，那不是消费者在剥削资本家吗？谁占便宜，谁的选择权更大，还真不好说。总体上，竞争越充分，消费者、从业者相对资本和企业的选择权越大。有些时期做出的难以理解的选择并不是资本选择的自由，而恰好是因为无论是资本家、消费者还是从业者都没有足够多选择的自由（当然限制自由的原因很多）。

（3）暴力对抗在某种环境中是一种有其必然性的结果，但这种方案的后果非常严重。如果能够基于规则自由选择、平等协商，肯定是更好的方案。

@ **杨先森_：**（1）您的回答有个核心——充分的自由竞争，可"屁股决定脑袋"（即位置决定想法），拥有更多资源的组织和个体在一定情况下会破坏"充分的自由竞争"这种环境。历史上,"充分的自由竞争"是一个少之又少的状态。(2)欧洲一些国家有高福利,其中一方面是"饼"足够大,另一方面是"工人运动(反抗)"的结果。(3)能不能总结为,我们要明白"做大饼"是过上好日子的关键,同时要提防一些会阻碍"充分的自由竞争"的情况出现。平衡是动态的,缩小摆动的幅度也是过上好日子的途径之一。

@ **不明真相的群众:**(1)确实,历史上"充分的自由竞争"的状态比较少,只有能够充分保证个人的人身权利、财产权利,才存在自由竞争的基础。这是近现代以来才慢慢形成的状态。(2)福利社会与选举制度的相关性更强。(3)"做大饼"当然是过上好日子的关键,但如何才能"做大饼"呢?其实简单来说就几点:科技进步、市场经济、法制社会。科技进步是发动机,市场经济是船,法制社会是航海条例。

@ **纯粹理性实践:** 我的困惑是,有没有"资本家"这个专属特定的存在?买一点儿股票,交一点儿社保,就是持有份额多少的差别,感觉人人都是"资本家"。

@ **不明真相的群众:** 是啊,人的社会角色、人在社会中的分工是变动的、多重的。

第五辑
人心——家庭与关系

多谈恋爱，不要急于谈婚论嫁

@ **价投起步欢欢**：我是女生，一碰到感情就会失去理智，总是犯同样的错误，陷入不健康的关系，导致最后自己受伤。这个问题该怎么破？这是不是也是一种投机行为？

@ **不明真相的群众**：你在市场上买入股票通常会用 limited order（限价订单，即设定价格，等股票跌到这个价格就会自动成交），但有时候你急于成交，就会用 market order（市价订单，即直接高价买入他人报价的股票）。所谓因为感情失去理智，就是 market order，原因在于急于成交。多交正常朋友，多谈恋爱，不要急于谈婚论嫁。

需要一个人，但喜欢一个人很难

@ **不明真相的群众**：问题出在人很难喜欢另一个人，但人又需要婚姻或者伴侣。

@ **小龙虾盖饭**：或者说人很难长时间地喜欢同一个人。

@ **不明真相的群众：** 不是很难长时间地喜欢一个人，而是把需要一个人和喜欢一个人搞混了。人有时候需要另一个人，同时这种需要的波动很大，有时候又不需要了，这就像股价的波动。人喜欢一个人，需要认同这个人的价值，这就像认同一家企业的价值。你看股市上有多少人去看企业的价值，有多少人只想到自己发财的需求，只盯着股价，你就明白人世间的困扰了。

@ **不如定殷：** 爱一个人是希望从他那里得到什么吗？如果对方没有我需要的，我会爱上对方吗？

@ **不明真相的群众：** 你所谓的爱他就是想得到他的爱。

爱情与事业：所有时代都一样功利

@ **不明真相的群众：** 有事业，就会有爱情；没有事业，就不会有什么爱情。"我爱你，但是与你何干。"爱情的本质是你需要爱一个人，有能力爱一个人，和对方是谁没有什么关系。

@ **释老毛：** 方丈太功利了！赤裸裸的功利主义，爱情观太片面。我相信，名人即使一事无成，也会收获很多爱情。

@ **不明真相的群众：** 动机和结果完全是反的。坚持配偶有特定性的人（比如，她才是老天配给我的人），通过共同生活会发现其实没有什么特定性，然后持续寻找特定性，持续失望，婚姻或者爱情的质量很差；相信配偶没有特定性的人，觉得谁都差不多，所以就好好珍惜已有的，婚姻和爱情的质量反而会高一些。

@ **新的挑战：** 是因为我们生活在功利的年代，产生功利思维，以至于明明有很好的爱情，却因为物质比较而"显得"不幸福。当我们理解"从明天起……喂马、劈柴……面朝大海，春暖花开"的时候，其实是有美好爱情的，不追求物质，不功利，享受生活，享受大自然与爱……

@ **不明真相的群众：**你并没有不幸生活在功利的时代，所有时代都一样功利，如果不是比现在更功利的话。托这个时代的福，因为经济发展，人的物质生存压力小一些，人可以做一些不那么功利的事情了。

婚姻与投资：找个好男人比找只好股票难太多了

@ **妙割：**方总会把投资理念运用到生活里吗？要如何理解对爱情分散投资？对于男人喜欢分散自己的爱情，女人该把自己的爱情放在什么位置，是及时止损还是一起玩爱情游戏？

@ **不明真相的群众：**有人说，反正男人都花心，不如找个好看点儿的。男人分散爱情是因为追求基因繁衍的最大可能性，不要怪他们。如果男人没有这个特质，估计人类这个物种早就消亡了。其实女人也追求分散，本质上是一样的。但是后来发生了一些变化，导致了对分散的约束，主要是养育孩子这件事。人类的孩子成长周期非常长，需要消耗大量的资源，并且借助父母的分工才能完成。所以，男人要求妻子不分散是因为必须保证投入大量资源抚养的孩子是自己的后代，女人要求丈夫不分散是要提防丈夫的抚养资源被稀释。

现在这些情况出现了一些变化，一个是亲子鉴定可以让男人确定孩子跟自己的血缘关系，二是有关婚姻的法律条文可以保证抚养资源不被稀释。

人性万年不变，技术和制度却在不停地进步和完善。所以对女性而言，一方面要接受人性万年不变这个现实，另一方面要充分利用技术和制度保护好自己的权益。男人和他人都是很难改变和把握的，能把握的是自己，做好自己，经济自立、人格独立、精神独立，就会有人爱你，即使没人爱你，你也能活得很好。

@ **Laughing 星哥**：找个好男人嫁了，才是最重要的投资。

@ **不明真相的群众**：问题是，找个好男人比找只好股票难太多了。能找到也许还行，但持有太难。还得集中投一只股，不能搞分散持仓、资产配置。

@ **橡树木棉**：芒格说，不能用责任去要求别人，要用利益去约束别人，不然只能怪自己太天真。如果一个男人在恋爱阶段就分散投资，那这不是太难了吗？女人在经济独立、精神独立的情况下，应该寻找芒格讲的正确的爱，那就是以仰慕为基础的爱。要和你喜欢、尊重和信任的人共事，当然也包括相爱这件事。建议看看芒格推荐的《人性的枷锁》。

@ **妙割**：作为经济独立、人格独立、精神一般独立的我，仰慕式地全情投入了，我的真心和爱给一个分散爱情的情场高手，是不是会把他吓跑？我的直觉是这个人就是我的"本命"，这么多年，我很难再爱上其他人。

@ **不明真相的群众**：其实，"这个人"只是你偶然碰上的一个人，他不是你的生命，他只是你爱他人、被他人爱的需求的反射，你的需求才是你的生命。

婚姻与感情：爱人是找来的，感情是双方持续投入积累的

@ **借书人**：方丈，我中午跟同事聊天，同事说：你今年都 26 岁了，

第一部　人心很古

也单身两三年了，你不着急，我都替你着急，人归根到底就是动物，婚姻就是搭伙过日子，跟感情没关系，像你这样真要找个看对眼的，或许十年后你都遇不到。我思考了一下午，越想心情越差。是不是婚姻真的与感情无关？问题是我觉得自己过得挺好的，工作、看书、健身、理财，没觉得自己可怜啊。但是他说完，我就觉得自己可怜了。

@ **不明真相的群众**：婚姻是一种客观事物，感情是一种主观感受。你想要它们之间有关系就有关系，你想要它们之间没关系就没关系。

世界上并没有上天指派给你的一个爱人，或者留着等你揭封的一份爱情，在某处等你。爱人是找来的，感情是双方持续投入积累的。如果你需要，就去找，就去投入，就去积累。

@ **HelloABC**：此言差矣。婚姻并不是客观事物，更不是自古就有的，而是一种虚构的社会关系，与赫拉利说的一系列人类虚构物没什么两样。感情则是人类在进化史中被选择出来的策略，它不是主观的，而是实实在在的客观的生化信号和神经活动。

@ **用户5979397136**：我也是最近才明白了一件事：其实婚姻的紧迫性和重要性和婚姻本身的关系不大。关系大的是婚姻代表的生活状态和人生内容，比如人需要一个稳定的生活伴侣、一个家庭、一个小孩，除非你敢确认自己这辈子不需要这些，否则这些都是紧迫的。因为人必须意识到自己的寿命是有限的，很多事情如果迟早要做，那真的早一点儿做好，腾挪余地大。

@ **永远的门徒**：达尔文用19页纸列举赞同和反对结婚的理由。结婚的好处：有孩子，有伴侣，有家庭……不结婚的理由：自由……最终得出结论：一个人不能过孤单的生活，整天看着自己；老年时依然醉生梦死，没有朋友，没有孩子……达尔文果断结婚。

家庭主妇真的不容易，尽量创造条件出去工作

@ **Hyperofree**：我老婆辞职后成为全职主妇，家里有两个男孩都还比较乖。我家就在孩子的学校旁边，过条马路就到。家里房、车、车位都有。家庭社会交际比较简单，经济条件可以，丝毫不需要我老婆担心经济问题。家里有一位老人，仅仅能帮忙从学校接孩子、洗洗买回来的菜和饭后收收碗之类的简单工作，但身体还好，不是负担，更不干涉我们的生活。但我老婆一直抱怨当家庭主妇很累，想去工作，问题是她没特别的工作技能，工作也不努力，去工作挣的钱估计还不够请一个保姆的。哪个工作的人不希望能多在家里陪孩子？你觉得工作轻松是因为你工作不努力，反过来觉得当家庭主妇累。我的观点有道理吗？还是说做家庭主妇真的很累？

@ **不明真相的群众**：做家庭主妇真的很累，而且没有社会地位，没有社交生活。如果想出去工作，还是尽量创造条件出去工作。

@ **Hyperofree**：我承认的一点就是，带孩子要带好，重视教育，要关心，如果想做到这些，确实是个伟大、艰辛又特别有价值的工作。问题是她水平一般，而且并不努力，对自我要求不高。家里小孩基本上每天看几个小时电视，没那种上进的家庭教育，在这种状况下，你们仍然觉得她的工作很累吗？

@ **不明真相的群众**：（1）做得好和累不累是两回事，通常做得不好更累。（2）一名合格的家庭主妇，如果要达到你的要求，等于是一名优秀的管家＋优秀的保姆＋优秀的老师，这太难了，你想一想，你配拥有这样的妻子吗？请你多换位思考，多一些同理心。

爱情和婚姻：爱情本质上是 market order

@ **安财猫**：方丈，没有合适的股价需要等待，那么没有遇见心仪的人，赞同一直孤独终老吗？为什么？

@ **不明真相的群众**：有心仪的人未必不孤独，没有心仪的人未必孤独。

@ **安财猫**：这是太极式大智慧，把孤独改成孤单呢？

@ **不明真相的群众**：有两种爱情观：一种是，认为爱情是上天给我指派了一个特定的人，所以我就在茫茫人海中寻找那个特定的人，找到那个人相处了一段时间以后，又发现他可能并不是那个特定的人，于是又去找；另一种是，认为人与人的区别不是那么大，找了一个人就跟他好好相处，最后会发现他成了特定的人。

@ **陆個零**：爱情和婚姻是两回事，很多人都搞混了。

@ **安财猫**：那没有爱情的婚姻是不是不道德？

@ **长持短T**：道德出现得比爱情早，婚姻则起源于有剩余食物后的一种经济合作模式。

@ **安财猫**：有些人嫁给了爱情，而有些人嫁给了"剩余食物"，例如政治婚姻。

@ **长持短T**："荷尔蒙（激素）决定一见钟情，多巴胺决定天长地久，肾上腺素决定出不出手，自尊心决定谁先开口，最后，寿命和现实决定谁先离开谁先走。"荷尔蒙迟早会消退，多巴胺很快会消失，这是生理的必然结果，仅靠阶段性生理激素激发的爱情维持长久的婚姻，实在是危险得不行。反倒是老辈人嫁给了"剩余食物"，倒也成就了不少相濡以沫、平淡是真的幸福婚姻。

@ **不明真相的群众**：爱情是什么？爱情本质上是 market order。谁可以获得 market order？优质资产，对手方急于成交的时候，就会获得 market order。所以如果自己足够优秀，至少对他人有价值，就会有 market order。

@ **橡树木棉**：一件世间最美好的事——爱情，在方丈说出来之后，居然变得充满了油腻腻的人间烟火味。方丈一定是济公转世。

@ **不明真相的群众**："只要能和你在一起，我做什么都愿意""为了你，我做什么都可以""为了你，我愿意一辈子……"，你仔细想一想，这不就是 market order 吗？

爱是自己的一种需求或状态，和对象无关

@ **不明真相的群众**：（1）爱是自己的一种需求或状态，和对象无关；（2）标准是 market order。

@ **薛定谔家的小猫**：（1）爱是一种需求或状态，那就需要某个对象来满足这种需求，和您说的和对象无关是不是冲突了？另外，人在不同的成长阶段，需求是变化的，婚姻中自己的需求变化或者另一半无法满足自己爱的需求了，您觉得应该怎么处理？不停地寻找能满足自己需求的对象？（2）第二点不太理解，market order 是按照当时可能是最好的价格立即（尽快）买进或卖出某一特定交割月份的一定数量外汇合同的订单。找对象、找爱人的过程，没人给出报价，没有统一的报价系统，怎么定自己和对方的报价呢？另外，人不是纯理性动物，情感部分怎么处理？

方丈，说说您的择偶标准是怎么样的？

@ **不明真相的群众**：（1）只要你有意愿和能力付出爱，这个世界上就有无数值得你爱的人，其中有一定数量会对你的爱做出积极反

第一部 人心很古

馈（爱你）。（2）不讲价就是爱。

幸福：聪明的人计算可变因素，智慧的人看重不可变因素

@ **不明真相的群众**：两个人谈恋爱，组建家庭，是否幸福，其中有可变因素，有不可变因素。不可变因素是，双方在人格上是否互相认同，相处是否愉快。可变因素是，外形、财务状况、家庭条件、他人的态度。可变因素是可以量化的，账算得清，但时间越长，它的权重越低，因为它可变。不可变因素不容易量化，甚至无法感知，但时间越长，权重越高。聪明的人计算可变因素，智慧的人看重不可变因素。

智商与遗传：高智商女人要找高智商老公，你是吗

@ **财务那个独立**：方丈，怎么看孩子的智商受父母遗传的影响，是母亲遗传占比较大吗？如果是，是不是找老婆首选学历高、智商高的女人呢？

@ **不明真相的群众**：基因会变异，基因不等于遗传。在同等条件下，当然找学历高、智商高的女人做老婆，但找了不一定生活就会幸福，也不一定生的孩子智商就会高。

@ **dealfun**：跟变异没什么关系。目前发现人的智商和两百多组基因相关，每组基因对智力的影响非常有限。人的智力是由遗传决定的，指的是出生的时候已经决定了，而不是说父母聪明，小孩就一定聪明。国内有个流行的说法，说孩子的智商是由母亲决定的，这个目前没有遗传学上的证据。但是，母亲对小孩的后天影

响非常大，尤其在普遍的丧偶式育儿的环境里，聪慧的母亲对小孩的成长非常重要。

@ quantek：孩子和母亲在一起的时间比和父亲在一起的时间长得多，高智商老婆的坏习惯相对少一些，也更懂得如何教育小孩；高智商女人找的老公往往智商更高，家庭经济条件也更好。所以，我觉得所谓高智商女人的孩子智商更高，不如说经济条件更好、教育水平更高的家庭中的孩子智商更高。

@ HeartsA99：这个和身高一样，均值回归，正态分布，不管父母的学历高低，刚出生的孩子的智商大概率是平均水平。另外，人脑是在过了幼年时期后才完全发育成熟的，良好的教育和成长环境可以推动人脑后天的进化。高学历的父母大概率可以为孩子提供高于平均水平的教育和成长环境，孩子的成长大概率会好一些，这时大家就会简单将其归因为高学历、高智商，这是没有统计依据的。

所以，找老婆的第一标准还是找你喜欢的，跟随你的心，然后多找几只十倍股，为孩子提供一个好的成长环境，这才是王道。

终身大事：最终我们需要学会的是在复杂的现实中取舍

@ 行 - 知 - 行：方丈，我快30岁了，去年遇到了现在的女朋友，我和她各方面条件都很合适，唯独对她一直缺少心动的感觉，如果结婚，总感觉差点儿什么，心有不甘，不知道是该继续在一起还是分开。我的问题是如何判断一个人是不是自己要共度余生的人。

@ 不明真相的群众：有两种婚姻爱情观。一种是，觉得有一种不可解释的"爱情"，上天会指定这个世界上唯一一个人跟自己过一

第一部　人心很古

辈子,此生的主要任务就是找到那个人。找了很多人,相处一段时间后发现都不是指定的那个人,然后继续找。另一种是,理解爱情是一种主观的意识形态,婚姻是基于现实的契约,并不存在唯一的人,甚至可以说人与人之间的区别不是那么大。所以,如果跟一个人订下了契约,就跟对方好好过,结果可能真是跟唯一的人过了一辈子。

哪种人会更幸福?如果一定要判断的话,我觉得标准比较简单,就是跟对方相处是否舒适放松。

@ **s_crat**：芒格有句话是,他的婚姻幸福要感谢他妻子的前夫,因为这降低了他妻子对婚姻的预期……

@ **宁静的冬日 M**：这个有点儿像一笔成功的投资需要感谢那个把股票卖给你的前股东:他因为看到缺点而放弃,你因为看到优点而拥有。实际上,优点和缺点都是真实的,从拥有到成功,不可能只靠看到优点,还必须依靠学会接受不完美,包容缺点,当然在此之前首先要学会果断放弃。总之,最终我们需要学会的是在复杂现实中取舍,而不是总像小孩一样对他人、对世界一厢情愿。

@ **不明真相的群众**：婚姻市场的困难之处并不在于数量上的均衡,而是期望的匹配。

是因为过得好才有了爱情,而不是有了爱情才过得好

@ **雪球用户**：我怎么才能规避一潭死水似的婚姻?

@ **不明真相的群众**：婚姻并不一定是一潭死水,好的婚姻(家庭)是无价的,因为它能提供亲密的人际关系和信任、安全、舒适的感受,可以帮我们抵挡身处这个世界的孤独、寂寞和无助。

好的婚姻，合适的对象占一半，如何经营占另一半。

如何找到合适的对象，如何经营好婚姻，就是要放弃一种幻想：这个世界上上天指派给我的另一半只有唯一一个。不是的，其实这个世界上有很多人，只要大家志趣相投，都可以很好地相处一辈子。正因如此，如果找了另一半，就跟他好好相处，而不是天天思考他是不是唯一的另一半。而决定能不能好好相处的，也不是有没有神奇的爱情存在，而是双方能不能互相信任，持续付出。

我们换个角度思考。我们在茫茫尘世间碰到了一个人，然后跟他过了一辈子，一起经历过那么多的失败、成功，一起感受过那么多的欢欣、悲伤，那不就是传说中的爱情吗？是因为过得好才有了爱情，而不是有了爱情才过得好。

@ **用户5979397136**：很多人由于婚姻或者感情不太如意，往往会把问题归因为婚姻本身，或者上升到两性冲突，然后活成一种洞悉万物、超然的样子……其实没有那么复杂，婚姻就是一种综合性的人际关系，有激情、亲情、友情……它从来就不是靠单一的情感维持的（例如激情，激情最重要的特征就是喜新厌旧，它可以说是这个世界上最不稳固的东西之一），如果把婚姻的持久建立在激情之上，那是必然要倒塌的。稳定和谐的婚姻关系对人还是挺重要的，就是人生的另一半。有时候谈了很久恋爱的人失恋了，会很痛苦，其实痛苦的根源主要就是记忆不完整了，这么多年的生活经历都是和另一个人共同拥有的，现在这段经历只有自己独自咀嚼，这就是可怕的孤独感。

生孩子这件事：分散投资、组合投资

@ **不明真相的群众：** 生孩子这件事，晚生不如早生，少生不如多生。

@ **JacksonW：** 方丈，晚生不如早生是什么道理？我们本来打算晚点儿要孩子，结果今天看到您说早生好，加上您前两天说买车也要趁早，这两件事都是我目前比较纠结的，因为怕花费大，觉着现在没什么积累，所以都想晚点儿做。

@ **不明真相的群众：** 钱的问题总是能解决的，时间流逝却不会回头。子在川上曰：逝者如斯夫。

@ **财源滚滚_：** 方丈，少生不如多生是什么道理？

@ **不明真相的群众：**（1）孩子多，父母就稀缺，你肯定希望自己稀缺吧？（2）孩子多，其中出现人才、天才的概率就上升了。

@ **关爱投机人士：** 多生孩子，互相扯皮不养老的概率也大增。

@ **不明真相的群众：** 指望孩子养老，是把自己和孩子都置于万劫不复之地。

@ **中庸之道的投资者：**（1）孩子多，父母要处理的事就多，你肯定不希望自己的事情多吧？（2）孩子多，其中出现庸才、败家子的概率就上升了。

@ **不明真相的群众：**（1）闲着也是闲着。（2）庸才、败家子是常态，所以需要付出一定成本去博概率。

@ **leon1997：** 这算是加杠杆吗？

@ **不明真相的群众：** 这不叫加杠杆，叫作分散投资、组合投资。

婆媳矛盾：接受这个世界上有大量无解的问题这个事实

@ **跟随资金守正出奇**：婆媳不和睦，作为儿子和丈夫该怎么处理？

@ **不明真相的群众**：千万不能从"解开心结"这个角度找出路——永远没有出路，别人的心结在哪里？怎么解？另外，我告诉你一个秘密，人年龄大了，生命力衰退以后，脾气会变好。当然，这是一个令人悲哀的事实。

@ **杨先森_**：方丈，不从解开心结这个角度找出路，您给指条明路。

@ **不明真相的群众**：做好自己能做的事情，理解和容忍他人，接受这个世界上有大量无解的问题这个事实。

是养儿防老，还是投资养老？单向度的索取都会枯竭

@ **仓央嘉措菜**：请问，仅从经济角度考量，养儿防老和通过储蓄投资等金融方式养老，从普遍意义上来说，哪个更有效率？我有两个朋友争论这个问题，一方支持养儿防老，从自己的观察出发，父辈养我们这辈没花多少钱，我们这辈现在赚钱普遍比父辈多；另一方觉得通过现代金融方式产生的效果未必比养儿防老弱。这个争论是否可以简化成：长期而言，投资于人还是投资于其他资产的预期回报率高？我倾向于人，因为可以把人看成有主观能动性的资产，但我觉得我的逻辑还不够完善。

@ **不明真相的群众**：我一直有个观点，无论是金钱还是情感，如果是单向度的索取，一定会很快枯竭；如果双向给予，有可能越给越多。父母跟子女也一样。我没看到过年迈的父母如果在经济、情感上完全依赖子女能过得很好的，相反，经济、情感上越自立

的父母，得到子女的尊重越多。

　　所以，我们在资源许可的范围内，可以充分投入养儿，营造好的成长环境，助其成为一个优秀的人。但他将来在经济上、情感上如何回报我们，我们一定要放弃期望，期望越低，回报反而越高。同时，尽量制订长期的储蓄投资计划，使晚年的自己有良好的经济条件。如果你有这样的计划，你的子女一定会给你更多的尊重和回报，你会变成一个幸福的老人。养儿防老和通过储蓄投资等金融方式养老，一定要双管齐下。

@ **仓央嘉措菜**：排除情感体验，如果只选一样，哪种方式胜算大？这个问题是不是没答案？

@ **不明真相的群众**：没答案！（1）人力资源投资的结果完全不可控，孩子能不能在经济上成功，不知道；孩子在经济上成功了会不会给你经济上的回报，也不知道。（2）储蓄投资的结果大体可控。

@ **打不倒的韭菜**：果然是高人，生活水平较低的人有您百分之一的觉悟，家庭矛盾就会大幅减少。

@ **不明真相的群众**：您太不理解他们了。不是他们觉悟不高，而是没有办法；不是他们只想索取，而是他们除了索取没有别的办法；不是他们不想储蓄投资，而是他们没有本金和技能。

@ **BenGraham**：本金，他们多多少少都有，而是缺乏技能，而且除了在银行长期存款，他们基本不相信其他任何投资品种，包括国债，这是本人感触最深的地方。

@ **不明真相的群众**：如果真能这样倒是不错。如果不投资，就战胜了 90% 投资的人。

@ **青山战魂**：我就长期投资计划谈谈自己的理解。个人认为 40 岁以后要分步实施投资理财计划，40~60 岁年富力强，有投资经验，可以自己投资。但到了一定年龄（比如 60~70 岁），对社会认知和自我认知的能力会减弱，自以为有完全认知和行为能力，但实际上已经衰退了。老年人受骗的社会新闻层出不穷，这时如果依然把家族财权全部握在自己手上是比较危险的。

我个人比较认可查理·芒格的做法，在自己还比较清醒的时候物色信托人。自己的子女当然也是候选人，时候到了一定要放手，依靠信托方式保障自己和家族的幸福稳定。

老年人防范金融风险？不要指责和教育父母

@ **临冬暖光**：最近，年迈的父母听熟人介绍买了某公司的高收益理财产品，结果产品爆仓了。我跟父母讲过产品有风险，但他们听不进去。怎么给老年人普及金融知识比较好？

@ **不明真相的群众**：爆仓了就是最好的教育。

@ **下次就赚钱**：方丈认为爆仓就能起教育作用太乐观了，我觉得爆 10 次都不能改变他们，所以骗老年人钱这个行当才会经久不衰。人老了，有两个致命弱点越来越突出：一是贪财，前赴后继地跳入"庞氏骗局"；二是怕死，成千上万元地买保健用品、器材。我母亲参加低价旅游团，曾多次被骗。

@ **无财作力小飞猪**：我最近想通了。父母这个岁数，想提高认知能力跟上时代的进步是很难的，即使吃了大亏，下次换种方式还是防不住。父母的钱是他们自己的，就让他们按照自己的认知能力支配吧。我们能做的是不要让老人因为"亏了钱"要面对我们而有心理负担。简单说就是"开心就好"。

@ **不明真相的群众**：您说得挺对。要让父母对金融风险有"正确"

的认识太难了，我们自己也不一定有"正确"的认识。可以多跟父母沟通，但要注意两点：要有融洽、信任的沟通氛围，而不是指责和教育父母；不能以父母接受自己的观点为目标。

老人与子女：赡养不意味着你有权干预他的生活方式

@ **花墨落：** 我父母均在乡下。大学毕业那年，父亲给了我 50 元，我带着这 50 元开始了南漂之旅。从那之后，我未从家里拿过一分钱。那一年，我 22 岁，父亲 48 岁。

我毕业后，父亲觉得自己的任务完成了，再也没有做过什么具体的劳作。近 20 年，家乡发生了翻天覆地的变化，几乎家家都有了自己的小汽车，大部分家庭在小县城买了房子，我父母还住在老家山里。大概 2013 年，我出全款给父母盖了一栋新房子，当时父亲还很不情愿，觉得浪费钱。

父亲从 48 岁起跟我说得最多的话就是：我活不了几年了，弄这些干什么。好像他的每一天都距离死亡很近，实际上，今年他快 70 岁了，口头禅依然是这个，这句话说了快 20 年。

父亲这些年做得最多的事情就是在院子里发呆、看书，不做家务，不做农活，没帮我带过一天孩子。我每年大概给父亲 2 万元左右的生活费，盖房子费用另外计算。

@ **不明真相的群众：** 我觉得你父亲这个年龄能天天看书，说明生活质量很高。他做不做农活、做不做家务是他的事情。帮你带孩子完全不是他的义务，他可以做，也可以不做。给他提供一定的生活资源，是你作为子女法律上的赡养义务，不意味着你有权干预他的生活方式。

@ **黄建平**：我觉着你父亲是高人，认识到人生如梦，把你培养出来后，他认为已经完成任务，剩下的是过自己想过的日子。

@ **特立独行 W-Y**：说实在的，这样的父亲真是高人。父母对子女的爱就像蒲公英，我抚养你长大，但你最终还是自由的。

父母的知识、能力一般很难与时俱进，最好不要把孩子当作自己内心想法的小白鼠，通常弄砸了的概率极大，最后你再丢下一句话："我还不是为你好。"孩子长大了，父母就该放手放权，子女的生活由子女去做主，挺好。

网上为什么能找到好朋友？因为在线网民基数大

@ **不明真相的群众**：社交网络上的人比你在现实生活中接触的人更加真实。很多原来线下相识多年的人是通过微信聊天才深入了解对方原来是这么志趣不同的人。当然，也有很多原来素不相识的人通过线上交流成了莫逆之交。雪球为什么存在？就是因为大部分人在线下找不到那么多谈论投资那么起劲的朋友。

其实，真正的问题并不是说网络上的人比线下的人好或者不同，而是网民基数大，朋友（交流对象）的可选择性强。现在这个时代，如果只能活在线下血缘关系、地缘关系的朋友圈里，那简直是要窒息了。

@ **橡树木棉**：嗯，我最好的朋友，以及给了我很多支持和帮助的人，就是网上认识的。在哪里认识的有区别吗？没有，都是人。网上什么人都有，和现实生活里一样。在网络上，自控力差或者缺乏自我的人会展现出很多平时不会表现的特质；自律性很强的人，网上和生活里应该差别不大。关键还是落实到人品上。

跟人相处不好，归根结底还是自身对他人的价值有限

@ **不明真相的群众：** 不要因为自己面临困境，就把问题归结于自己的家庭、成长环境。跟人相处不好，归根结底还是自身对他人的价值有限，跟相处的技巧关系不大。提升自己的技能水平，扩展自己可支配的资源，你就会发现跟他人相处变得容易了。

@ **悟道苦行僧：** 方丈太功利了。

@ **不明真相的群众：** 什么叫功利？人的需求是多元的，对他人的价值也是多元的。苏东坡被流放岭南的时候，他有个家人（在江苏常州）牵挂他，乡邻苦力说：这有何难，惠州又不在天上，是可以走到的。于是这个家人日夜兼程走到惠州看望了苏东坡，再走回常州向他的家人报平安。这也是价值。

如何尽快融入职场？
让老板不遗余力来帮你，没有你想象的那么困难

@ **沃隆 WOLLONG：** 我老婆毕业后新入职一家公司，入职前公司说会有人带上手，入职后却没人管，她自己一个人摸索，很多东西都不懂，却经常被领导责怪不懂这些事情。她主动和上级谈过，也没什么效果，本来应该指导她的上级总是借口忙，不愿指导她。请问这种情况应该怎么办？

@ **持有封基：** 我觉得这个问题还是你老婆的问题，我估计她是刚从学校毕业踏上工作岗位，在单位怎么可能像学校一样有人专门来带你？如果遇到一个好师傅，那是你老婆的福气；如果没遇到，也是常事。你老婆即使换个单位，我估计大概率也会遇到同样的

问题。建议她彻底抛弃过去在学校的那一套，快速融入社会，人要主动学习，嘴巴甜一点儿，腿脚勤快点儿，态度诚恳点儿，没什么问题是解决不了的。再说一点，如果连职场都不能快速融入，将来遇到的困难会更大。

@ **不明真相的群众：** 换个角度思考问题，在绝大多数情况下，老板和上级的烦恼是什么？最大的烦恼肯定是员工或下属不够优秀、不够能干、不能超预期地完成任务，所以，如果任何一个员工或下属表现出高质量完成任务的能力，甚至只是高质量完成任务的意愿，领导都会尽一切能力来帮你。

所以，明白自己的岗位职责，知道这个岗位需要什么技能，努力提升自己的技能，哪怕只是表现出强烈的完成任务的态度，你的老板和上级一定会不遗余力地帮你。

@ **持有封基：** 方丈说得没错，但刚踏上工作岗位的年轻人还没有完成从学生到职业人的转变，很少换位思考他的上级和同事是如何看待新人的。我自己也带过很多职场新人，虽然我很公平地对待他们，但免不了会多教主动性强的人一些。

@ **不明真相的群众：** 是啊，所以我说你至少要有想把工作做好的态度，别人才可能帮你。其实职场挺好玩的，一方面你说老员工不愿意帮新人，另一方面任何单位里都有一帮好为人师的"老司机"……

第六辑
人心——育儿与教育

遗传和天赋：不可知的独特性和充满偶然性的命运

@ **黄建平**：所谓天赋，大部分是成长过程积累的个性，每个人都会形成不同的脑神经分布，也就是从出生到成年的过程中，每个人遇到不一样的环境，形成不一样的个人特征，有些特征适合创业，有些适合搞艺术，其实多是家庭、学校、社会等环境因素造就了不同的脑神经分布（个人操作系统），只是这些外界输入因素难以被标准化。所以，天赋高一点儿还是低一点儿，大部分是运气决定的，因为环境并不是自己主观能够决定的。

因此，天赋高的人应该感谢上天赐予，努力用好天赋。

@ **不明真相的群众**：我觉得先天遗传和后天环境对人的影响都是有限的。

@ **网格边际**：那么对人影响最大的是什么呢？

@ **不明真相的群众**：是不可知的独特性和充满偶然性的命运。

@ **锋寒惊云**：推荐《教养的迷思》，书里基本揭露了人的 60% 都由基因决定，剩下的部分大多由成长的同龄群体决定，家庭和老师的影响微乎其微。

@ **不明真相的群众**：对，但我觉得"基因"和"遗传"并不完全是一回事。如果是遗传决定论，那么聪明人的后代会越来越聪明；如果是环境决定论，富有的人的后代会越来越富有。但现实世界比这个复杂得多。

@ **功夫雯雯**：波士顿大学早已针对 200 对同卵双胞胎做过研究，发现人类能力的 70% 由基因决定。而基因跟遗传只能说有一定的关系，因为基因是配对变异形成的，在这个过程中，基因可能变好，也可能变差。

但是，能力不足的人也不要灰心！因为人生有趣的地方就在于成功与否并不完全由能力决定，更多时候是受命运和随机选择的影响，充满了不确定性。人类能够把握的东西实际并不多，由于人类的认知偏差，很多时候，我们又把命运和选择的结果归功于努力，于是出现了各种各样的成功学。

再补充一点，因为聪明的富人大概率会生出平庸的后代，就是所谓的富不过三代，那怎么办呢？请不要着急，聪明的富人们总是有办法的，大概在 100 年前，他们想出了一个完美的解决办法，那就是不可撤销信托！洛克菲勒等家族就是这么玩的，因而传承了百年的家族财富，中国大陆的很多家族也正在这么玩，所以现在很多防守型财富基金的生意越来越好。

@ **不明真相的群众**：对，富裕人士让后代获得体面生活的保障是有办法可想的，但让后代获得跟自己一样的成功是很困难的。

育儿十六字经：放弃回报，降低预期，享受过程，接受结果

@ **想想懒洋洋**：方丈，我 30 出头，孩子快 3 岁了，感觉培养孩子和

做投资有许多相通之处，但受限于能力和眼界，对培养孩子这件事的理解远不如投资，一直难以形成自己的认知，基本人云亦云，对此很焦虑。想听您聊聊这方面的体会和建议，培养孩子的经验、教训、重点和误区等。

@ **不明真相的群众：**（1）孩子是个独立的人，人格上不依附于父母。（2）孩子无法成为你想要他成为的人，甚至无法成为他想要成为的人。就像大部分父母都是平庸的一样，大部分孩子也是平庸的，没有什么爱好，也不会有什么专长，但这并不妨碍他们度过平安、稳妥的一生。（3）教育的作用有限，但它属于父母能做的为数不多的事情之一。（4）放弃回报，降低预期，享受过程，接受结果，你就能跟自己的孩子好好相处。

@ **爱眉小札：**很多人不愿意承认自己的孩子会是平庸的人这种大概率的情况，每个父母都希望自己的孩子特别有出息，以至于忘了自己是不是有出息。真正的天才大约只占总人口的 0.1% 吧，父母唯一能做的就是提升自己，给孩子做个好榜样。那些自己未能达成的愿望、未完成的抱负和理想，也不要指望孩子去完成，这样你就会轻松很多。

教育很有用，但作用有限

@ **pizazz0718：**方丈，有个问题比较棘手，开学日我接到堂嫂的电话，说堂哥不让读小学四年级的 10 岁儿子去上学了，让我劝劝堂哥。我后来跟堂哥聊了很久，但是没能说服他。

堂哥说了他的想法。小孩的智力一般，学习成绩比较差且从来不写作业，学校老师总是批评他。他在学校比较孤僻、压抑，堂哥怕继续在这种环境里生活会对小孩造成不可逆的心理影响。我这个侄儿在家里也比较内向，很少和别的小孩玩。据我堂哥说，可能和孩子小时候由奶奶爷爷带，被责骂得比较多有一定的关系。堂哥还说，现在中国的教育千篇一律，不能因材施教，即使以后读了大学也不一定比不读书的成功。在学校读书只是获取知识的一种途径，并不能获得有用的思想。另外，他觉得目前小孩的这种情况在家里顺其自然地健康成长是优于在学校读书的选择，至少是一个不坏的选择。他还谈到了小孩长大以后的生活，人在这个社会生存不一定非要什么学历，生存或成功对智商的要求并不如想象的那么高，不去学校读书，不走大众的教育路线，在家里可能会更早获取以后生存的本领。

堂哥的说法让我无法完全反驳，但我总觉得还是有些问题的。

@ **不明真相的群众**：我倾向于你的堂哥说得有一定的道理，而且他显然对这个问题有系统的思考，不是为了解释这个决策临时编出来的说法。我觉得学校的教育价值确实没有那么高，也不适合所有人。

@ **pizazz0718**：堂哥确实不是一时冲动，他跟小孩也沟通了较长时间才做出这个决定，只是家里其他人都不能接受，我也觉得这样是有问题的。在家教育应该不是件容易的事。

@ **不明真相的群众**：正如你的提问中所说的，这个问题可以说确实相当棘手。我完全能够理解一个不能很好地享受学校教育的学生的体验，无论是课程学习，还是学校里的社交，对他都不是一种福利，而是一种折磨。

在这种情况下，坚持让他去学校是一个最容易做出的决策，但如果不能改善他的状况，那么也只能说这是一个懒惰的决策。

第一部 人心很古

在改变方面，我觉得心态上可以寄期望于时间，很多问题随着时间的推移会有出人意料的变化；行为上可以更充分地跟孩子、老师沟通，建立更适合孩子状况的、现实的、阶段性的目标。现在好一些的学校都有心理辅导方面的老师，任课老师也有义务针对状况特殊的孩子制订相对特殊的教学计划。

不让孩子去学校，当然，首先是很多用户说到的那样，直接涉嫌违法，其次家长需要考虑到自己和家庭到底有没有能力教育孩子，我觉得有这种能力的概率是很低的。

还有一个相对现实一些的解决方案，现在各地都有一些教学方法较为个性化的私立学校，可以给孩子提供差异化的教育，说不定你堂哥的孩子在这种学校能更适应一些。我推荐你看一部纪录片，叫作《小人国》。我不敢推荐它里面所涉及的学校，因为我对它的了解有限，但至少我们可以了解到，也有一些不一样的学校和不一样的教育方法。

@ **仓佑加错－何弃疗：** 其他的先不说，首先，他堂哥违法了。其次，我特别反对方丈的教育无用论，有无数的统计数据和论文显示，受教育程度和收入水平正相关，且受教育程度越高，收入水平拉开得越多。也就是说，想让孩子将来收入尽可能的高，就让孩子尽可能接受更高水平的教育。

@ **不明真相的群众：** （1）我从来不持教育无用论，我认同的是教育作用有限论。对人类整体而言，教育绝对是作用非常大；对每个个体而言，我们又不能对教育的作用寄予太高的期望。（2）"受教育程度和收入水平正相关"，这是不需要论文和数据就能够确定的，但仍然需要分解它的归因，在现代社会，能够在生存竞争中胜出的人大概率能接受更好的教育，所以这还是一个原因、结果混杂的事情。

我觉得，任何时候，"读书无用论"都只是一个少数人的、局部的说法而已，并不是大多数人真正的做法。就如某一阶段流行"越穷越光荣"的说法，但这根本不是真实情况，实际上，"光荣"的人马上就变富了。

@ **王韭韭**：爱迪生就不上学，他们家注意因材施教。

@ **不明真相的群众**：一个孩子适应不了现在的学校教育，成为"爱迪生"的可能性是极低的，应该立足于改善他的状况，而不是基于他是个被忽略的天才来找解决方案。

自己承担所有作业，让孩子愉快地玩耍？

@ **自游离**：方丈，我女儿上小学一年级，我觉得学校作业量有点儿大，放学后写完作业再为了保障睡眠时间，一天的游戏时间已经不足一小时。关于该问题，我已向老师反映，并且委婉地提出能否减少作业量，建议按照平均水平布置，老师的回答是：您家小孩水平高的话，可以不用完成啊。再有，现在为何好多作业都是需要家长签名和配合完成的，究竟是小孩在学习还是家长在学习？是老师在教还是家长在教？我的疑惑就是，这是我的理解有问题还是学校的教育有问题？如果是学校的问题，请问方丈，我该怎么保护小孩健康成长？

@ **不明真相的群众**：这不是你家小孩面临的独特问题，而是普遍现象。大部分学校教育都会要求家长参与。小孩做点儿作业，就一定不能健康成长吗？估计你是严重夸大了。

有点儿吃力是正常的现象，做学生的时候，做作业、考试吃力；工作以后，完成 KPI（关键绩效指标）吃力；结婚成家以后，养家糊口吃力。这些是全世界大多数人的感受。要想不吃力，要么降低自己的要求，要么提升自己的能力。

@ **和风细雨不须归**：根据我 30 年的教育经验，孩子完不成作业有如下几种情况：（1）上课效率低，课堂上没弄懂知识点，作业自然做得慢、质量还不高；（2）注意力不集中，做事拖拉；（3）手、眼、脑的协调性差，这种孩子不仅做作业慢，其他事也做不好；（4）学习习惯差，没有计划。请对号入座再寻找对策。

当一个好家长不是那么容易的，找老师的毛病对您的孩子没有一点儿好处。

@ **深海渔**：个人经历，供你参考。自己承担所有的责任，让孩子愉快地玩耍。孩子的教育，主要责任在家长，而不是老师，只要你的内心足够强大，有足够的时间陪伴孩子，给孩子安排一个强度合适的学习计划，养成良好的学习生活习惯，并且最终不影响孩子的学习成绩，老师就会听你的。你应当知道，老师的观点跟你应该是一样的，老师压迫学生（填鸭式题海战术）也是情非得已，老师不过是生产线上的一颗螺丝钉。

@ **怎么回的事**：我儿子没有去上任何补习班，简直是另类，小学一至三年级，因为作业太多，我还帮他做过作业，老师多次找我和他爸爸，说小孩这样不行、那样不行，说我们家对小孩不是标准低，而是没标准。我态度很诚恳地接受批评，但从来不改，我愿意陪着他慢慢成长，陪他阅读，做他喜欢的事情，慢慢引导，尽量不强迫。去年，我儿子很认真地对我说，妈妈，你没强迫我去补习班，我觉得我的童年很快乐。幼儿养性，蒙童养正，少年养志，成年养德。培养他的品性比成绩重要，反正我不会用学校的应试教育来强迫我儿子。

出国留学：读书读到凌晨三点未必就不快乐

@ **Fuwenkai**：前两天在一次提问中看到，对于孩子上大学，您的首选城市，假如可以上北京、上海的一般的"211 工程"大学，也可以出国留学，请问您怎么选，主要理由是什么？

@ **不明真相的群众**：如果出国能上还不错的大学，就出国吧。国内大学什么都还没学会就毕业了，国外大学把人读个半死还毕不了业。当然你要以别人的评价来确定自己的对错，你就永远是错的。

@ **wanpeng2019**：不是经常有人说国外是快乐教育吗？怎么方丈和他们作对？

@ **不明真相的群众**：读书读到凌晨三点未必就不快乐，睡懒觉、逃课未必就快乐。

@ **昨夜风和雨**：敬佩智慧的方丈！我家孩子学习成绩不错，考入全省最热门的中学读初中。如果仅从孩子的发展角度考虑，是选择在国内读本科然后出国读研，还是直接出国读本科。如果你是家长，如何选择与规划？

@ **不明真相的群众**：这个没有答案。每个人的需求不一样，对未来的计划和期望也不一样。同时，即使你有当下看起来最合理的计划，以后也会碰上各种具体的、偶然性的问题。

@ **我就是渔猫**：当然是越早出去越好啊，在国外念完书之后回国，我就可以横着走了。现在国内的人对留学回来的人带有天生的崇拜感。

@ **不明真相的群众**：这个说法非常不靠谱，现在早就不是那个年代了，不会有谁因为你留学就高看你一眼。但是，有在国外受教育的经历确实可以开阔视野，去虚存实。

孩子的成绩：天运苟如此，且进杯中物

@ **后来居上 _Dioyan**：方丈，以您的认识来看，孩子在小学、初中、高中的学习成绩好不好，究竟什么因素最重要，请排序（可补充）：学习习惯、家庭环境、学校老师和教学方法等，以及性格、先天基因。

@ **不明真相的群众**：先天基因。

@ **guimacai**：先天基因是谁给的？父母给的。先天基因排第一，方丈是想说父母才是小孩学习中最重要的因素。

@ **不明真相的群众**：

> 白发被两鬓，肌肤不复实。
> 虽有五男儿，总不好纸笔。
> 阿舒已二八，懒惰故无匹。
> 阿宣行志学，而不爱文术。
> 雍端年十三，不识六与七。
> 通子垂九龄，但觅梨与栗。
> 天运苟如此，且进杯中物。

猜猜这是谁的作品？（陶渊明《责子》）

@ **方家岭**：小学重态度，中学重品行，高中重品质，大学重成绩，将来重选择。

@ **善思不随**：你要是去看是不是在学校里面排第一、第二，是不是在全国竞赛里得奖，那么影响因素最大的就是先天基因。如果你

只是看在班级里能不能排到中上游，（对大多数家庭来讲）那么可能影响最大的因素是家庭对孩子的性格、毅力、学习态度方面的影响，学习习惯也很重要。如果孩子不幸排在班级末尾，那么要究其影响最大的因素，大概和老师、性格都扯不上关系，很可能是家庭环境导致他的学习态度有问题，或者问题在于先天的智力基因。

在写作的两个层次上，家长能帮到孩子什么

@ **装夹头的老赌徒：** 方丈，我儿子读高一，自幼还算比较喜爱阅读，初中老师也曾评价其阅读量不错，但一直以来，感觉他很难将所读掌握、运用到作文的写作中（70分制的作文一般得52分左右），甚至有时候提笔空无言。我该给他一些什么帮助才能让他有所提升？

@ **不明真相的群众：** 不用管他，让他自己去解决问题。写作大概可以分两个层次：（1）准确清晰地表达自己的意图，这个层面最大的挑战是自己的想法不清楚，家长能做的事情是多与孩子交流，提供观察—整理信息—梳理逻辑的实践，练得多了，孩子的脑子清楚了，表达自己的意图就一定没有问题；（2）表达的方式有独特性和感染力，这个在很大程度上取决于孩子有没有独特的感受以及强烈的表达欲，在某种程度上取决于孩子的天赋。这方面，家长没有必要强求，毕竟世界上绝大多数人都没有必要也没有可能成为作家。

网络游戏不是洪水猛兽，但可以成为教育孩子失败的借口

@ 不明真相的群众：（1）从 B-52 轰炸机往下扔炸弹，远程操控战斧巡航导弹，操作界面和游戏一样，"吃鸡"是最好的单兵作战模拟训练。（2）图书出版量、阅读量都在持续上升，更不用说网络阅读，以及音频、视频新媒体的"阅读"量的爆炸式增长。（3）读书没有那么重要。不读书也可以过好一生。（4）人类不会被网络游戏毁掉。

@ Joe 银河： 我认为方丈的观点放在一个层次的群体挺合适，就是在塔尖的家庭，从爷爷奶奶到父母都上过大学，都能以身作则，都很有自控能力，孩子耳濡目染，很难被旋涡卷走。底层则惨不忍睹啊！我亲眼所见，一年级开家长会时，老师信心满满，大多数学生的成绩都不错，到了五年级开家长会，家长们边听会边刷手机，老师用 10 个排比句讲话……老师收不齐周末的作业，很多学生考试不及格，我坐在台下想哭。

@ 不明真相的群众： 然后你就认为这是游戏的原因？如果世间没有游戏，这些烦恼就不存在？如果真是这样，我倒是绝对赞成立法禁止一切游戏。

@ 爱眉小札： 好像以前没游戏的时候，底层的孩子很自律、很有闯劲、个个能成才似的，拿出数据对比一下不就知道了？

@ 勤奋的树獭： 家长如果不花点儿时间在孩子身上，无论有没有电子游戏，孩子都会大概率不如别人。把自己的责任推到外部是大部分人的倾向。

@ 不明真相的群众： 孩子不如别人，就像我们成人不如别人一样，是必然大概率存在的事实。

@ **一股一枯荣**：很多人不愿意承认这点，总觉得孩子不如别人好像这辈子就完了。

@ **刺猬爸爸**：当年没有网游，只有街机和红白机。我们在中考前一天还在游戏机房，照样能进重点中学和"211 工程"大学。高中时游戏打得最好的几个同伴，大多数也能在班级排名靠前，最后基本上也都进了重点大学。如何？比我成绩好的当然有，但是即便我不打游戏，成绩也不一定能比他们强。自己的教育有问题，就要"甩锅"给游戏。怪罪别人总是要比承认自己无能更简单，特别是这个"别人"还不会反驳。

@ **凉城诗夏**：大部分家长只是需要一个借口来解释为何他们的家庭教育失败。

@ **钓鱼蜜**：这个不能用身边特例来说大概率事件，特例往往都是记忆非常深刻的。我读书那会儿，有个学生特别聪明，回家玩电脑，上课睡觉，但考试就是第一，你能说你和他一样，睡觉也可以拿第一？他就是聪明，听老师讲一遍就能懂，我们听两遍还是不懂。但是这个是特例，学校里大多数成绩好的学生都是花很多时间在学习上的，这才是大概率事件。所以不否认那些其他很多事都做得好的情况下学习成绩依然很好的人，但大多数成绩好的都是花了更多时间在学习和如何提高分数上的人。

@ **Stevevai1983**：总会有东西让人上瘾。我上小学的时候，一开始是日本漫画、街机、小霸王"毁掉"这一代。初中以后是网吧单机游戏、小说、动画"毁掉"这一代。后来台式机网游再次"毁掉"这一代。现在手游"毁掉"这一代。我敢说未来如果网游不流行了，那么会出现更让人沉迷的东西"毁掉"下一代。

第一部　人心很古

胡适写一个孩子的成长经历，显得非常真实

@ **在下名叫你我他**：方丈，能否推荐几本有助于青少年树立优良人格的图书，我家小孩马上就上初中了，作为"文盲"老父亲，我搜肠刮肚仍力不从心。

@ **不明真相的群众**：优良的人格一部分来自先天禀赋，另一部分来自教育，而教育里最重要的是父母的言传身教，这个和父母的文化程度没有关系。读书，或者说单一一本书，其作用极其有限。我推荐《胡适：四十自述》。胡适这个人有一个很大的优点——实诚。他写一个孩子的成长经历，显得非常真实。

@ **攸而宁**：请问，您作为一个普通读者，如何确定他写的是孩子真实的成长经历？

@ **不明真相的群众**：这是一个很好的问题。阅读他人的作品，最主要的收获是"通感"，就是获得一种感同身受的体验。好的作家，即便情节是乱编的，你也能感受到他传达的感受是真的。坏的作家，即便他讲的事情是真的，即便他的态度是掏心掏肺的，你也会觉得他写得"不真"，他可能没有表达的能力。

小时候听过的动人的故事都是谁讲给我们的

@ **六和公益**：新密市姚山希望小学是个只有100多名师生的村小，校园很小，还分出去了一半做幼儿园。李巧红老师看起来像个和蔼可亲的大姐，她带的六年级班级阅读水平出乎意料的高，用巧红老师的话说："我们班学生读书都读疯了。"全班在五年级时就读完了阅读角的图书，这学期人均读书量在30本以上。李老师

给我讲了一件事，她之前带着学生阅读，学生的考试成绩在全县排名第 14 位。六和公益的阅读项目进入后，学生的成绩排名升到第 2 位。刚刚她告诉我，在才结束的期中考试中，他们班又是全乡第一，本学期已读完 40 多本书的那个同学得了 108.5 分。这对一所村小来说真的不容易。现在他们班的亲子阅读也做得很好，家长养成了自动读书打卡的习惯。我们常常发现，在我们没注意到的学校，总有一些在用心创造奇迹的老师。

@ **不明真相的群众**：我上小学的时候碰上一个很好的老师，他对学生的阅读兴趣启发很大。

@ **小学生的股事**：能把故事讲得动听，真的是个很大的本事。

@ **不明真相的群众**：那个老师讲故事的时候，没有人舍得去上厕所。

@ **细叶巧凌霜**：孩子们的天性都是喜欢听故事的，缺乏高质量陪伴才慢慢喜欢上电子产品。一旦喜欢甚至迷恋（依恋），再培养读书的兴趣就难了！

@ **六和公益**：大概初一的时候，因为下雨，体育课改成在室内上，体育老师给我们读了一篇有关马拉多纳的文章，我至今记忆犹新。当时根本不知道马拉多纳是谁，也不懂足球，后来马拉多纳就一直是我心中的"足球之王"。之所以记忆深刻，可能因为这是我小学加初中的 8 年里，遇到的唯一一个讲书本之外内容的老师。所以，我现在走访乡村学校，只要有时间，我都会给小朋友读一个故事，谁知道这是不是他们的唯一一次体验呢？

@ **不明真相的群众**：是这样的，有时候人无意中做了一件事，能让另一个人终身受用。但这件事是什么、另一个人是谁，却无法事先知道。

@ **大道无形我有型**：我一直没有养成读书的习惯，小时候也没碰上

第一部 人心很古

这样的老师（或者是我自己错过了，我记得有老师曾经很努力让我读书）。不过，我小时候确实读过一点儿书，因为我妈妈那时候管理学校的图书馆，我没地方去的时候，在那里面读过《金光大道》《艳阳天》之类的书。

@ **黑暗大法师：** 欧美电影中经常出现的一个情节是，小朋友临睡前，父母总会给他们讲一个故事，情节温馨而令人感动。我小时候也喜欢缠着父母给我讲故事，我父亲经常给我讲他小时候在山里遇到好几只狐子（小狐狸）后如何逃跑的事，还有在发洪水的时候他被陌生人救了一命的经历，所以我一直对大自然满怀敬畏，对父亲的勇气印象深刻，并且相信世上好人多。母亲总是会给我讲她年少时兄弟姐妹在地里干活挣半个工分的所见所闻，还有外公当兵的时候她跟着外公在部队生活的经历。所以我常常对中国农民走过的历程慨叹不已，对淳朴坚毅的军人的印象也一直很好。

@ **六和公益：** 是这样。欧美的亲子阅读做得非常好，父母很早就会给孩子读书。其实以前中国也还不错，长辈会教孩子童谣，讲口口相传的故事。我母亲不识字，但她给我讲了许多她听来的故事，还有评书。农闲的时候老人也会给小孩讲许多传说和奇闻趣事，想想这些都是启蒙了吧。但是现在比以前差多了，父母能给孩子读书、讲故事的很少。所以，我们现在用很多方式推动老师、家长给孩子读书。

教育与投资：龙生龙，凤生凤，老鼠的儿子怎么弄

@ **孙 number23：** 今天我跟舅舅谈到教育问题，舅舅的小孩 4 岁，

已开始被强迫练书法。他家大儿子 15 岁，被强迫报各种班，一大堆任务压身。我孩子快 3 岁了，我的想法是随性，小孩子吗，就要多点儿玩的天性，不要被各种班压垮。但是舅舅说，现在你不报班，别的孩子报，你的孩子就要落后。在我的印象中，好像学习没有这么难啊？是因为现在老师不好好教了，还是孩子的智商不够了？或者是现在的学习内容要比十多年前难？请问方丈，您的孩子或者说周围人的孩子也是每天上各种学习班吗？

@ **不明真相的群众**：学习内容并不比以前难；老师教的并不比以前差，而是更好；孩子的智商不会比以前低。变化是：因为现在的父母经济水平和受教育程度提高，比以前的父母更有条件重视并在孩子的教育上进行投入。这个重视和投入会有一定的产出，影响孩子之间的竞争关系。

　　但将时间拉长一点儿看，这个影响是非常有限的。教育上的投入，最主要的功能是缓解父母的焦虑。

@ **freelive**：换句话说，是不是各种培训机构的价值被夸大了？

@ **不明真相的群众**：不能这样说，价值是主观的。如果你认为培训班能让学渣进入清北，那么培训班的价值肯定被夸大了。但是，孩子上了培训班，父母没有那么焦虑了，这个价值就没有被夸大。

@ **无财作力小飞猪**：我家的做法是强制孩子学一门艺术。其他就是语数外，针对应试的科目。艺术是为了让孩子今后面对艰难人生时有个出口，虽然孩子现在不理解，但我们很坚持。语数外补课完全是为了应付中国的教育体系，没有更好的选择了。

　　我和爱人是普通的工薪族，都不是那种兴趣广泛、志趣高远、有闲情逸致和耐心带着孩子各种玩、开阔眼界的家长，所以只能退而求其次，花钱让孩子不至于天天只能面对手机和电视。

第一部 人心很古

那种"做好自己,对孩子进行无为而治,快乐教育,让孩子潜移默化变成很优秀的人"的理念,对大部分家庭来说只是"鸡汤"。现实是大部分父母都是平庸和不够自律的,大部分孩子也没有什么特别的兴趣爱好。花钱让孩子待在学习氛围里,比让孩子无聊地待家里好得多。

@ **张福格**:完全不认同。就以方丈自己身边的同学为例吧,北大毕业的这些高才生,下一代的智商会有多大问题吗?有多少能进同级别的高校呢?我随便拍脑袋都可以测出来不到20%,方丈可以针对目前已经参加高考的同学的孩子做个统计。

@ **不明真相的群众**:我可以告诉你统计结论:从相对角度来看,北大毕业生的孩子考上北大的概率远高于社会平均水平;从绝对角度来看,北大毕业生的孩子考上北大的概率很低。

@ **胖牛吼**:知乎上之前有人做过统计,父母双双"985工程"高校毕业,小孩还上"985"的概率只有10%,其实已经远超平均水平。但大部分"985"毕业的父母应该还是难以接受这个大概率会出现的事实。

@ **傻傻小多多**:"龙生龙,凤生凤,老鼠的儿子会打洞",这个说的是教育环境对人类的影响很大。还有一个说法,"三十年河东,三十年河西",这说的是均值回归。

@ **不明真相的群众**:大样本的均值回归和个案的基因突变、运气爆棚、逆袭同时发生作用,资源的可继承性与个体命运的随机性同时发生作用。这样的话,整个社会就相对稳定而有活力。

@ **船长和舵手**:(1)接受整体结论,不代表忽略个体的各种努力;(2)认识清楚世界的残酷,但仍然热爱这个世界;(3)只要有概率,争取让自己成为成功的概率;(4)万一未能如愿,也要欣然接受后果。我觉得以上是负责任的父母该做的努力。

孩子上培训班的意义是父母高兴

@ zhkent：昨天我从一位 5 岁半男孩的妈妈那里了解到，她为孩子报了很多培训班。从孩子的情况看，5 岁多就已经能拼十一二岁孩子才能玩的编程式乐高了，英语也说得不错。请问您觉得这位妈妈的做法是否合适？您在幼儿教育、小孩智力开发方面有什么建议？

@ 不明真相的群众：大部分小孩在上幼儿园之前都会背很多唐诗，等他上小学的时候基本都忘光了。有没有意义？当然有意义，小孩闲着也是闲着，不让他玩这些，他也要玩别的。玩这些，至少父母高兴，这值多少钱都不算多啊。

孩子受的教育更大程度上是父母的体验

@ 圆周率_平常心：我们在二线城市，小孩读初中是选择考公立的重点初中，还是多花点儿钱读私立的国际初中？我觉得小孩的人格培养挺重要，眼界要开阔，技能等培养其次。想听听方丈您的看法。

@ 不明真相的群众：孩子以后成为怎样的人与接受怎样的教育关系不大。孩子受的教育更大程度上是父母的体验，所以你觉得怎么舒适怎么来。理论上，如果经济负担得起，可能国际班更符合你的需求。

@ 超级栋：跟接受怎样的教育关系不大，那跟什么关系更大？天资？

@ **不明真相的群众**：尽人事，听天命。普通人可以通过接受教育学会基本的生存技能，天才靠基因变异。

在教育上的投入本质上不是孩子的需求，而是父母的需求

@ **forcode**：我已经把我儿子定性为学渣了，我省了几百万元补习费……

@ **不明真相的群众**：一个中国的中产家庭（小有积蓄，不算大富大贵）对一个孩子百般栽培，从小学开始就补课，中学补课，再送到美国读大学，累计花了1 000万元，超过家庭净资产的一半。孩子从美国学成归国，父母百般托关系，终于成功找到了一份年薪超过10万元的工作。这是无憾的人生啊。

但我并不认为这样不合理，我只是想说，在教育上的投入本质上是父母的需求，而不是孩子的需求，这个需求是以父母的支付能力为天花板的。

生孩子与投资：能生的都多生几个

@ **股市小小菜**：方丈，在同等条件下，现在多生孩子会不会比周围大多数只生一个孩子的同龄人在未来更有优势？

@ **不明真相的群众**：这是肯定的，一个投资组合肯定比单只股的稳定性好，所以能生的都多生几个。

@ **龙吟九霄**：有些中国人把孩子当成生产工具、彩票、养老保险，就是不把孩子当成一个人。

@ **投资之学无止境**：买了赚钱的股票，收益都是你的。出息的孩

子，收益是孩子本人及其配偶子女，以及通过税收反馈给社会，父母最多逢年过节被孝敬点儿东西，还要免费给子女带孩子、当保姆，甚至买房结婚。生了没出息的孩子就像买了垃圾股，还不能割肉止损，一辈子套牢流血。

@ **秋路子**：如果不从组合的角度考虑，只考虑人口老龄化的趋势呢？

@ **不明真相的群众**：人可以以各种理由生孩子，比如为了儿孙满堂、为了基因变异养个天才，但没有必要为了解决人口老龄化问题生孩子。

人生三阶段：
接受父母是平凡人，接受自己是平凡人，接受孩子是平凡人

@ **傻的可爱的群众**：方丈，请问像我们普通老百姓的小孩教育怎么办？小孩也没有特长，学习成绩估计也上不了"985工程""211工程"大学，甚至上一本院校都是问题。

@ **不明真相的群众**：如果小孩表现出学习方面的天赋，那么尽量不要让他失去机会。如果小孩没有表现出这方面的天赋，你也要接受他上不了"985""211"大学的现实，毕竟绝大部分小孩是无论上多少补习班都考不上"985""211"大学的。

现在即使不上"985""211"，也不影响一个平庸的人谋一份衣食，甚至在某方面取得杰出的成就。这主要靠社会价值观的多样性和人的命运，而不是什么补习班。

@ **财富严选**：个人认为上"211"其实不太需要天赋，学习很多时候跟投资一样，要达到前15%的话，核心在于"不要过分懒惰"而不是"极端勤奋和有天赋"。因为学习跟投资一样，80%的人

连认真听课、做作业这些基本的要求都没达到，你比这部分人稍微正常一些就可以了。这就跟买股票、买指数基金就可以战胜绝大部分追涨杀跌的人一样。考不上"211"，更大的原因是自己太懒，而不是天赋不够。至于考清北级别的，那放在学霸圈里都已经等同于顶级私募的级别了，这自然是要靠天赋。

@ **斋藤飞鸟还**：人生三阶段：接受父母是平凡人，接受自己是平凡人，接受孩子是平凡人。

上大学取其大，好好利用这个社交 ID（身份）吧

@ **自由空间价值投资**：方丈，今天儿子接到南开大学录取通知书，非常高兴。想问问方丈，现在的大学生都怎样度过 4 年大学生活。另外，他学历史学，方丈可否给一些学习上的建议，谢谢！

@ **不明真相的群众**：好的大学生活应该主要是取其"大"：（1）利用大学这个平台，接触和学习更多的知识，明确自己的兴趣和发展方向；（2）利用大学这个平台，接触和交往更多的人（比如同学、老师、社会人士），扩展自己的世界。

大学生身份真是一个挺好的交往 ID。我上大学那会儿，想找某个很有名望的人，只要说我是某大学的学生，对方一般来说都会很友善。

住校：与人相处的真实环境

@ **冻石**：小侄女在老家读小学六年级，成绩较好，考上了隔壁县重点中学，现在犹豫要不要去。优势：（1）提前培养自理能力；

（2）老师和同学素质高，学风好。顾虑：（1）女孩进入青春期，性格转变大；（2）学习、生活压力变大；（3）家人不在身边照顾。小侄女自己也没想好。谢谢方丈指点！

@ **不明真相的群众：** 我初中就住校，没有发现任何同学因为"家人不在身边照顾"有任何问题。

@ **用户5979397136：** 住校生学习好不好，我不清楚，但住校生有很好的与人相处的真实环境以及自理能力。一个人自己照顾自己，需要考量的东西很多，必须自己安排好自己的时间和手上的活儿。以前我住校时，经常控制不好用钱的度，总是提前把伙食费用完。我之所以会这样做，是因为我知道没钱了可以向同学借；我之所以有把握借到，是因为我和他们平时相处得很好……这是一连串的事件和关系链条，你身处其中，就会找到合适的行为模式，你也能学会调整、修正自己的行为，以期与周围人相处得好。类似的情况有很多。我是支持住校的，我觉得很好。

高考状元：在智商、自我管理能力方面肯定有一些优势

@ **伍治坚：** 新浪教育频道的一则新闻说，某省教育厅的人查阅了1977—2009年全国的124名高考状元后，称"他们一个都没有成为所从事职业领域的领军人物"，言下之意就是高考对于筛选人才似乎没有什么用，高考状元似乎都"被湮没，成了凡人"。

@ **不明真相的群众：** 高考是一次性的，临场发挥会有波动，第1名和第100名区别不大，但放大了样本来看，在应试教育中取得优势的人在智商、自我管理能力方面肯定有一些优势。我以前举过例子，我小学毕业的时候，有两个同学以半分之差没有考上重点

中学，算是单次波动下落了，但现在这两个同学依然是小学同学里发展得比较好的。

高考选专业：搞个铁饭碗的思路不太对头

@ **大爱无疆8**：方丈，我想问一下要填哪个学校的哪个专业才可以在毕业后顺利进入中国烟草总公司，或者是国家电网，成为一个正式员工？这个问题是帮我远方的侄儿问的。他希望毕业之后就有很好的收入来孝顺自己的父母。

@ **不明真相的群众**：首选综合性大学通用专业，次选部属高校。

@ **客栈夜话**：首先，毕业之后就有很好的收入，个人经历感觉二者之间是没有直接联系的。其次，在学校里排前十名，也要看是什么学校，也就是学校的整体教育质量。按我当时上的那个小县城三所高中排名最后一位的学校来说，这个意义不大。最后，如果将烟草、电力系统作为主要目标，电力有"电力五虎"高校的说法，要选一个在当地认可度比较高的。

　　当然，我更建议你视野开阔些。首选城市——北上广优先，学校认可度高，留在所在地工作的话，本地认可度高，次选学校，再次专业。这是基于这个水平的成绩来考虑的，如果成绩差一些，建议次选专业，再次学校。

@ **不明真相的群众**：我也觉得，瞄着电力、烟草行业搞个铁饭碗的思路怎么都不太对头。

　　我们先说上大学的目的是什么。大部分人会说上大学是为了以后有良好的发展，能找到有前景的工作。对，但怎样才能有良好的发展，怎样才能找到有良好前景的工作呢？现在这个时代，你没有一张体面的文凭，别人很难给你一份工作，但也很难仅仅因为你有一张文凭而给你一份工作。人家看的是你文凭背后的知识、眼界、思维方式、工作技能的储备。所以，最有利于知识、眼界、思维方式、工作技能积累的教育就最有价值。大学，注意前面有一个"大"字，我们可以这样理解，大学最核心的作用是帮你打开一扇门——通往更"大"的世界。想靠一张文凭换一辈子衣食，是把大学上"小"了，实际操作的结果也不一定理想。

在这种框架下，我提三点建议。

（1）城市第一。优先选择北京、"长三角"中的上海、南京、杭州、"珠三角"中的广州、深圳，其次是武汉、西安、成都这种大的省会城市，再次是一般省会城市和其他计划单列市。如果能申请到中国香港或者美国的大学，也是很不错的选择。即便本科阶段不出国，也尽量做好毕业以后去美国深造的准备。不得不说，在高等教育方面，中美差距还是非常大的。

（2）学校第二。优先选择综合性大学，因为综合性大学的平台大，即使学了不那么理想的专业，腾挪空间也较大。

（3）专业第三。最理想的专业选择是自己感兴趣的专业。现代社会分工细化，任何领域能做到专长，都会有很不错的发展。如果不知道自己对什么专业感兴趣，那么就在自己的考分内尽量选择考分高的专业，倒不是说这些专业以后一定会很好就业，而是要尽量和聪明的同学待在一起。如果考分不够上热门专业，那么就尽量上通用专业，以便以后腾挪。我上大学那会儿，北大理科招生分最高的是生物系，据说原因是出国容易。这两年，北大理科招生分数最高的是数学，因为人工智能要有大发展。这世界变化快，很难主动把握，但是与聪明人为伍总不会错。

不要紧张，人生不应受限于高考填志愿时候的几个字。

@ **战胜茅台**：方丈的话精简来说就是：先优选房价高的城市，其次优选分数高的专业。

@ **释老毛**：帮方丈微调一下顺序：学校第一，城市第二，专业第三。真正对你的三观和思维方式影响最深的身边小环境是生活四年的大学；城市是更大的平台，但大气候比较间接；专业相对最不重要，选择专业首先考虑的是自己的兴趣和特长。

@ **凡夫俗子 euvbrv**：方丈这个高考志愿的说法只适用于极少数学生，另外一小部分学生基本适合，其余绝大部分学生及家长尽量不要依据这个方法填报志愿。

我觉得填报志愿跟投资一样，适合自己并能考上的大学才是最好的志愿。现实是很残酷的，高考是凡夫俗子人生中最为残酷的一道门槛，高考分数竞争非常激烈，一样的分数一般会有成千上万人，本省也会有成百上千人，好地方、好学校，大家都想去，跟大家都想短时间翻倍赚钱是一样的道理，但关键是考生自己的分数够不够，自己是否具备这样的投资水平和基础。

方丈的说法适合那些省、市、区同批次考分非常高的学生，这些考生拥有较大的选择空间，但对绝大多数考生来说，选择同一批次中最合适的、最有可能上的学校是最佳的，有明确的专业喜好的话，尽量选择自己喜欢的专业。因为国内绝大部分学生进入高校后，转学和转专业会受到严格的限制，在没有特别的家庭背景、阅历的情况下，选择对口的职业就业也更有竞争力，能"啃爹"的毕竟是极少数人。

在目前国内所谓精英教育和成功教育的模式下，绝大部分人没有清楚认识自己的能力、学识、资源，盲目地追求高大上的学校、专业，盲目地追求短平快的成功，盲目地追求表面的光鲜，这些思想和做法实际上会种出人生最大的苦果。对那些分数不太高的考生来说，第一个苦果很可能是一本录取不了而变成二本，二本录取不上而变成三本，甚至要从头再考。

我觉得，从高考开始，无论是家长还是考生，都要正视现实，认清自我，选择跳起来可以摘到的桃子，可以有梦想，但不能总是仰望星空，而是要脚踏实地一步一步来。考分比较好的绝大部分考生尽量读一本、二本，考分一般或者较差的考生尽量选择自己喜欢的学校和专业。

高考对绝大部分人来说影响很大，但只要认清自己，从实际情况出发，依然可以读适合自己的学校、喜欢的专业，过上开心的生活。人生成功、幸福与否，关键是心态。幸福快乐与金钱和职业不一定成正比。

@ **酱骨架**：记得小时候做火箭的赶不上卖茶叶蛋的，掀起了"读书无用论"。现在好像没有这种声音了，知识就是金钱有了更多的体现。这是时代的进步。

@ **不明真相的群众**：任何时候都有"读书无用论"，因为读书与成功（过更好的生活）之间永远是既非充分也非必要条件的关系，而只是一定的概率。我们一直能举出无数的反例。

我能感受到身边的一个变化是，对"考上大学""进体制内工作"的尊重程度降低了。主要原因是，有大量的反例证明不上大学、不当官也有让家人生活得好的办法。我觉得这才是社会的进步，成功的路径更多，社会的价值观更多元化。

@ **羲兮和兮**：那方丈认为现在教育效用大吗？

@ **不明真相的群众**：当然非常大啊。但是，这个"大"是有变化的。受到好的教育，有很大的概率有更好的工作机会、更高的收入，找到更优秀的配偶。但没有任何人承诺你一定可以得到这些。其背后的原因是，你通过受好的教育提升了自己的能力和素质，所以有了更多的发展机会。这个不像在古代考中了进士就可以当七品知县；不像计划经济时代考上了大学就可以被"分配"一份工作。所以，这种作用是或然性的，在更大的样本下才成立，在个案上很有可能完全不成立。比如，你可以举出很多反例，某人拿到了博士学位，混得很惨；某人小学没毕业，成了大富豪。这些都很正常。

在规划人生的时候，只能基于大概率、大样本。

大学录取名额分配：吃亏的是夹在中间的人口大省

@ **勤劳是福**：方丈，请问大学录取为什么按照省份进行配额？配额的依据和规则是什么？这种方式会改变吗？

@ **不明真相的群众**：大体上是按照人口来分配的，但会有一些加权因素，比如高校所在地的省份就会多得到一些。人口大省可能有些降权。为什么不全国统一招生录取呢？因为中国存在地区差异，各个省份、地区的教育条件不同。

@ **Beat_TheMarket**：问题是这种理由通常向落后地区倾斜，然而不少人质疑高等教育向北京倾斜了，如果确实如此，是否合理？

@ **不明真相的群众**：这两件事可能同时存在：向落后地区倾斜，向北京、上海倾斜。吃亏的是夹在中间的人口大省。

寒门出贵子？完全不符合统计结果

@ **价值漫步：** 昨天看了一篇"985"毕业的夫妻培养了一个学渣儿子的爆文，感觉有点儿像在引导舆论：现在家庭在教育辅导方面花钱太多，导致养孩子的成本高，可能是影响生育率的一个原因。另外，社会阶层有些固化，告诉大多数人满足于做一个普通人利于社会稳定。文章也感慨，美貌、智商这些基因都无法确保遗传，反而财富很容易传承给下一代。

@ **进雪球做方丈：** 寒门出贵子，穷点儿好。

@ **不明真相的群众：** 寒门出贵子完全不符合统计结果。贵子属于基因变异加运气，没有规律。

@ **ice_ 招行谷子地：** 我有一个大学同学留校做了老师，他跟我讲了一件事。从前几年开始，有的院系就已经发不出去助学金了。为什么？因为没有同学家里符合助学金的标准，寒门出贵子在未来只是个美好的传说了。当然，基因突变另当别论。

@ **不明真相的群众：** 这可能也证明绝对贫困被消灭了很多。

@ **e 大海航行靠舵手：** 说明祖国的经济状况好了，真正意义上的寒门少了。还说明现在的招生制度可能更利于非寒门家庭的孩子受到更好的教育，这本身也是个筛选过程。还说明读书可能不是唯一选择，社会经济发展使人的选择多元化。历史上的寒门既有幸存者偏差，基数也足够大，达到极小的概率也能涌现天才。

@ **不明真相的群众：** 寒门靠数量优势造成了一种统计学错觉。

@ **静水潜流 s：** 接受平凡不容易，但平淡才是真。作为一个老学霸，我虽然一路享受了红利，熬到食物链上游，但是不快乐，身体也不好了，一样需要回归平淡。要想回归平淡，无非是降低

第一部　人心很古

欲望，找到自我。人生无常，别用生产线上的教育方式残害下一代，让他们做自己。

教育资源和教育公平：多少屏幕改变命运

@ **不明真相的群众：** 优质教育资源永远稀缺，更重要的是，人的禀赋、运气千差万别，而人的生存竞争永远存在，所以家长的焦虑永远存在。

教育公平只能追求起点、过程、规则的相对公平，而不可能是结果的绝对平等。具体而言，公平最主要是要兜底，即保证基本的受教育机会不会缺失（比如义务教育），公共教育资源尽可能公平（比如公立学校的划片招生）。在这些方面，中国政府的做法取得了卓越的成效。

在这个前提下，每个学生、家庭基于自己的意愿和能力追求个性化的教育"增量"，即无论怎么干预，它都不会消失——将会是一种正常的社会现象，不需要"解决"。

同时，我们需要注意的是，社会化的教辅机构不但满足了部分学生、家庭的"增量"需求，而且通过市场和技术手段，比如互联网，突破了教育资源分配的地域限制，在某种程度上促进了社会公平。前段时间有一篇刷屏的爆文，《这块屏幕可能改变命运》，其实，大量的教辅机构已经在这样做了。你去看"好未来""猿辅导"的线上课程，就会发现北京海淀区和青岛崂山区的孩子在一个班上课，公平？不公平？

@ **刘正林_LEO：** 技术对增加经济落后地区的教育资源确实有帮助。

@ **不明真相的群众**：以前就有一个这样的东西，叫作"电大"。

@ **顿牛**：孩子的时间有限，家长的焦虑无限。学生早早下课，家庭作业很少，有多出来的时间，学生自然就会涌向各种各样的课外教育机构，这个过程浪费了大量的资源，还不如直接在学校安排高效。

@ **招财子来福**：方丈说得都对，有一种情形是这样的：偏远小镇里的学生只能在学校里刷练习题，而省会城市中产家庭的孩子有"好未来""猿辅导"帮助。当他们在高考的战场上相遇时，手里的武器是不一样的，一边拿着小木棍，一边拿着长枪短炮。

@ **不明真相的群众**：因为有了互联网，偏远小镇的学生理论上可以在"好未来""猿辅导"上听跟北京海淀区的孩子一样的课。此前是无论如何都不可能的。在我上学的年代，偏远农村的学生和大城市的学生活在完全不通的两个世界，唯一共通的是手里的人民教育出版社出版的教材。

@ **宁静的冬日 M**：我看过"学而思"的线上奥数课，惊讶于其在培养孩子兴趣、让孩子快乐学习这些方面的巨大进步，佩服那里的老师以孩子为中心去教学的专业服务精神。我怀疑他们的这种专业性已经远远超过各种重点学校。不知道现在有多少重点中小学的教师团队具有同样的服务精神？还是他们觉得自己才是教学的中心，努力学习是孩子们的义务？后来想想也很正常，服务行业都是这样：服务做得不好，主要是缺乏市场推动。当然如果有人一定要以"不公平"为理由（比如付了钱的家长会让孩子有更好的老师还不如大家都没有好老师公平；想挣钱的老师都不是好老师，要让"优质教育资源"不"流失"，就不能给老师们机会，要让他们不能爱钱，只能爱孩子），反对教育市场的发展，我也说服不了他们，改变不了他们的想法。不过我相信他们也改变不了发展的趋势，尽管在反对的重压下，这种趋势有时候只能像岩石底下的野草，但它一定会以各种各样的方式顽强生长，最终让反对无效。因为哪怕有很多人不理解，市场发展终究还是会让人们总体受益，而不是受害。

@ **dealfun**：这些校外辅导学校是真正把教育作为服务业，以被服务人员为核心开展业务的。我家小孩很愿意在外面上辅导课，作业根本不用催，自己会做，开心得很。

@ **金融概率论**：（1）课外辅导中培养学生学习兴趣、启发学生思维的活动确实算是为社会带来的一种增量价值，但个人认为价值有限。（2）记得 @ 宁静的冬日 M 说过炒房子是农业文明遗留的占位思维，个人感觉学区房、课外辅导性质实质上是类似的，用不公平补不公平，从而让接受培训的学生达到某种形式的公平。如果全员培训，辅导机构为了提高差异化吸引力，估计会产生变异课程，说得好听些叫提高，难听点儿就是重新收割增收。因为学生讲究的是相对竞争优势，所以培训是没有尽头的。（3）课外教育支出是工薪阶层的一笔不小的支出。以上三点为我不太喜欢课外培训这个行业的理由。

@ **聪明的投资者儿**：教育的培养功能完全可以由市场做得更高效，教育的筛选功能却会因市场而使矛盾更尖锐。现实中，大多数家长更关注后者。

@ **宁静的冬日 M**：其实教育本身并没有筛选功能。家长的焦虑在很大程度上不是因孩子而产生的，而是因自己而产生的。无论教育市场多么发达，也无法消除这种焦虑。就正如购物中心再多，网购再怎么先进高效，也无法消除买东西的钱不够多这种焦虑一样。但是有高效的商品市场，一定比每个城市只有几家国有百货公司好——尽管也许有人会觉得那种状态更有公平感，因为那样的话，说明大家都穷。

@ **weald**：课外培训是花钱满足个性化需求，或降低父母的辅导工作量。很多民办学校不需要父母辅导孩子，但它们的学费高，所以，除非孩子的自学能力很强，否则要么花钱上培训班或民办学校，要么家长自己辅导。

@ **不明真相的群众**：大家容易焦虑，喜欢攀比，本质上说明社会阶层流动还比较顺畅。

@ **无眠的夜色**：课外教育是一种市场行为，有人愿意让孩子学习，哪怕节衣缩食；有人愿意等待国家救助，哪怕自己天天看电视剧。制止课外教育，就如同制止个人"下海"打工赚钱一样，自己不努力，通过遏制市场调节制造绝对公平。这样就制约了社会上那些希望努力进步的家长和孩子。发展到极致，就是要求每个人不能在课外打球、学艺术。对课外教育的打击反映了拒绝市场化的普遍意识。

第七辑
人心——文化与艺术

推理小说有一个致命的问题：需要给所有事情一个逻辑解释

@ **疯投哥：** 方丈怎么评价东野圭吾的小说？

@ **不明真相的群众：** 东野圭吾的小说可读性很强，他对人性的理解很深刻，对社会现实也有很强的洞察力。但是推理小说有一个致命的问题，就是它需要给所有事情一个逻辑解释，而世界上的大部分事情是逻辑解释不了的。

金庸为什么没有获得诺贝尔文学奖

@ **Alsoseason：** 方丈，查先生[①]才华横溢，催生了几代人的武侠情节。查老的作品成就与诺贝尔文学奖的获奖作品相比，差别在哪里，难道只是因为他的作品描写的不是作者同时代的故事？

@ **不明真相的群众：** 文学作品的评价是极其主观、复杂、个性化

[①] 查先生指金庸（1924—2018），本名查良镛。——编者注

的。诺贝尔文学奖只是评价文学作品的一种角度,这个角度并不是评价文学作品的终极标准。我阅读过不少获得诺贝尔文学奖的作品,在我看来,很多都不好,但也不能否认有读者喜欢、认可。

如果以读者数量,以及对读者审美趣味、话语方式影响的深度和广度而言,金庸超过绝大多数诺贝尔文学奖获奖作家。当然,这也并不是说金庸的作品是完美的。事实上,在现在的年轻人里,金庸的影响力远远不如几十年前了。

@ Mr_Elie:金老刚去世不久,对他有些过誉的言论是可以理解的,但把他跟莫言这类作家比的话就不合适了,严肃文学和商业写作还是有区别的。我看过一些武侠小说,金庸、古龙、梁羽生、温瑞安的小说都看过一些,各有特色。从阅读快感来说,金庸的作品应该是无出其右的,主要原因是金庸的小说是 RPG(角色扮演游戏)成长型的,从弱到强,代入感非常强。其他人的作品,比如古龙,楚留香、陆小凤一出场就无敌了,没成长,把它们当成传记类作品来看就行了,读者很难有代入感。金先生的成功跟这套打法有很大关系,而不是说非要武侠,非要侠之大者,这不是读者关注的重点。你看《鹿鼎记》,一个无赖怎么一步步变成皇帝身边的红人,怎么一步步征服七个娇妻,怎么解决一个个强敌,这套商业写作手法的重点是要给读者最大的代入感,让你兴奋。我认为金老最成功的作品是《天龙八部》,这部作品采用了多主角的形式,从理论上讲,读者的代入选择更广了。在没有游戏的年代,我认为金老的作品就是一款款完美的 RPG。

审美的主观性：胖到多胖、瘦到多瘦，标准总在变动

@ **自由老木头**：我小时候就有个疑问，为什么在大家看起来某些人的样子是美的，而有些人的样子是丑的？美和丑是根据什么标准衡量的？也就是这个样子为什么反映在我的头脑里就是美？在他人的头脑里是不是都差不多？古代人和现代人对美的标准是不是一样的？如果不一样又是什么原因？中国人和外国人对美的标准是不是一样的？如果不一样又是什么原因？

@ **不明真相的群众**：美是主观的感受，但也有共识。比如"情人眼里出西施"，说的是主观和个性化。但大家都嘲笑东施效颦，说明在东施不美这方面还是有共识的。

美的标准有一定的稳定性，但也是持续变化的。比如，身材匀称、皮肤光洁，这个美的标准一直是稳定的，极度肥胖和枯瘦不美，这个标准也一直很稳定，但具体胖到多胖、瘦到多瘦就不美了，这个标准则在变动中。

@ **几千越甲**：美是主观的，人们通常是在与头脑中那个印象相比较，认为和谐的才是美的。但是，头脑里的那个印象也受周围客观环境的影响，也会慢慢起变化，因而具有时代性、地域性。

@ **邢台草帽**：人的感觉是人和外界共同作用产生的结果，基因也算生命的外界。所以，心物是一元的，并没有明确的边界。世界上根本就不存在所谓的客观，都是主客观一起产生作用。就像很多人说的，投资股票要客观，实际上怎么可能客观？如果没有以前对商业的认知，也就不可能有后面的投资决策力。换句浅显的话说，人没有独立于这个世界的独立思考能力，都是自己"无始以来"形成的习惯，和这个世界和合而成，从而产生人的思想。客

观只是自作聪明的说法。

我们之所以在同一个世界，是因为我们都有类似的问题，所以思维框架也都是类似的。

美和自由：美就像山顶，后面什么也没有

@ **香飘两岸**：方丈看过林语堂的《苏东坡传》吗？喜欢苏东坡吗？您怎么看林语堂的文章？

@ **不明真相的群众**：苏东坡是我最欣赏的中国人。林语堂的这部传记写得很好。

@ **酱骨架**：方丈，在中国人中，您为什么最欣赏苏东坡呢？

@ **不明真相的群众**：因为他对美和自由的追求让我很神往。

@ **仓佑加错-Leo**："人生而自由"，卢梭的这句名言被广为传诵，下半句却是"却无往不在枷锁之中"。

@ **不明真相的群众**：美就像山顶，后面什么也没有。

@ **星清浅心**：但首先要有个"苏辙"，没有苏辙"家里有矿"，苏东坡没法追求美和自由。

@ **不明真相的群众**：大部分时候，苏东坡的财政并不宽裕。真正起决定作用的是他的性格。

@ **阿宽哥哥**：东坡"才高九斗"，能向命运低头，也会向生活弯腰，所以终其一生还算幸运，也可以说是幸福的。

方言是一种会消失的东西，家长不必教孩子学

@ **御闲**：方丈，你家乡10岁以内的小孩还讲家乡话吗？我们这里

第一部　人心很古

（闽南、非城市）已经很难得了，基本只讲普通话，最多会听闽南话。在广东不是这样的，难道这是闽南的特例？

@ **不明真相的群众**：方言是一种会消失的东西，所以家长不教小孩方言是理性的。

@ **猪八戒**：方言是一定会消失的，但不表示小时候学方言没有用，小时候学方言可以增加对事物认识的联系，增加文化理解，开阔眼界，等等，甚至成年后如果学某门外语，可能会发现有一些发音竟然与方言很像，因此学得快。另外，对小孩来说，小时候顺便多学一门语言是很简单的事情，不会有特别大的负担。

@ **王夕刚**：语言可不是家长教的，是孩子跟小伙伴交流中学到的。如果小伙伴们都说方言，你的孩子也会。

外国人译名并非无意义的烦琐

@ **谁见幽人独往来**：方丈，我看国外小说最大的障碍是那一串翻译后难记得要死的名字。不知道您有没有这个障碍？是如何克服的？为什么翻译家不在翻译的时候考虑文化差异，取一些"郭靖""欧阳峰"之类好记易读的名字？

@ **不明真相的群众**：熟悉了规则就不会受此困扰了。比如，葛利高里·潘苔莱耶维奇·麦列霍夫，"葛利高里"是他的名；"潘苔莱耶维奇"是父名，意思是他爸爸名字叫"潘苔莱"，"耶维奇"是尊称；"麦列霍夫"是姓，他们家祖祖辈辈都姓"麦列霍夫"，"夫"表明他是男性，他们家的姑娘就姓"麦列霍娃"。比如他的女儿叫波柳什卡，那么她的全名就是"波柳什卡·葛利高里耶维奇·麦列霍娃"。

父名这一项通常可以省略，如果被称父名，一般表示场合正式，而且对方对你很尊敬。

@ 浮云资本： 作为俄语"砖家"（网络用语，即专家），我说一句，这并非"无意义的烦琐"，比如"麦列霍夫"其实家族世代就是姓"麦列"，"霍夫"是复数第 2 格，2 格表示所属，意思是"麦列那家子人的"，当然长期翻译习惯，甚至是俄国人也把这当成了姓"不可分割的一部分"。女性的名字要变成阴性名词，斯拉夫语讲究"姓数格一致"，最简单的方法就是加 a，于是妹子们的名字就变成了各种"娃"。

《人类简史》：这本书非常棒，对投资的帮助也很大

@ 寂伶： 能详细点评一下《人类简史》这本书吗？您认为它对投资理论有帮助吗？如果有，哪方面比较深刻？

@ 不明真相的群众： 这本书非常棒，对投资的帮助也很大。（1）可以增加对人类社会整体的乐观情绪。生产力会提升，产品或服务的创新空间无限，人类的生活会越来越美好。这可以增加我们长期投资的信心。（2）可以增强对个体命运和能力的悲观态度。决定世界演变的元素实在太多，很难全面主动掌握，这会让我们在投资的具体个案上更加谨慎、更加保守。

第八辑
人心——智能与未来

经历过这么多人工智能的考验，人类还活在这个星球上，而且越活越好了

@ **风雪兼程**：马云在一次演讲中提到："在数据时代，全世界最优秀的 CEO 是一个机器人。"因为它比人类的记忆力好、计算能力强，又不会被竞争对手激怒。那么如果这种情况真的出现，作为企业投资者，我们还能理解企业的各种行为吗？我们投资的现有的人类掌控的优秀企业，会不会因为人工智能对市场的介入和重塑，在商业模式和竞争优势上一夜之间消失殆尽？那么我们曾经投资的、让我们引以为傲的股权会不会变得分文不值？

@ **不明真相的群众**：你高估现在的人工智能了。其实人工智能自古就有。相对于采摘和捕猎，粮食种植就是人工智能——粮食种植使人类奔跑的能力丧失了大部分价值；相对于肢体动作，语言就是人工智能——语言使人类载歌载舞的能力丧失了大部分价值；相对于口语，文字就是人工智能——文字使人类说话的能力丧失了大部分价值；相对于胳膊，蒸汽机就是人工智能——蒸汽机使

人类的肌肉失去了大部分价值；相对于人脑，计算机就是人工智能——计算机使人类大脑的计算和存储功能丧失了大部分价值。

你看，经历过这么多人工智能的考验，人类还活在这个星球上，而且越活越好了。你现在操心的这种人工智能，在人类人工智能的历史上，只是微不足道的小浪花，甚至连小浪花都算不上。

人类和人工智能：
人的生存竞争本质上是激素的竞争，机器人有吗

@ **不明真相的群众**：人下棋下不过计算机和人跑步跑不过汽车的道理其实是一样的。

@ **喜欢谁就是谁**：人算数还算不过计算机呢。机器就是为人类服务的。

@ **马风**：这个不一样，比人跑得快的动物多，人是靠智力混饭吃的，其他动物在人类的强项上输了。

@ **踏浪而行2019**：战胜机器很简单——拔电源。

@ **童思侃**：以前老会计们拒绝放弃算盘，还进行过珠算与计算器大赛，最后宣布珠算有优越性。20世纪90年代还有老会计打算盘，我一个新手审计鼓足勇气去问老会计一个账务上的问题，老会计就一边噼里啪啦打着算盘一边演算给我看，我当场崩溃了。现在谁还用算盘啊？所以下围棋下不过计算机，以前的围棋高手和以前的珠算高手一样，突然直接失去了价值。

@ **折腾种草**：完了，以后人类只能矫情地说"我们有感情"了？

@ **不明真相的群众**：人有欲望，工具没有。人的生存竞争本质上是激素的竞争。

@ jtao：DNA 就是人的程序，人的欲望就是 DNA 的欲望，人在不断复制 DNA。

无人驾驶技术：人工智能花十年时间终于识别出人脸和猫脸

@ Eric0802：您如何看待现在特斯拉和谷歌的无人驾驶技术，谁更有前景？

@ 不明真相的群众：现在还不确定，再看看。特斯拉在无人（辅助）驾驶方面意志很坚决，虽然产品还不完美，但一直在往前推进。谷歌在这件事情上的态度有些游移。

@ halamila：我觉得，Waymo（谷歌无人驾驶公司）当前最主要的问题还是一步到位的无人驾驶策略并不符合技术迭代和产业商业化的规律。一方面，技术成熟度和人车混同的交通环境挑战巨大。另一方面，无人驾驶还面对一个终极命题：人类能不能完全将自己的交通安全彻底交给人工智能，特别是发生事关生死的交通事故时。在这点上，我更看好渐进性的自动驾驶升级路线。

@ 不明真相的群众：人体的观察、感知系统是模拟的，计算机的处理系统是数字的。计算机对能够数字化的信息的处理效率是人脑无法比的，比如，让汽车沿既定车道行驶，保持与前车的安全车距，避免追尾，计算机在这方面有巨大的优势。但也有一些是人的观察、感知系统很容易识别和处理的东西，计算机很难突破。比如 @ 宁静的冬日 M 曾举例的，人工智能花了十年时间终于能够识别人脸和猫脸，这是 1 岁小孩都可以做到的事。

　　导致几次特斯拉辅助驾驶系统车祸的都是辅助驾驶技术无法识别固定目标，比如水泥隔离带、处于停放状态的车辆。这个换作人脑，是无法理解的。

@ **腾龙晶泉：**都是数字，按个按键就可以抵达，那驾驶的乐趣呢？

@ **不明真相的群众：**唉，其实，这个世界上没有几个人需要驾驶的乐趣，只需要安全快捷地移动到指定地点。

@ **凤山有龙：**不要把驾驶和自驾混淆。喜欢自驾是因为根据自己喜欢随心所欲地到各处以及停车，这并不表明喜欢驾驶。

@ **Donniezhang：**方丈坐了谷歌的自动驾驶车有什么感想吗？和特斯拉比起来，它的技术是不是先进很多？您对特斯拉的自动驾驶这块有什么看法？

@ **不明真相的群众：**Waymo 是一种更加理想的状况，用激光雷达，实现完全的无人驾驶，离实际使用还有较大的距离。特斯拉的辅助驾驶系统是更加现实的方案，现在已经可以实际使用。

前些天，我和一位资深从业者聊过这个问题，获得了一个比较简单的答案，也是关于人工智能问题的一个态度。关于能够预设条件的问题，计算机的存储、计算、处理能力远非人类可比，所以，在所有可以预设条件的事情上，人都没有必要跟计算机竞争。

人脑最大的优越性是可以处理预设条件之外的问题，而全自动驾驶属于需要处理预设条件之外问题的事情。所以，在相当长的时间内，尽可能在预设条件之内（比如特定的道路、应用场景内）使用的半自动或者辅助驾驶系统会是更现实的方案，完全无人值守的公路自动驾驶还是只能作为一个终极目标去追求。

人工智能抢工作？要看你是马车夫还是马

@ **不明真相的群众：**举个例子，在清朝，从北京去广州，走陆路至少需要 60 天时间，这就给 60 个以上的马夫、车夫、轿夫、店小二等提供了就业机会。而这笔旅费，一个普通农民一年的收入都不够。现在从北京去广州，坐高铁最快 8 个多小时就能到，整列车上服务几百名乘客的只有十几个乘务员，一两个司机，车票钱可能只是普通农民两三天的工资。那么在这个过程中，大家失业了吗？

@ **超大聚宝盆**：您的这个理论我也清楚，就是现在还能这样类比吗？我觉得人工智能和智能机器将是颠覆性的，不能用工业初期来类比吧。套用一句股市"名言"：这次是不是不一样？

@ **不明真相的群众**：有啥不一样？我来给你讲个更极端的例子，以前长江三峡逆水行船，靠纤夫拉纤。后来，一种人工智能"纤夫"被发明了——轮船。轮船一开，纤夫真失业了。

现在回头看，纤夫的失业只是阶段性的、局部的事件，最后几乎所有人都从运输效率提升里获益了：产品和服务的价格低了，社会分工细化。

@ **超大聚宝盆**：还是有差异，您举的两个例子都是初期，都是人们日益增长的物质需求同落后的生产力有矛盾。而我说的未来人工智能、智能机器替代，矛盾主体变了，物质变得极大的丰富，情形还会是那样吗？

@ **不明真相的群众**：站在 100 年前世界人的角度以及 40 年前中国人的角度看，现在的社会已经"物质极大丰富"到不可想象的地步。

@ **超大聚宝盆**：嗯，其实也是。我现在老想着人们衣食住行已经差不多够丰富了。未来需求可能又会有新变化。

@ **不明真相的群众**：我们就说 40 年前吧，一个中国人，如果能吃饱饭，偶尔有肉吃，他就很满意了；如果家里有单车、手表、缝衣机，那么就是物质极大丰富了。现在人人开汽车，住电梯房，一屋子电器，天天下馆子，节假日去国外旅游，这种生活是完全超出之前任何人的想象的。

@ **zompire**：一句话就可以了：无论科技如何进步，人民一定会有不断增长的物质和精神需求。

@ **特立独行 W-Y**：这个问题可以看《今日简史》《未来简史》，"青年怪才"尤瓦尔·赫拉利认为生物技术和人工智能会让大部分人变为无用阶层。马车被汽车淘汰了，马车夫可以去当司机，去找别的工作。但是，就怕我们不是那个马车夫，而是那匹马。

新能源汽车：电驱动与智能化结合，还有很大的提升空间

@ **月明肥锡下天风**：方丈，任何技术的进步都是为了提升生产力（比如高铁缩短了出行时间）、改变用户的生活方式（比如微信改变了人们的交流方式），或者解决人类生命健康问题（比如创新药的研发）等，新能源汽车到底给我们带来了什么改变？

有人说烧电环保，那电是怎么来的？不还是烧煤来的？有人说烧电比油便宜，可是你续航 300 公里都成问题，怎么想象你开着它去自驾游？作为用户，我不管它是烧油还是烧电的，我更关注的是自动化、智能化、安全性、科技感这些方面，所以新能源汽车的出发点没有站在用户角度，是一开始就错了吗？如果只做智能化驾驶，那传统车企就完胜这些互联网造车品牌了？

@ **不明真相的群众**：我估计，很少有人为了保护地球而买新能源汽车，他们有可能：（1）因为新能源汽车驾驶体验更好而买；（2）因

为新能源汽车便宜而买；（3）因为新能源汽车上牌容易而买。

目前，电动车驾驶体验已经比燃油车有了飞跃式的提升。驾驶体验最核心的指标是加速度，燃油机厂商为了把百公里加速度提升1秒，要下很多功夫，而电驱动不费吹灰之力就能提升好几秒。将来，电驱动与智能化结合，还有很大的提升空间。

电动车能源转化效率高、部件少、工艺简单，将来一定会比燃油车便宜。目前它便宜是靠政府补贴实现的。

目前续航能力是电动车的软肋。如果续航问题没有系统化的解决方案（比如电池的能量密度极大提升，或者充电桩的分布密度极大提升），则电动车只能占有一个小市场（有自有充电位的、家里已有车的市场）。一旦系统化解决方案成立，则电动车会形成对燃油车碾压式的优势。

@ **行知非白**：很多人喜欢从燃油和锂电的能量密度及发电的低效不环保来看新能源汽车，在这里探讨一下。（1）燃油车是油箱装燃油，内能转化为动能，转化率为40%左右，驱动行进和克服摩擦力；电动车可以被看作"用锂电池做成的油箱"来装"电"，电能转化为动能，驱动行进和克服摩擦力。（2）目前国内的电能大部分由火力发电转化，应该考虑分散转化与集中转化效率的巨大差异。大型火力发电转化效率为45%以上，而热电联动的为60%~70%。这还不考虑未来水力、核电、太阳能等清洁能源占比的持续提升。（3）能量传输的问题，电能传输比燃油传输的优势大多了。

@ **蛐蛐蝈蝈傻傻分不清**：（1）大部分人一年难得单程驱车300公里以上，要续航那么长时间干什么？可以摸摸自己的胸口，你上次单程驱车300公里是什么时候？（2）没有车库，就不要想电动车了。(3)开过了电动车,大部分人就不太愿意再去开燃油车了,听人说一百遍,不如自己开一遍。(4)最近10年的科技发展速度超过了过去百年,未来会更快,手机已经可以无线充电,汽车还会远吗?在建的新杭甬高速已经设计了移动式无线充电功能。(5)除了火电,还有水电、风电、太阳能和核电。(6)未来哪家企业能领航新能源不敢说,今天的特斯拉、比亚迪也许会被新势力颠覆,但是新能源一定会替代燃油。

马斯克的过度悲观没有必要,人工智能不会成为人的敌人[1]

@ 不明真相的群众:我觉得,讨论这个问题的时候一定要回到一个基本的常识:人类文明发展和技术进步的连续性。

计算机的应用是人类漫长的发明、使用工具历史的延伸,而对算力的任何应用只是计算机应用的一个延伸。

从乐观的角度看,人类在工具使用方面的每一次进步都带来了巨大的效率提升,增强了人类的幸福感。种植小麦使我们在冬天里不再挨饿,驯化马匹使我们的腿部肌肉不再劳累,而发明蒸汽机使我们的手臂肌肉不再劳累。当然,第一次进步带来的提升也曾经让人类恐惧。比如,种植小麦使我们爬树采摘果子的本领失去了意义,驯化马匹使我们腿部肌肉的力量部分失去了意义,发明蒸汽机使我们手臂肌肉的力量部分失去了意义,使用计算机使我们大脑的信息存储能力部分失去了意义。但从最终结果来说,一方面人类活得越来越好,另一方面我们的腿、手臂、大脑

---

[1] 讨论背景为马云和马斯克的对话,马云觉得人工智能能改善人们的生活,马斯克认为人工智能是人类最大的威胁。

都没有萎缩，反而越来越强健。

从悲观的角度看，任何技术进步，都不能完全解决人类的问题，消除人的痛苦，生命有限，竞争激烈，能力不足，运气不佳。

马斯克的观点，一方面过度乐观，认为技术能解决所有问题；另一方面过度悲观，认为人工智能会带来大问题。在我看来，他的过度乐观是不现实的，比如我认为 5.0 级别的自动驾驶实现不了；他的过度悲观是没有必要的，人工智能不会成为人类的敌人。

@ **路木圆**：您的观点只论证了技术进步提升了人的效率，而没有论证人工智能为什么不会成为人类的敌人。目前算法已经可以做到的是，通过一个人的关系网推算出他的信用值。再极端一点儿，如果一个人怎么安排他的一生能通过算法得到一个最大概率解，那人的命运在一定程度上就已经被算法控制了。宇宙的物理规则、DNA 的遗传等都可以被看作一种算法，人如果控制不了算法，衍生的结果就会有危险。

@ **不明真相的群众**：反正我一点儿都不担心。我找了不少计算机博士、人工智能从业者探讨这个问题，发现了一个很有趣的现象：从业者的观点都像农民探讨种地一样朴素，而基本概念都没搞清楚的外行人士却在大呼小叫。

@ **paradoxes**：人制造的工具或发明的新技术，如计算机、互联网和 AI（人工智能）等只能解决有限规则下的问题，它不能解决根植于人类族群在无限岁月前提下面临的本质问题，比如渴望（发展）、痛苦（对比）、焦虑（落差）、幸福（来源）、恐惧（无知）的问题。

第二部
世风日上

第一辑　世风——经济与周期

第二辑　世风——城市与农村

第三辑　世风——市场与消费

第四辑　世风——房产与房价

第五辑　世风——行业与公司

第六辑　世风——银行与金融

第七辑　世风——投资与炒股

第八辑　世风——历史与地理

第一辑
世风——经济与周期

加息抑制资本外流？中国富裕人群转移资产与利率没有什么关系

@ **爱抽烟的猫：** 方丈，昨晚（2016年9月21日）"椰奶"（时任美联储主席的珍妮特·耶伦）表态，美国在2016年会加息一次。请问，您认为中国会被迫加息应对（目的是抑制资本外流）吗？

@ **不明真相的群众：** 金融监管部门会做什么，我无从得知。我个人对中国金融监管部门的专业性是持信任态度的。

中国的富裕人群将一些资产转移到境外与利率没有什么关系，事实上，中国的利率和美国、日本比起来一直很高，基本上从来没有银根宽松的时候。所以，很多富人把人民币换成美元以后，面对美元存款利息和投资产品的收益，都有淡淡的失落感。

中国的富裕人群转移资产，主要和资产价格有关。如果加息，相对货币来说，资产价格就显得更高了，应该不一定会起到"抑制资本外流"的作用。

现在中国企业借贷意愿已经很低，如果再加息，岂不是更没人借钱？所以加息这事应该很不好决策。

@ **wyxwind**："加息，相对货币来说，资产价格就显得更高了"是什么意思？

@ **不明真相的群众**：加息的意思就是，借钱的成本高了，资产回报率不变，相对于成本更高的钱，资产价格就显得高了。相反，如果借钱的成本很低，资产价格就显得不高。这就是前几天有人说的，在零利率的时候，资产的价格可以无穷大，意思是说，如果借钱的成本为零，那么资产只要有一丁点儿的回报，都显得不贵。

实体经济：中小企业经营永远困难

@ **kobebit**：究竟是实体经济环境太恶劣，高风险、低回报，从而导致投资者离开，去寻找其他投资途径，还是因为房地产好赚钱导致投资者不愿投实体？

　　实体经济的恶劣环境是几十年恶性竞争的总爆发，如此高风险、低回报且无退出通道的投资，是没几个人愿意干的，哪怕把房地产泡沫挤掉，这些投资者也会拿着资金寻找其他投资途径，不可能被逼回去。

　　只要有一天，不再是惨烈的价格战、漫长的账期、轻易的剽窃占据主流市场，不用逼，资金就会被投到实体中。

@ **不明真相的群众**：我国的实体经济没有什么大问题，很多行业、企业的产品竞争力和盈利能力都已居全球领先水平。只是某个阶段，实体经济的投资回报看起来不如资产的投机回报高，会显得不是那么"景气"，这是正常现象，市场和时间会调整一切。

@ **耐心有黄金**：现在中小企业经营很困难。

第二部 世风日上

@ **不明真相的群众**：中小企业经营永远都是困难的，如果不困难，就不正常了。

@ **耐心有黄金**：现在和几年前一样？

@ **不明真相的群众**：2008—2009 年，真的非常困难，比现在困难多了。出口型的企业因为订单问题，一夜之间就会倒闭；合生在望京的楼盘，每平方米均价 1.8 万元，才勉强卖出去。

@ **耐心有黄金**：我指的是 2000—2007 年，那是一段黄金岁月啊！

@ **不明真相的群众**：那段时间中小型企业经营是否困难我不知道，我知道的是那段时间股市从 2245 点跌到 998 点，券商濒临倒闭；银行刚刚从坏账里喘过气来；连大中型企业经营都很困难啊！

站在任意一个时间点，往回看都是风平浪静，往前看都是险象环生，但再过十年往回看，就会发现前五年和后五年没什么区别。

房市、股市和信贷：以货币供应预测资产价格是刻舟求剑

@ **Au-Yeung**：无论是股市还是房市，都跟信贷周期和 M2（广义货币供应量）有关。2002—2005 年，美元贬值导致大宗商品暴涨，中国经济搭了"顺风车"，政府为了抑制经济过热，处于信贷收紧周期，股市跌至谷底，但房地产好像并没有跌，这是为何？2008—2017 年，大宗商品和原油暴跌，我国经济一直靠房地产和基建支撑，现在貌似经济还是没恢复，信贷和 M2 照理说不会收紧，股市和房市都不会跌啊，就算政府对房地产定点精准单独收紧信贷，其余的 M2 还是会变着法子流入房地产。所以，我想问，中国之后的 M2 和信贷周期会收紧还是维持现状，同时股市和房地产市场预计走势如何？

@ **不明真相的群众**：不是货币供应推动了资产价格上涨，而是资产（房子）价格上涨刺激了人的购买欲望，驱使人们贷款买资产（房子），由此增加了货币供应。所以，以货币供应预测资产价格属于典型的刻舟求剑。

@ **q629529**：如果将利率提高且将 M2 下调呢？

@ **不明真相的群众**：利率对 M2 的影响有限。现在中国新增贷款（至少前几个月）80% 都是房贷。而房子的租金回报早就远低于贷款利息，所以贷款意愿对利率不敏感，对房价的涨跌敏感。

@ **q629529**：虽然理论上是这样，但是房产的换手率又不像有价证券这么高，月供才是更紧迫的问题吧？

@ **不明真相的群众**：大部分人都不知道自己贷款的利息是多少，只知道月供是多少、房价是涨了还是跌了。

@ **Au-Yeung**：说得在理，房市跟 M2 和利率好像真没太大关系。但是，股市对这个很敏感，方丈怎么看股市？

@ **不明真相的群众**：股市跟利率的关系，我也想不明白。你看：股市上有分红回报超过 5% 甚至 10% 的股票，也甚少人贷款去买；股市上有市盈率几百倍甚至亏损的股票，它的股价也不一定跌。

比特币与货币：币值稳定需要货币总量保持一定的弹性

@ **曾无忌**：方丈怎么看比特币，怎么看区块链？

@ **不明真相的群众**：想一想，它到底解决了什么问题，提高了什么效率，改善了什么体验。如果比特币升值了，那么它对没有比特币或者拥有比特币少的人就造成了通货紧缩；如果比特币贬值了，那么它对拥有很多比特币的人就造成了通货紧缩。

@ **财富自由 820**：货币的功能之一就是调节市场，比特币恰恰因为无法调控而不能成为货币。

@ **曾无忌**：市场真的需要调控，还是问题一开始就是坏人引发的？

@ **不明真相的群众**：货币最重要的是币值稳定，币值稳定就需要货币总量保持一定的弹性，这是现在采用的信用货币最有优势的地方。举一个例子，房产是一种高价值的资产，如果买房、卖房用黄金这种不能调节数量的"货币"来支付，这十多年的房地产市场大发展不知道会酿成多大的悲剧，或者说，在金本位下，这个行业根本不可能这样发展，不可能让中国人均居住面积从几平方米发展到几十平方米。

@ **非完全进化体**：金本位下，货币自然升值，而大多数物品和资产自然贬值，这会让居民延迟消费，不愿对外借贷和投资。每年"适当的贬值"反而会激励居民拿钱做一些有意义的事情。这有可能是"合理通胀"的一个神奇的作用。

@ **Stevevai1983**：同意。通缩最可怕，金本位必然通缩。中国古代大多数经济崩溃都是因为通缩，因为铜钱数量有限，经济发展到一定程度就开始通缩，这时，人们更不愿意把铜钱拿出来，甚至还出现把铜钱融成佛像坐等升值等现象。这些举动导致经济进一步恶化，直到彻底崩盘，天下大乱。历史上有好几次经济复苏都是因为投放货币。

@ **不明真相的群众**：在适度通胀条件下，财富的分配基本是根据产品或服务的生产能力，所以一方面激励生产，另一方面普遍受益，兼顾公平。在通缩条件下，财富的分配靠的是囤积，这一方面制约生产，另一方面只能让投机者受益，后果是很可怕的。

好玩的是，现在的"虚拟货币"是打着"公平"的名义来到这个世界的。

@ **买好的更要买的好**：是不是纸币最符合社会发展规律啊？

@ **不明真相的群众**：确切地说，是统一记账的数字货币最符合社会发展规律。现在流通的货币绝大部分是没有实质纸币的，只是银行里记的一串数字。

@ **xbruce_wu**：主要问题是国内货币在派发的过程中，有些特权主体优先获得货币，导致通胀利益分配不均。那么多年买房必赚，大部分还是因为买房杠杆是老百姓唯一能享受的杠杆"特权"。

房价和股票：一种阶段性的现象

@ **飞泥翱空**：中国的房价问题目前是横在投资和配置理念前的一堵高墙。用投资思维思考房价问题的人，这几年已经被市场"打脸"打得不行了。当然这只是目前，不知道以后会怎样……

@ **不明真相的群众**：这只是阶段性的现象，长期来看，股权资产的回报率最高是肯定的。真正的问题是，股权资产回报率虽高，但是因为投资方法不对（某种程度上是流动性太好、波动性太大导致的），投资者能赚钱的比例还是很低。

@ **没空盯盘的小散户**：这个阶段会是多久？

@ **不明真相的群众**：不知道啊，不过说不定它已经结束了……

@ **宁静的冬日 M**：200多年来，股票资产的总回报比房产高太多了。这是两种资产不同的内含复利决定的，没有任何办法改变。但这并不代表从任何时间段来看股票的回报都比房产高。打个比方，赌场有种开大小游戏，一个人猜对可以赢一倍，但扣5%手续费，猜错输本金。那么长期来说，赌场必定比赌客赢得多。但赌客总有可能遇到这样的"阶段"——连续十几次猜对,这时他可能会觉得自己靠能猜对大小的"眼光"赚钱,比靠5%微薄收益赚钱的赌场牛很多。但他忽略了,他永远也无法预知这样的"阶段"何时会戛然而止——他下次猜对的概率依然只有50%,他接下来50次连续猜对的概率基本为0。

@ **Aihypatpat**:房价问题更多就是市场问题和人的观念的纠结体,人在理性上认为房价的泡沫很厉害,但本能不停地追逐着房子,停不下来。我认为对房子的纠结更多的是中国人传统观念在市场环境中不断受冲击、熏陶、扭曲下的产物,说不定哪天会崩塌,但我这种平民百姓貌似还真看不到。

@ **不明真相的群众**:不是这个逻辑。是资产价格的持续上涨让资产产生了精神魅力,而不是资产的精神魅力使资产价格持续上涨。

经济危机与普通人的生活水平:对经济危机的认识需要更新

@ **金刚狼2013**:1997年至今,国内哪一年的经济是真正最艰难的?当时普通人的生活有多艰难?我其实想知道中国近20年来有没有过所谓的经济危机,还是说中国式的危机表现与通常说的不同?

@ **不明真相的群众**:1997年以来中国经济虽然有一定的波动,但整体是持续高速增长的,没有出现特别艰难的年份,更没有出现普通人生活艰难的情况。可以这么说,过去20年是中国2 000年以来普通人的生活水平提升最快的20年。

另外,你对经济危机的认识可能需要更新,即使2008年美国金融海啸、日本遭遇"失去的20年",也没有出现普通人生活艰难的情况,这和你在中学教科书上了解的经济危机差异很大。

经济危机主要表现在金融领域，即资产价格破灭，跟普通人的生活关系没有那么大。只要你的资产负债表没有太高的杠杆率，你就不用太操心经济危机的问题。

补充：有过两次可能影响普通人生活的变化：一是 20 世纪 90 年代末国企改革造成一些工人下岗，二是 2008 年一些外向型企业倒闭造成一些工人失业。

通货膨胀与生活水平：大家都搭上"快车"了

@ **强者无欢**：方丈，30 年前，月薪几十元到几百元，"万元户"很厉害，可是现在月薪一万元也很普遍，房价每平方米几万元。30 年后，会不会月薪过千万元也很普遍呢？房价每平方米会不会过亿元呢？为什么这么多年一定要通货膨胀呢？会不会出现一种情况，就是货币不贬值，反而通货紧缩？

@ **不明真相的群众**：30 年前，中国人的消费水平还停留在很低的水平，房价即使只要每平方米几百元也很少有人买得起，人均居住面积不到 10 平方米。现在每平方米几万元大家也买得起，人均居住面积约 40 平方米，更不用说小区配套环境、房屋建筑质量、室内装修水平的巨大提升了。

所以"以前'万元户'很厉害"，现在"月薪一万元也很普遍"，并不是你臆想的什么通货膨胀的结果，而是过去 30 年是中国有史以来经济发展速度最快、居民生活水平提升最快的 30 年，大家都搭上"快车"了。

可以想见，中国生产力发展、居民生活水平提升并没有到尽头，也许速度不会像过去那样快，但依然会持续提升。

我们应该庆幸，我们身处最好的时代。

中国通胀水平高吗？房价为什么不能计入通胀

@ **Hellorex**：方丈，过去几十年，我国通胀水平（或者说我们感受到的通胀水平）较高。请问，大概何时中国的通胀水平会降到相对低的水平？如果到达这个通胀水平，主导因素有哪些？

@ **不明真相的群众**：中国的货币政策可以说创造了一个奇迹，就是经济高速增长而通胀非常稳定（3%~4% 的水平），所以你说的中国通胀水平较高的前提并不存在。

@ **静水流深丨**：但是方丈，我们统计的通胀是剔除了房价的，所以我们看到的通胀是不真实的，如果计入房价，我们的通胀水平并不低。

@ **不明真相的群众**：房子是一种资产，不可能把资产算进通胀，如果算房价，那要不要算股价？股价也算进去的话，现在岂不是通缩了？

@ **rudy71**：房子是一种资产，但也是一种商品。不把房价记入通胀的原因可能是在绝大部分的国家，人们购买新房子（换房的不算，因为买新卖旧抵消了）的数量在人群中的比例非常低。但我们在以极快的速度城市化，买新房子的人数比例不小，房价的涨幅严重影响一部分人的消费支出。这个时候，不把新房的涨幅记入通胀未必合理。

@ **不明真相的群众**：讨论问题不能把不相关的问题扯在一起，也不能自己定义概念。比如你说：（1）房子太贵了买不起，这是为什么？（2）别人买房子赚大了，我买得少亏大了，这是为什么？这些都是很好的问题。

但是通货膨胀是一个严格的金融术语，资产价格不能计入通货膨胀是基本常识。如果把我们对房价的不满算在通货膨胀头上，通货膨胀是很无辜的。

全球大类资产中长期回报：房价跑赢通胀？

@ **宁静的冬日 M**：以为房价在任何时期都能跑赢通胀的，有可能本身就是"韭菜"啊。历史上，20 年没跑过的有中国台湾，30 年没跑过的有日本，50 年没跑过的有美国。当然如果时间足够长，从过去一两百年的统计看，确实能跑过——也就是刚跑过而已，没什么超额收益。如果扣除装修、维护、重建等各种实际成本，全球房产过去 100 多年剔除通胀后的平均年回报是倒亏 2%，所以那些年租金在 2% 以下的业主，如果还觉得自己是在躺着赚大钱的话，建议就不要去想什么长期跑赢通胀的问题，把自己弄迷糊了。可以参考 1980 年以前的黄金，或者去年年底以前的比特币，但记得一定要在"最高点"到来时卖掉。

@ **电疗哥**：国人普遍觉得股票投资不如炒房，可能源于两个方面：（1）过去几十年，房价总体上都在上涨，买房的人都上了杠杆，所以收益更加可观；（2）很多新手进入股市的时间节点恰好是股市经过一轮暴涨之后，买在了顶部区域，所以需要先熬整整一轮（7~9 年）才有可能解套。两相比较，财富差距自然巨大！

至于新手，核心问题首先还是学会不亏钱，其次再想怎么提高收益率。万万不可颠倒次序！

（1）投资股权的本质是参与现代分工协作，不管是大股东还是小股东，都必须在相当程度上依赖他人（也许小股东依赖性更强，但不会有本质区别），才能创造和分配财富。

（2）总体上，这种协作组织创造财富的能力远远不是包括土地、房产在内的任何实物资产有可能望其项背的，这种投资的长期总回报远超所有实物资产。例如美国早期有100多年的严重腐败，但这段时期股票的总体回报也远比房产高。

（3）通过投资交易型开放式指数基金来规避伊利铁路那样的个体公司治理风险是很聪明的办法，也可以通过全球化的投资来满足自己对法治的偏好。这个找@不明真相的群众 商量，就很容易找到合适的产品。这些知识相信大家肯定都知道，那为什么大家依然偏好买房？

（4）很多人之所以始终特别偏好投资房产或其他实物资产，有一个很常见的原因，就是这些东西看得见、摸得着，最重要的是还不用跟其他人合作、不用依赖任何人，让人觉得很踏实、很安全，可以"把命运完全掌握在自己手里"。

（5）这种自给自足的思想是几千年的农耕经济遗留在我们大脑中的观念，很难改变，但有害无益：每个人自给自足的农耕经济并不真正安全，由于总产出量太低，经常连吃饭都有问题。相反，一旦开始分工协作，每个人都必须依赖他人，一开始大家的安全感虽然降低了，但总产出量急剧提高，以至于过去100多年人类创造的财富超过了之前几万年的总和。吃饭再也不是问题，经济产出也极大地摆脱了土地的束缚（房产之所以长期升值，是因为房子下面的土地，而不是房子本身，这一点很多人都知道。但很少有人知道，土地之所以能持续升值，跟经济对土地产出的依赖度有关。一旦爆发实现大面积分工协作的产业革命，对土地产出的依赖度降低，其升值潜力会相当有限，甚至经常跑不过通胀）。从此人类才真正能够彻底摆脱"土地兼并—大面积饥荒—暴力夺权分地—新一轮土地兼并"这样延绵几千年的反复循环。

（6）打破这个循环是一个伟大的进步。然而在中国，这种进步直到1978年以后，才在几十年的时间里逐步实现。

（7）由于这种最终摆脱土地束缚的自由实现得晚、经历得短，大家在思维上还没有完全适应，还没有充分认识到：这种进步一旦发生就是不可逆的。不管将来发生什么金融危机、经济危机，我们都不可能再陷入缺乏生存安全的大饥荒状态。在消费以外拼命投资买房既不可能使我们变得更安全（就保障个体安全来说，现代金融体系中的保险产品跟房产比，经济有效太多），也不可能高效地为我们创造现金流，让我们过得更好（在这方面，股票、债券具有明显的优势），甚至都不会像历史上的土地兼并一样让其他人过得更糟。实际上，今天的农民根本就不再像古代农民那样对土地有必然的依赖性。相反，过度泡沫的房价推升供给，极大改善了城市的住房租赁市场（未来推动租买同权是必要的公共措施），这使即便是农民进城增速最快的几年也没有任何大城市出现大规模流离失所的现象。杜工部（即杜甫）"安得广厦千万间"的千年夙愿在产业革命的背景下，十几年间就通过一个泡沫诱因轻松实现了，甚至是过度实现了，以致出现大量住房空置——这不是因为泡沫的力量有多大，而是因为分工协作的现代经济力量实在太大。

（8）大家更关心的可能依然是，房价还会涨吗（就跟股市上永恒的问题一样）？关于这一点，我们要特别注意：资产价格是由多数人的想法和行为决定的，但多数人都因为预测资产价格而亏钱。这个关于资产价格的著名悖论从未失效过。它提示我们，哪怕我们可以把预测某种资产要涨的理由写出好几本书（在它大涨了十几年以后），也不要指望靠这个赚钱。如果我们不是大多数人，那怎样聪明的预测都不会对；如果我们对了，那我们就是注定将会输钱的大多数人当中的一员。所以，房价继续涨并不奇怪。但如果将来有一天，人们回头来看，发现今天大家热衷于房产投资，心中想的是像旧时代那样贷款卡位稀缺资源发财，实际干的竟然是，用自己未来若干年辛苦赚得的收入为过剩产能接盘，为他人轻松租房做贡献，也不奇怪。

通缩导致负利率，原因来自产业结构

@ **长安卫公**：方丈，负利率是不是意味着通缩的到来不可避免，负利率会给投资带来哪些风险？

@ **不明真相的群众**：对，确实是通缩导致的负利率，而不是负利率导致的通缩。负利率表明的是企业、居民的借贷意愿不强，借贷意愿不强的原因可能是可投资的项目资产回报率缺乏吸引力。如果你能找到回报率高的项目（公司），负利率就没有什么问题。

@ **老韭菜做梦想自由**：现在利率这么高，说明还远远不够呀。原因是什么？急需用钱的人和钱多了不知道借给谁的人之间有认知障碍吗？

@ **不明真相的群众**：这说明中国企业和居民的投资意愿还比较强。背后原因是中国资产回报率比较高。

@ **若水无心**：是不是负利率国家的人太有钱了？都想吃喝玩乐，不想投资，反正钱也花不完，为什么要冒险投资呢？

现在是信用货币可以利用负利率制造通胀，稀释货币持有人的财富。如果是原来的金本位，对持有大量黄金的人来说，任何

政策都无法稀释他的财富。

@ **不明真相的群众**：不是，是产业结构导致的。过去十年，全球主要的经济增量是移动互联网，这个增量主要都由美国和中国公司拿走了，上述这些负利率的国家都是和这个经济增量无缘的。在经济增量主要是汽车、家电的时候，日本的利率也很高。

@ **Zzz 的自由之路**：未来十年的经济增量还会是互联网吗？

@ **不明真相的群众**：这个不急，十年后我们自然就知道了。

投资与资产保值增值：坚持劳动很重要

@ **有点兴趣**：方丈，假如 1980 年有 1 万元，是传说中的"万元户"，做投资，以年化 10% 的收益率复利计算，38 年后（2018）不过 37 万元，现今 37 万元的购买力哪里比得上那会儿的"万元户"！所以我的问题是，投资真的能让资产保值增值吗？

@ **不明真相的群众**：如果你认为从 1 万元到 37 万元还没有保值增值，那么你就不要投资了。有任何投资能让我有 10% 的复利，我都很满意。

@ **王小夯**：通货膨胀被过高估计了。"万元户"时期的粮食也得一两毛钱一斤吧。我记得 1998 年的小麦四毛钱一斤，现在小麦也就一块多钱一斤。大部分工业品、家电、汽车价格都是下降的，而且幅度很大。

@ **不明真相的群众**："万元户"时期，大米大概 0.3 元一斤，猪肉 1.5 元一斤，到现在涨幅都不超过 10 倍吧。

　　我知道大家要拿房子说事。房子是资产，资产不能纳入通货，与资产最相关的是居民收入。那居民收入是怎么回事呢？1978 年

第二部　世风日上

城镇居民人均可支配收入约为 340 元，2017 年约为 25 000 元；1978 年农村居民人均纯收入约为 130 元，2017 年约为 13 000 元。

@ **关耳闻心**：这是因为收益 10% 这个参考收益率是根据当前的市场来定的，但就中国过往的历史来看，这个数字并不合适。用 CPI（消费者物价指数）和 GDP（国内生产总值）两个数据来求取比较合适。

（1）当收益率等于 CPI 时，原有资产抵消通货膨胀，你的钱还能有等量的消费力。

（2）当收益率大于 CPI 且小于 CPI × GDP 增长率时，你的钱能买到更多的东西，但是你比周围的人穷。

（3）当收益率大于 CPI × GDP 增长率时，相对来说，你才变富裕了。

为了测算您这个问题，我登录国家统计局官网查阅了 1978—2016 年的 CPI 以及 GDP 数据。

我国的 CPI（基准为 1978 年 =100）截至 2016 年为 627.5。GDP（基准为 1978 年 =100）截至 2016 年为 3229.7。有了这个数据，我们就可以得出以下结论。

（1）1978 年你有 1 万元，到 2016 年你要有 6.275 万元，才能有等量的消费力，当然这里面的消费力主要是指吃饭。

（2）当 2016 年你的钱介于 6.275 万 ~202.72 万元，你能吃更多的饭，但是比周围的人穷。

（3）当 2016 年你的钱多于 202.72 万元，你就跟当年的"万元户"一样了。

@ **不明真相的群众**：所谓"比周围的人穷"，本质上是跑输了自己的劳动价值增长。就像我举的例子，"万元户"时代农村居民人均纯收入才约 130 元，现在到了约 13 000 元，是之前的 100 倍！"万元户"时代的农民做梦也没有想到，几十年后自己去工地扎钢筋，一天能挣到以前一年都挣不到的钱。在这个过程中，万元的价值被自己的劳动价值升值稀释了。

这件事告诉我们，坚持劳动很重要，不要随便说"财务自由""职业投资"。

@ **自由老木头：**货币随着时间越来越贬值，而劳动却有着保值增值功能。

@ **炎黄之子：**这是一个残忍的真相，它说明真正的财富从来不是源自所谓的投资，投资最多只能让人免于穷困潦倒，这个残酷的事实会让很多人美梦破碎！

信用经济和金本位：社会和市场的自我选择

@ **易聊两句：**方丈，您认为抵押经济的房本位和金本位有啥区别？抵押经济除了像土耳其一样不停地升值抵押物，或者像日本一样维持 M2 不变，还有其他方法吗？为什么我们的政府会选择抵押经济呢？

@ **不明真相的群众：**信贷是非常有效的金融工具，可以提高资源配置效率。信贷需要抵押物，而房产是最大宗的固定资产，所以它必然是最通行的抵押物。信用经济比金本位制度好多了，金本位是非常糟糕的制度，一定会造成持续通缩，存量资产所有者盘剥后来者。抵押物的价格有涨有跌，是很正常的金融现象。信用经济是社会和市场的自我选择，不是政府的选择。

第二部　世风日上

经济周期、信贷周期与房价：假如从一开始就不允许贷款购房

@ **库里－曹：** 方丈，霍华德·马克斯在《周期》一书中说信贷周期是最重要的周期。想问下，要想观察我国信贷周期可以去看什么数据？是央行的资产负债表，还是社会融资，或是其他什么？

@ **不明真相的群众：** 我倾向于认为信贷周期是经济周期的一个结果而不是原因。观察信贷周期，最直观的指标是利率和准备金率，也可以看社会融资总量。

经济的增长周期通常是从极度悲观开始的：企业和居民的借贷意愿很低，利率也很低，央行为了刺激经济，有可能下调利率和准备金率，也就是贷款"促销"，这时候看起来利率低、准备金率低、社会融资总量低。但是，否极泰来，因为经济衰退减少的产能（倒闭的企业）导致供给减少，而需求相对恒定，于是商品的价格开始上涨。敢于在周期底部坚持生产和贷款的企业已经开始增加利润。

这种现象会发生传导，越来越多的企业感受到经济复苏，于是贷款的意愿增强，继而推动利率上升，社会融资总量上升。

商品价格的上升会促进其他生产要素价格上升，于是企业经营全面繁荣，好像所有企业的利润都在增长，于是贷款意愿进一步增强，推动利率进一步上升，社会融资总量进一步扩大。

经济的持续繁荣激发所有企业和居民的乐观情绪，于是企业拼命投资扩大生产，居民拼命消费，这有可能导致利率高企，商品价格上涨，融资总量爆炸。这时候，有一个指标（就是商品价格）会引起央行的注意。商品价格上涨会引起通货膨胀，央行的工作目标之一就是控制通货膨胀，所以这时候央行可能会对经济

进行调控，即进一步提高利率，提高存款准备金率，在经济的热火上泼点儿冷水。

也许是央行的调控起了作用，更可能是过度扩张的产能超越了需求，回报很低，而资金成本却在提升，于是企业盈利趋于恶化。企业此时需继续借款以维持下去，可是央行却不雪中送炭，而是雪上加霜，收紧了银根。这时候大家可以看到利率在提升，准备金率在提升，社会融资总量在下降。就像大家在2017—2018年"去杠杆"中看到的情况一样。

于是，基本面比较差的企业开始倒闭，它导致生产要素价格全面下降，产生传导效应，整个社会大部分企业盈利都在减少，或者增速放缓。倒闭的企业没有贷款资格了，存续的企业贷款意愿也下降了，于是利率进一步下降，社会融资进一步收缩，经济陷入了萧条期。

在感受到物价平稳而经济有萧条风险之后，央行又开始了逆周期操作——贷款"促销"。又一个周期开始了……

@ **美平雪：**那么，央行在这个周期中究竟起了什么作用，起了多大的作用？

@ **不明真相的群众：**央行削峰填谷，起了非常大的作用，抑制了泡沫的过度膨胀，又尽可能减少了萧条的危害。

@ **银河历险记：**在这个循环里，假如央行不调控会发生什么？

@ **不明真相的群众：**（1）经济繁荣期的通货膨胀，生活必需品价格飞涨。（2）经济萧条期的通货紧缩，企业破产……

最近十年，央行的调控非常确定地控制了通货膨胀，有一定争议地捋平了经济周期。

@ **古无尤：**应该说，央行想削峰填谷，实际上，捋平也许加剧了波动。

第二部 世风日上

@ **不明真相的群众**：这是很有可能的，因为波峰很难预测，也无法把握，央行也可能搞错。

@ **KEVIN 安全边际**：经济周期是由货币利率和货币投放量决定的。标准经济周期的 10 个阶段是：（1）提高货币利率；（2）债券价格下跌；（3）股票价格下跌；（4）商品价格下跌；（5）房地产价格下跌；（6）降低货币利率；（7）债券价格上涨；（8）股票价格上涨；（9）商品价格上涨；（10）房地产价格上涨。

@ **不明真相的群众**：说经济周期是由货币政策决定的，就像说股价是由股票 K 线图决定的一样……

@ **汤汤和水水**：您能解释下近 20 年中国信贷扩张的同时，为什么 CPI 那么恒定，房地产价格暴涨？

@ **不明真相的群众**：CPI 恒定是因为生产效率提升，货币政策有效。房地产价格持续上涨是因为居民收入增加，以及居民买房以后，房价在一定时间段内的自我实现（越买越涨，越涨越买），任何资产价格在一定阶段内都具备自我实现的特征。

信贷扩张是因为投资回报率高（包括实业投资，也包括房产投资）使企业和居民贷款的意愿持续较强（即便人民币利率远高于美元）。

结论就是：这三件事情的关系大概是这样的，房地产价格暴涨和信贷扩张有很紧密的关系，房地产价格暴涨造成信贷扩张，而不是信贷扩张造成房地产价格暴涨。信贷扩张和 CPI 的关系不密切，投资为目的的信贷扩张并不会造成 CPI 上涨，但是 CPI 上涨会约束信贷扩张，因为央行必须控制通胀。

@ **KEVIN 安全边际**：如果从一开始就不允许贷款购房，房地产市场会不会是现在这样呢？

@ **不明真相的群众**：如果一开始就不允许贷款购房，我估计现在中国城市人均居住面积不会超过 20 平方米，房子相对收入会比现在贵得多。房地产开发是资金需求巨大的行业，贷款购房等于把居民将来的收入都先拿来盖房子了，这极大地增加了房地产开发的资金投入，增加了商品住房的供应，使中国城镇居民的人均居住面积在短短几十年间，从人均十余平方米到了人均 40 平方米，房屋的建筑工艺、装修水平，物业管理水平也有了飞跃式的进步。这就是金融的魔力。

@ **汤汤和水水**：我不是完全认可，说说我的想法。首先，是银行贷款还是居民收入提高（真实的储蓄）导致房地产价格上涨或其他投资需求增加，我觉得很难区分，或者说它们相互影响、相互促进带来了顺周期性[1]。其次，在现代货币体系中，信用创造的货币不仅可以支持消费，也可以购买资产，其扩张可能体现在通胀上，也可能导致资产价格上涨。只不过信贷意味着负债，债务过多肯定不可持续。最后，为什么消费指数温和，房地产价格暴涨？因为稳定物价是宏观经济的第一指标，第二才是储蓄投资的转换，同时，我赞同你说的货币政策及传导机制利率的有效性。从结构上看，这说明房地产行业在经济周期内的先发优势，包括土地的金融属性（对应财政政策）和房地产的投资属性（对应货币政策），土地真的不同于其他生产要素。

@ **Pistacia**：经济系统是一个远离平衡态的自组织系统。而复杂系统的特点是非线性的，存在大量的分叉点，因此难以预测。不过，大多数复杂系统都有模式，用行话说就是这些系统的相空

---

[1] 顺周期性是指在经济周期中金融变量围绕某一趋势值波动的倾向。——编者注

间[①]有混沌吸引子。而混沌吸引子投影到观测面（例如股价）上通常会有准周期现象，也就是看上去有周期性，但是难以预测。用高冷的数学术语来解释，即混沌和准周期通常是一个高维（或者无限维）相空间中的一个分数维流形到低维空间的投影，是表象而非本质。一句话，信周期就如同算命。

@ **锤子书书：** 经济活动中的事件很难明确因果关系。参与者与被参与者在变化的情景中快速转换身份，彼此之间无法独立。就像递归函数，因变量与自变量在情景变化中不断换位。这就是索罗斯的反身性理论：人们就是市场的一部分，人的认知是不完整的。用中国人的话说就是："不识庐山真面目，只缘身在此山中。"

@ **称重请闭眼：** 同意，创造价值的人因为人的聚焦而产生协作，其实买房买的不是土地，而是参与一个城市社交网络协作的机会。听方丈的不买房，迟早吃大亏……恰恰是人推动了土地价值增长。

@ **不明真相的群众：** 纠正一下，我从来不叫人不要买房，我的观点一向是：（1）自住房买得起就买；（2）把它当作消费，放弃对房价上涨的期望，并做好房价下跌的准备。劝人不要买房和保证房价一定上涨，都是危险的。

金融危机的周期性：你不太可能找到危机，但你可以控制危机

@ **想子：** 距离上一次（2007—2009年）全球金融危机已经十多年了，感觉新的全球金融危机正在酝酿，尤其是下半年开始，全球科技产业链会有巨大变化，请方丈指教。

[①] 在数学与物理学中，相空间是一个用以表示一系统所有可能状态的空间，而系统每种可能的状态都有一个相对应的相空间的点。——编者注

@ **不明真相的群众**：金融危机有一定的周期性，所以是必然会发生的，但具体什么时候发生、由什么引发，事前总是很难预测，连格林斯潘都预测不准。

周期性的金融危机反映的是经济活动参与者的情绪波动（即乐观时太乐观，悲观时太悲观），这个是人性，永远不会变。但是金融危机的后果，确实有一定的可控性。2008年金融危机的社会后果比1929年金融危机的后果要轻很多。

@ **大苹果的飞飞**：主要是现在全球一体化，人类消化危机的能力不是百年前可比的，一般的小危机对社会经济进程的影响很小，大多数人都不会在旋涡的中心，受到的影响很小。现代经济学的基础是工业化强大的生产力，如果是货币流动性出现问题，那确实可以通过QE（量化宽松政策）这样的手段防止经济进入恶性通缩。短期看，2009年美国的失业率已经是最坏的情况；长期看，最坏可能会是日本那样，但是总体来说不太会出现20世纪那种长期的全球范围内的大萧条。

@ **BuildUp**：一位哲人说过，巴菲特也引用过："你不太可能找到危机，危机会找到你！"

资产和税收：知识经济时代，富不过二代？

@ **大中2012**：请教一下，近几年全球发达城市（如东京、纽约、伦敦、首尔）的真实住宅年收益率在什么区间？只考虑房产税，不用算折旧等。我在"58同城"里概算，数据同国内一线城市相近，这同大家一般看到的4%~6%相差很远。

@ **Silverghost**：过去中国的私有住宅出租收益在很大程度上是

免税的。海外的对应租售比实际上是税前的，不适合做直接比对。利息的关系则要反过来算，中国的利息一直高一些。如果硬要对比，需要息税免除，还挺复杂的。

@ **不明真相的群众**：不收房产税真是一个很大的福利。据说，大部分曼哈顿的公寓是以股权形式存在的，比如你买了一套公寓，从法律上来说，你持有整栋公寓的利益主体的一部分股份。

@ **Silverghost**：还是应该对包括房产、股票在内的资本类固定和利得收益多收点儿税，否则贫富差距无法抑制。

@ **思念如燕**：想被征税这种要求还真少见，贫富差距的根源肯定不是税收。

@ **不明真相的群众**：中国没有房产税，没有遗产税，暂缓征收二级市场资本利得税，这三个加起来值得中国资产估值水平提升几个百分点？

@ **Silverghost**：贫富差距产生的起点是不同人掌握的起始资源有差异，比如地理、职业、教育、运气，这是无法避免的。贫富差距扩大的根源是资产，以及社会关系和认知的隔代复利积累。税收当然不是贫富差异的根源，却是抑制贫富差距不断扩大的重要手段之一。也就是说，贫富差距本身是一种自然产生的现象，但贫富差距持续扩大是一个系统性的问题，需要用系统性的方式来抑制。

@ **思念如燕**：税收是抑制贫富差距的有效手段（同时造成很大的损耗），但贫富差距本身是很正常的社会现象，只有非法手段导致的贫富差距不可接受，而由个人禀赋、努力程度形成的贫富差距则没有必要抑制，如果非得抑制也应该由私营慈善机构高效自愿地完成，而不是通过政府税收的方式。税收的目的也应该仅限定于最小规模的政府完成社会秩序的维护，而不是抑制贫富差距。

我知道这有点儿理想主义，那即使回到现实环境，贫富差距的问题在美国和中国也是完全不同的问题，不能把美国的问题默认为同样也是中国的问题。

@ **不明真相的群众：** 我有一个看法，就是进入知识经济时代（也就是说，认知的价值上升，资源的价值下降）以后，人致富的速度快了很多，但隔代继承财富的难度大了很多。

@ **Silverghost：** 我部分同意。看起来认知价值目前不是普惠性的，也就是认知利润本身分配的贫富差距更大。越是科技密集型行业，越是利润快速集中于头部。所以，我觉得认知价值的提升对少数人来说是提供了超强的上升通道，但不能解决普遍性的贫富差距问题。房租、利息则是大部分人每天真实面对且无替代方案的成本，这部分成本/收益的复利缺乏自我平衡手段。

@ **疯投哥：** 方丈是假定认知的传承比资源的传承难，在我看来难度可能差不多，认知传承并不比资源传承难。我最近看了英国纪录片《人生七年》，发现上层阶级的认知、视野、见识的代际传承对后代的成长发展起着非常关键的作用。

GDP 和居民财产收入，未来还有什么增长空间

@ **二狗 mmp：** 方丈，请教一下：（1）中国的 GDP 增速是不是未来也会像美国一样逐渐下降？如果经济增速下降的话，人民的可支配收入增速是不是也会对应下降？（2）我看过一张图，是 2008 年金融危机到现在，美国的高净值人群的财富在收复失地后逐渐增加，而普通百姓这十年的财富没有增长，原因就是高净值人群持有了足够的股权。那么，未来中国劳动带来的边际收入会不会

降低，持有房产和蓝筹股带来的溢价也会像美国一样增加吗？

@ **不明真相的群众：**（1）中国的 GDP 增速确实在逐渐下降，但仍然是全球大经济体中最快的。经济增速下降的话，人民的可支配收入增速肯定会下降，但中国人的可支配收入增速也仍然是全球大经济体中最快的。目前中国人均可支配收入不到 5 000 美元，应该还有很大的增长空间。（2）如果在工薪收入之外，还有财产性收入，那么资产净值增长当然会更多。随着人均可支配收入的增长，居民的收入在支付日常生活支出后会有更多盈余，一定会以投资的形式存在。但是，要注意一个问题，资产价格是波动的，财产性收入在某些阶段可能是负的，比如资产价格大幅下跌，它并不如工薪收入那么稳定。

@ **Mario：**股息就是一种很稳定的财产性收入。

@ **不明真相的群众：**想抬杠总有办法：（1）股息有可能今年有，明年没了；（2）你为股息付出的本金，也可能没了。我举个例子，2008 年就有很多美国居民产生了巨额财产性负收入。

@ **海角之蓝：**这个例子太远了，2015 年至今就有很多中国居民产生了巨额财产性负收入。

@ **不明真相的群众：**是，这两年其实很普遍，房价也不涨了。

下一次经济突破点，土地流转和国企改制能有多大推力

@ **锋寒惊云：**1949 年之后，第一次生产力释放，也是经济转折点，是邓小平主政后的"包产到户"，明确了公民劳动产出归自己所有。第二次经济大发展是 1998 年之后，房地产改革以及鼓励私营企业发展，明确了城市居民的产权归属，以及私营企业的合法

权益。因此，改革开放40年，内在经济发展的根本原因是承认私产。这两次承认私有产权不仅提高了公民积极性，而且因产权的确立新增了"信用"，释放货币，大大提升了全社会的财富量。

那么，顺着承认私产这个思路，第三次经济突破点在哪里呢？（1）宅基地以及农业用地的自由流通。当前，拥有财富的城市居民没有大房子，没有花园，想买买不到；拥有宅基地和土地的农民宁愿荒废农业用地，放弃农村的大院子，也要来城里打工。如果宅基地和农业用地流转了，新增的信用将释放什么样的活力，带动怎么样的产业链爆发呢？（2）国有企业股权转让。国有企业当前的运营效率、管理层的专业程度和道德水准，不用讨论也知道是怎么回事。2017年，国务院发布过国有资产总量的报告，总共183.5万亿元。如果拿出这些资产的60%，让全社会参股控股，那么其释放的信用、垄断资源进入市场带来的经营效率提高会给整个中国带来什么样的影响，不用细算（细算也算不出来）也能估计个大概。

@ **不明真相的群众：** 我觉得这两方面空间都有限。

首先说土地流转，现在看起来流通和确权有点儿问题，但实际上稍有市场价值的宅基地，甚至耕地，其交易都市场化了，都有价格，就算增加流动性，也增加不了多少价值。比如，集镇附近交通方便可建一套住宅的宅基地，交易价格大概在10万~30万元。宅基地情况各异，耕地比较好算。现在南方条件较好的水田的交易价格大概是2万元一亩[①]（仍用于种植而不是转成工业和城市建设用地），即便全国15亿亩耕地都能流通交易，算起来码

---

① 一亩约为667平方米。——编者注

洋价值也才 30 万亿元，相对于现在的 GDP 来说，量很小啊。

其次说国有企业，优质一点儿的国企都上市"混改"了，说实话，很多企业（比如金融、电信行业企业）的运营效率已经远超世界 500 强，估计也很难混出增量来。

@ **锋寒惊云**：感谢方丈这么长篇的回复。私下交易和产权确立有着很大区别，那就是信用。同理，深圳很多小产权小区比有产权的小区还要好，但是价格差距至少 3 倍，而且没有产权让想买房的人望而却步。至于农业用地流转，我只是拍脑袋想的，因为有个数据是美国农民人均千亩，中国农民人均 3 亩，这造成的效率和信用天壤之别。那么"混改"的国有企业占国有资产总量的多少呢？我没有搜到数据，但是 A 股总市值也才 55 万亿元，而且就算是"混改"的企业，国有股权至少有 50%，甚至超过 60%。

@ **即溶咖啡粉**：所谓的一些国企运营效率超过 500 强，是不是主要靠中国的规模优势，管理其实一般？

@ **不明真相的群众**：大概有三个原因：（1）从体制上说，500 强其实也是"国有企业"，公众所有；（2）500 强企业还有跨国、跨文化的问题；（3）中国企业的最大优势还是人（员工）太穷，所以可用的激励资源（收入提升空间）较大。

第二辑
世风——城市与农村

农业问题：农民如何过上体面的生活

@ **我的杠杆不太高：** 农民生活贫困，种地不挣钱，为什么不能推行农业供给侧改革？北京的房价可以从每平方米 3 000 元涨到 10 万元，面粉、大米也可以涨价到 100 元一斤，可以把 18 亿亩耕地红线改成 10 亿亩，那 8 亿亩都种成花草，这样环境变好了，到处是花园。农民兄弟有钱了，也能进城买房，房地产去库存任务也完成了，达到了共同富裕，何乐而不为呢？农业收益率高了，低端人口不去北上深，"大城市病"的问题也解决了，这逻辑没毛病吧？

@ **不明真相的群众：** 完全行不通。日本为了保护本国农民，对国外农产品闭关锁国，对本国农产品进行巨额补贴。结果是：（1）居民消费的农产品价格居高不下。你知道日本人买萝卜是怎么买的吗？买一截，500 克！（2）日本农民收入比城市居民高 30% 左右，但依然没有人愿意当农民。

@ **can_i：** 萝卜只买一截，西瓜只买一片。名义上收入很高，实际生活享受指数大为下降。

至于18亿亩耕地红线，我觉得没必要（粮食安全不是靠这个来保障的）。不过种花花草草又能产生什么收益呢？工业要用地，商业要用地，住宅要用地，基建也要用地，当这些领域用途的产出远高于农业耕地的产出时，多征用一些有何不可？拆迁、征地补偿，本身就可以一次性"造富"一批农民。向高产出方向改变土地用途也可以创造更多的就业机会和税收。中国的城市化率还不到60%呢。

@ **不明真相的群众：** 假设市场是封闭的，那么仅仅凭现代人不愿意从事农业生产这一点，供需矛盾，就可以使农产品的价格涨到能让农民过上体面生活的程度。

现在的问题是：（1）地区不平衡，人民不愿意从事农业生产的程度是不同的，比如日本人不愿意从事农业生产，中国却还有很多人愿意从事农业生产；中国东部沿海地区的人不愿意从事农业生产，中西部却还有很多人愿意从事农业生产，所以发达国家或地区的农产品价格如果没有关税保护就涨不上去。（2）科技不平衡，很多农产品的生产在有些国家已经可以机械化、工业化，在有些国家还依赖人工。所以，人工生产的农产品价格如果没有关税保护就涨不上去，最典型的是粮食，中国农民无论多么辛苦，他们生产粮食的效率都比不过美国和加拿大的农场主，所以他们的辛苦获得不了对价。

@ **自以为是的群众：** 最重要的是给农民松绑，喜欢进城打工的可以卖掉土地，进城租房、买房、落户，要给他们市民待遇；喜欢种地的可以收购土地，做农场主！让人口（特别是农民）自由迁徙，让每个人无论在哪儿都能享受平等待遇，让市场决定城市规模、交通、教育等！

农民为什么没有更多的养老金？
他们贫困是因为长期被剥夺基本权利

@ playmonkey： 中国60岁以上的农民每个月的养老金只有100多元，为什么国家不给农民增加养老金？

@ 不明真相的群众： "给农民发退休金"当然是政治正确的，但是这钱谁出呢？我们可以具体讨论，该发多少、能发多少。钱并不会从天上掉下来，包括"国家"的钱、"政府"的钱。一个人领到的退休金可能是：（1）他自己工作期间缴纳累积的，经过社会统筹以后发放给他；（2）如果自己工作期间没有条件缴纳，要想领到退休金，这个退休金就得别人来出。

这个"别人"，相对于老人来说，有可能是年轻人，尤其是中国这样收入高速增长的国家，老人领的退休金主要靠现在正在工作的年轻人缴纳，因为老人年轻时的工资收入太低，他们缴纳的养老金累积根本不足以支付现在的养老金，所以很多老人（尤其是老干部）都说退休以后拿的钱比工作的时候还多。这可以说是养老金的"代际统筹"，这是以年轻的工薪阶层承担很重的社保负担为代价的。相对于农民，这个"别人"可能就是城市居民。如果需要给全体农民发放较多的养老金，那么就需要在"代际统筹"的基础上再加一个养老金的"城乡统筹"，那么也是以增加城市工薪阶层的社保负担为代价的。

从操作性上来说，"代际统筹"有一定的可行性，"城乡统筹"的空间有限，因为农民的基数还是很大。有很多国家出现过城市补贴农村、工业补贴农业的社会统筹，不过都是以农民数量占总人口比例很低为前提的。

第二部　世风日上

中国的农民应该是受到不公平对待最严重的一个群体。这个不公平，主体来说，并不是说做出的贡献（比如缴纳农业税）没有获得对等的回报，而是在很长的时间内，他们被剥夺了很多基本权利，比如就业权、迁移权，也就是说，他们就算想给国家做一点儿贡献，也没有机会。

近40年来，中国农民的境况有所改善，最主要的还是他们重新被赋予就业权、迁移权。在社会统筹方面，政府也做了一些安排，包括取消农业税、新型农村合作医疗统筹，以及发放最低标准的养老金。但是，要让农民有更好的社会保障，估计还有很长的路要走，而且得以经济持续发展、农业人口占比与农业在GDP中的占比匹配为前提。

房价与农民收入：
现在大部分在城市里买房的人二三十年前还是农民

@ **春风舒小平**：过去20年，房价普遍上涨一二十倍。在这个过程中，房主就是住在里面或者干脆空置20年，持有者成了富翁。

过去20年，农民老老实实在地里种庄稼，每天起早贪黑，养家糊口而已，连买一件像样的衣服都不舍得。孩子上大学，学费都交不起。

持有房子20年，不需要任何付出，持有不动即富翁。农民辛苦20年，每天泥里来泥里去，挥洒汗水无数，最终一无所有。历史上有哪个阶段是类似的，结局如何？

@ **不明真相的群众**：这个世界不是一个非此即彼的世界。

（1）房地产增值是经济发展的一个结果。有了经济的发展、就业的增加、收入的普遍上涨，才有房地产增值这个结果。在房地产增值一二十倍的过程中，大多数农民的就业从第一产业（农业）转到了第二、三产业，农村人口减少，城市人口增加。可以说，现在在城市里买房、享受一二十倍增值的人，二三十年前大部分还是农民。（2）现在农民也成了买房的主力。农民人均纯收入从1978年的约130元涨到了2017年的约13 000元。他们"一无所有"吗？

地主会破产——买地支付了太高的价格

@ **不明真相的群众：** 如果中国耕地开放自由交易，耕地的平均交易价格能到多少钱一亩？

@ **一蓑老茶树：** 按照明朝至民国时期民间交易土地的价格来看，农耕土地价格大概是10年产值的水平，当然这是一个均值。其理论支撑是：20年回本，或者20倍市盈率。一般而言，过去几百年，我国土地租金维持在30%~70%（抗日战争期间，中国共产党主张的减租减息目标就是地租为30%），平均地租大约在50%，南方低一点儿，北方高一点儿，好地高一点儿，瘦地低一点儿，这是一个较长历史周期的大面积的统计概念。年产量的10倍价就相当于年租金的20倍。那么，按照现在粮食主产区的产量产值计算，一般亩产值为1 000~3 000元，因此，在自由流通完全市场化的条件下，参考明朝至民国时期的数据，一般农地价格估计在每亩1万~3万元。

@ **不明真相的群众：** 我觉得中国传统地主买地付出了太高的价格，经济上是很不合算的，所以地主很快都破产了。

地主破产基本上是确定的：(1) 买地付出了太高的价格；(2) 算上收租成本，地租收入回报低得可怜。

农地流转：增加其流动性的核心是赋予其抵押能力

@ **唔解：**城市的商品房所有权是业主的，但地是国家的，有使用年限。农村的宅基地、耕地转让出去，到了规定的年限，村集体不是照样可以回收吗？使用年限到期了，给村集体或者个人一部分土地出让金不行吗？土地改革本来就是老大难，十几年没修订了。为什么有些人认为农村的土地增值对农民不是一件好事？土地以前是资源，确权后不就是资产吗？在不改变土地性质的前提下，自己没钱但可以出地，别人有钱的出技术和资金入股不是更好吗？

@ **不明真相的群众：**真正的农民都盼着自己的财产（土地、宅基地）可以获得完整的财产权（可流转交易），但以保护农民利益为己任的城里人说：不能这样做，你们的土地会败光的。他们怎么不担心自己的房产、存款被自己败光呢？

@ **linken273：**不知道方丈调研了几户真正的农民？

@ **不明真相的群众：**给小产权房发房产证，有房主会反对？

@ **鹄南翔：**商品房业主会反对啊。

@ **wxdshida：**方丈，我以一个农民的儿子来反驳一下您的观点。如果现实符合理性人假设，您的观点当然是正确的。但现实是，第一，我们不要高估了农民的智商，由于信息闭塞、教育落后，大多数农村的农民思想守旧；第二，中国农村有大量贫困的农民，如果国家允许他们卖地，那他们早就卖光土地了；第三，中国历史上农村土地兼并导致政权动荡的案例屡见不鲜，这也是政策制定者的顾虑。我倒觉得，如果完全放开城乡人口自由流动，目前的土地政策应该是最好的。土地承包制下的自由流转给了农民最后的土地保障（土地在流转后，法律上还是属于单个农民所有），也是社会主义优越性的表现。至于农村宅基地，在农民之间是可以自由流转的，农民与市民之间不可以流转。我完全支持这一点。因为，市民加入买卖宅基地的队伍，将导致城市附近农村的宅基地价格大幅提升，新增农民怎么办？宅基地也是农民的隐性福利，就像城市养老是市民的福利。什么时候城乡二元消失了，什么时候再谈农村宅基地自由化交易吧。

@ 啄木鸟 zmn：土地不能流转，农民守着那点儿土地也只能过悲惨的生活，所以就不要以保护农民的名义来损害农民的利益了。

我觉得《大国大城》里的观点非常好，应该允许人口自由流动，让人口往生产率高的地方流动。只有提高农民的生产率，农民才能过上美好的生活。在现代社会，失去土地根本不是什么问题，关键是政府要让失去土地的农民转化为市民。

现在的农民进城务工，不给户籍，不让参加高考，也不让上学。

@ wxdshida：你在混淆概念。第一，土地自由流转和人口自由流动是两个概念。农民守着土地怎么就是过悲惨的生活了？难道手里有土地的农民就不可以外出打工了？就不可以经商了？第二，现在三线城市的户籍是完全放开的，只要你愿意，随时可以拿到。第三，你调查过农村吗？现在农村地区只要条件允许，孩子们都在县上上学，如何限制了？我讲了，土地自由流转可以，前提是城乡二元体制消失。城市人口失业有失业保险，养老有养老保险。农村有什么？只有土地。农民的土地就是所有的保险。你不给他这个保险，就必须换上另外的保险。但以我们国家现有的财力，城乡二元体制可以打破吗？

@ 啄木鸟 zmn： 我说允许人口自由流动，让农民流动到生产率高的地方去生活，这个才是关键，因为农民从土地上获得的收入非常低，用土地做保险并没有什么意义。我自己就是一个农民，我当然了解农村，一户农民家庭，一年种 10 亩地，收成按每亩 1 000 斤算，每斤稻谷 1.5 元左右，一年两季，也就 30 000 元收入，注意，这是家庭年收入，没有计算成本，而且没有社保，没有医保，10 亩地也是很多的了，大部分家庭可能也就四五亩地，这当然算悲惨的生活，这个能认同吧？

农村的劳动生产率非常低。要想提高劳动生产率，一种可行的办法是减少农村人口，增加农村的人均占用土地面积，利用机械化等手段提高生产率，提高收入。在减少人口的同时，也要转移土地，不然人均土地占有面积还是增加不了，生产率也无法提升。让农村土地集中，土地流转当然是最好的办法。

至于你说城乡二元等问题，我是这样想的，农民失去土地会引发别的问题，我们应该思考的是如何解决这些问题，从而让农民无后顾之忧地"失去"土地，而不是什么都不去改变，还是以保护农民的名义什么都不改变。

农民进城打工，家里留下无人照看的孤寡老人照顾留守儿童，这种生活状态是不健康的，也导致了很多问题，这对外出打工的农民来说非常不公平，我们必须承认这一点。

@ bigfatcat： 我们的耕地出租价格约 400 元一亩都没人种，按 100 倍市盈率算，如果买的人傻，以 40 000 元卖出，出门打工一年就赚回来了；如果买的人不傻，按 10 倍市盈率算——4 000 元，出门打工一个月就赚回来了。所以市场化交易土地，对非城郊农民来说毫无意义。

假如采用地票制度，城郊农民耕地转建设用地，必须用双倍或者多倍的地票转换土地性质，这样就实现了城市化。比如上海城郊耕地以 1∶10 换地票，嘉兴城郊以 1∶3 换地票，内地小镇可以以 1∶1.5 换。建立全国统一的交易市场自由交易，这样大城市有更多的土地供应，房价也不会涨得太快，农民想进城也有一笔资金可供进城买房，加快城市化。土地实现了市场化配置，而耕地以低价卖给本地农民，农民可以机械化耕种，收入也不低。

@ **不明真相的群众：** 所以我认为农地、宅基地的总价值有限，现在的交易价格基本反映了其价值，增加其流动性的核心是赋予其抵押能力。

土地产出与计划生育：馒头跟上了嘴的增长

@ **爱眉小札：** 光是勤劳有什么用，人数摆在那里。这个世界还是受物质制约的。比如，一块地的最高产量只够 10 个人吃，结果需要供应 100 个人。产出不了，就用各种农药、化肥催熟，终于养活了 100 个人。然而，10 个人的时候吃的是自然长出来的，可以活 100 岁；100 个人的时候吃的是催熟的，有些人吃了，四五十岁就去了；有些人吃了，不孕不育。自然有的是办法保持平衡。

@ **不明真相的群众：** 这位姑娘怎好这样胡言乱语？大多数人什么时候能活 100 岁？现在谁活到四五十岁就去世了？怎么不看看人均寿命统计？怎么不看看生育比例？

@ **爱眉小札：** 换种说法，十个馒头十个人吃，一人一个；十个馒头一百个人吃，再怎么勤劳，能吃上一个就非常了不起了。别说零

第二部　世风日上

和博弈，同样的土地就那么多产出！

@ **不明真相的群众：** 你知道 1978 年水稻的平均亩产量是多少？2018 年水稻的平均亩产量是多少？你知道 1978 年人均蛋白质摄入量是多少？ 2018 年人均蛋白质摄入量是多少？

@ **爱眉小札：** 那么您觉得土地的产能是无限的吗？

@ **首席代表：** 你在混淆问题，谁也没说土地的产能是无限的，现在谈论的是在可预期的时间内人均摄入蛋白质实实在在增长，就是馒头跟上了嘴的增长！

@ **puxxustc：** 单位面积土地产量当然是有限的，上限是单位面积输入太阳能总和。但是方丈也没说这是无限的啊。以前离上限太远，现在通过各种手段（育种、化肥、农药等）提高产量，接近理论上限，怎么不行了？一亩地一年太阳能总量在百万度电这个量级，理论上限高着呢。

@ **不明真相的群众：** 现在限制农作物产量的不是光、热、水、土壤，而是单位面积的陈列能力，说白了就是没地方放。

@ **open92：** "建国以来，我国农业上最引人注目的成就是以占世界 7% 的耕地养活占世界 23% 的人口。其中，水稻新品种的选育与生产利用起到了重要作用。我国 20 世纪 50 年代后期矮秆水稻和 70 年代初杂交水稻的育成是水稻育种的两次重大突破，促使我国水稻平均单产在 70 年代中期和 80 年代中期先后跃上亩产 250 公斤和 300 公斤的台阶。其后，随着良种的推广应用，到 90 年代初期单产又进一步提高到 400 公斤的水平。2014 年 9 月 24 日，湖南隆回县百亩攻关示范片经湖南省科技厅组织现场测产，平均亩产 1 006.1 公斤；9 月 27 日，湖南祁东县百亩示范片经衡阳市农业局组织测产，平均亩产 1 003.6 公斤；10 月 4 日，湖南龙山县百亩示范片经自治州农业局组织测产,平均亩产 1 004.5 公斤。截至 10 日,袁大大(指袁隆平)的超级稻亩产达到了 1 026.70 公斤。"①

农村人和城里人,谁吃的蔬菜、水果更多

@ **雪球用户**:方丈,毕业后不知道应该在大城市打拼还是回老家县城生活,感觉县城的物价低、生活更稳定。

@ **不明真相的群众**:正常来说,有条件的应该尽量在沿海发达地区生活。县城里物价低这个说法应该是不成立的,除了房价,县城的大部分商品都比北上广的贵。

@ **－文景－**:回家不等于回农村,农村确实瓜果蔬菜便宜,但到了县城就贵起来了。

@ **不明真相的群众**:我拍脑袋说一下,农村居民的人均蔬果摄入量应该不到城市居民的三分之一。

@ **quizas-quizas**:农村人为什么蔬果吃得少?自家种的,应该吃得多啊。

@ **不明真相的群众**:要理解"社会分工"这个概念。每个具体的地方,基于气候、土壤、种植习惯等,产出品类极其单一,时间分布上也很不均衡。我去过一个蔬菜生产基地采访,我问他们为什么种菜,他们说,一年里有那么几十天,珠三角有台风,蔬菜采摘不了,所以他们有了一个市场机会。大城市因为市场的规模效应,可以把全国甚至全世界的商品资源组织起来,实现一年四季天天蔬果飘香。农村因为市场规模和物流成本,非常难实现。

---

① 程式华,闵绍楷.中国水稻品种:现状与展望[J].中国稻米,2000(01):13-16.

能创造股东价值的农业都是工业化的

@ **长风漫步：**我和朋友开了家小公司，专注于健康农业，觉得这是个有前途的领域。我们有块林地，散养了些鸡，还专门做面包喂鸡，喂鸡不用激素和抗生素。我们在本地和一些农民签约，他们用我们的鸡粪虫粪种植猕猴桃，不用化肥和膨大剂，我们以相对市场高一点儿的价格收购和销售猕猴桃。做了三年了，投入了很多，但鸡蛋有时候脱销，有时候积压，导致鸡的数量也不好增加太多。猕猴桃也卖得不好。请教方丈，像我们这样做有前途吗？值不值得坚持？有没有什么方法让我们能更上一个台阶，也好让我们坚持下去？

@ **不明真相的群众：**没有前途，别做了。（1）做事情要求实，不要为名所误。你能解释一下什么叫"健康农业"吗？为什么它"是个有前途的领域"？其实就是养了几只走地鸡，哪个农民都能干。要是你能说清楚并且做到你养鸡的成本比别人低，或者卖出的价格比别人高，那就成立。（2）小规模的农业只适合找不到就业机会的农民赚点儿劳力钱，基本不创造股东价值。如果你是个一无所有的农民，这样干可以，你如果说"投资"，那就算了。（3）能创造股东价值的农业都是工业化的。

"三农"的出路在"三化"：所有发达国家都是这样过来的

@ **一手潮鞋：**农村的出路在哪里？我元旦回农村逛了一下，真的是触目惊心。绿水青山没有了，以前可以钓鱼、洗澡的小溪变成了臭水沟。田地荒草丛生，无人耕种。一到晚上，整个村里一片死气沉沉的模样。我问了在家的母亲，为什么田地都没人种了，她说年轻人都去外面打工了，留在村里的都是老人，哪里有力气种地，最多也就种一些青菜。

@ **不明真相的群众：** 农村的出路很简单：减少农民数量。所谓农村问题、农民问题、农业问题，归根结底是一个字——穷。

为什么穷？（1）市场规模。通常来说，大部分发达国家，农业产值占 GDP 的比例都在 5% 以下，中国 2018 年该比例在 7%~8%。这个比例应该还会持续下降，但现在中国农村常住人口数量还占总人口的 40% 左右，让 7% 的产值供养 40% 的人口，无论如何是富不起来的。（2）人均生产资料（土地）的占有量。规模是经济效益的前提，人均 1.5 亩、户均 5 亩的耕地占有量，就是在地上绣花，也绣不出效益。户均耕地在 100 亩以上，才会有基本的经济效益。（3）技术进步。极低的人均耕地面积导致极不专业的农业经营，技术非常难提升。

只有让农村常住人口（或者说职业农民）占总人口的比例与农业产值占 GDP 的比例大致相符，农村户均耕地占有面积达到基本的规模，经营规模足以支持更专业的社会分工，农民才能取得跟城市居民大致相同的收入，农村才能够在现代化程度方面赶上城市。

这个方向主要就是整个国家工业化、农民城市化、农业现代化。其实，现在中国农村的状况比 40 年前已经有了非常大的改观，城乡差距在缩小而不是扩大，这种改观都是"三化"促成的。

具体到当下，还有很多政策可以加速"三化"速度：（1）取消户籍制度，把在城市就业的农民尽可能转化成市民或者城市常住人口；（2）赋予农民耕地、林地、宅基地完全的财产权，允许其转化、交易、抵押，使生产资料的占有状况与实际的社会分工相符，让进城的农民变成市民，把他们的生产资料集中在专业的农民手里；（3）条件成熟时，工业可以适度补贴农业。

　　所有的发达国家都是这样过来的，不可能有脱离工业化、城市化的农村出路。

@ **弗易：** 中国近15亿人口，必须靠工业化才能解决贫困问题。通过出口工业品与美国、加拿大、澳大利亚以及非洲等国家或地区的粮食进行贸易。所以，必须坚定推进《中国制造2025》，中西部地区也必须采取优惠政策，承接东部沿海地区的中低端制造业的产业转移。

@ **丝绸之路不好走：** 据我观察，农村很早就到处是垃圾，到处是臭水沟了，现在应该是环境变得更好而不是更差了，我们老家县城也变得更美丽了。县城各乡镇的农村在持续萎缩，有能力的年轻人都跑到了大城市，能力差一点儿的也要到县城买房生活。县城人口规模持续扩大，城市化进程持续展开，这是个美好的时代。

@ **无眠的夜色：** 出路在于农民能离开农村，进入城市，经济要发达，唯有这条路。天天补贴，却不让农民转化为城市居民，只能拖后腿。

@ **不明真相的群众：** 为改善农村基础设施花的钱有限，也算是对农村的补贴，是值得的。

第三辑
世风——市场与消费

劳动力供给侧改革：很多白领职位的工资已经低于蓝领

@ **czy_733**：方丈，近期一系列社会负面新闻让我觉得都跟劳动力有关，这会不会是劳动力要开始供给侧改革的信号？

@ **不明真相的群众**：喜欢探究这个世界的人都希望从若干碎片化的现象里找到世界的规律，但很遗憾，有很多现象存在，也确实有些规律存在，现象和规律之间却未必能建立联系。比如，劳动力短缺和价格上涨肯定已经是一种规律，十年以后，中国的中产阶级不可能用得起保姆，但如果按这种规律，北京、上海这样的城市应该给体力劳动者提供更友好的进入环境，可是现在看到的碎片化现象不是这样的。

@ **czy_733**：方丈的回复有哲学思想，懂了，谢谢！不过中产阶级会不会也是要被清理或者向体力劳动分化的一个目标呢？

@ **不明真相的群众**：现在很多白领职位的工资已经低于蓝领，这种趋势会持续。

@ **牙瑜宝**：同意方丈的看法。我身边有很多类似的例子，而且确实非常明显。对投资来说,这种趋势有没有什么可投资的方向?

@ **不明真相的群众:** 尽量回避劳动密集型行业。

互联网服务输出: 新一代中国制造

@ **不明真相的群众:** 在输出工业品之后,中国会大规模输出服务业,主体不是餐馆、足疗,也不是银行保险,而是互联网。

@ **夹头的 Franky:** 互联网服务输出里现在排第一的应该是抖音短视频的国际版 TikTok,月活[①]达到全球5亿。平时刷 TikTok,总看到一群外国人对中国人日常的固有印象被打破。感觉抖音短视频在国际上对中国起的正面宣传作用可能快赶上世博会或奥运会了。

@ **宁静的冬日 M:** 赞同。不过互联网输出最终也会导致银行保险输出,这是效率决定的结果——中国的商品输出最初是建立在劳动力便宜这个基础上的。而金融,主要是效率问题,一定是高效率的地方向低效率的地方输出。早期在亚洲,日本效率更高,所以东京是亚洲的金融中心,野村证券是最大的投行,后来中国香港崛起,但是并没有效率上的绝对优势。

未来,互联网很可能会导致新一代的金融中心不再有地域标签,因为连接人与人、人与金融产品的方式发生了革命性的变化,这时产生的效率优势就像当年战争中步枪对骑兵的优势一样,雪球这种率先建立该优势的公司会成为新的、名副其实的金融中心。

---

① 月活指的是一个月内的总活跃用户数量。——编者注

在保险行业，以前英国的保诚集团、中国香港的AIA（友邦保险）在医疗险之类的产品上，其性价比都比我国内地的保险公司高。它们在管理、产品设计、营销渠道的专业水平等方面多年积累的细微优势并不是学习者可以轻易赶上的，但是互联网保单对这些传统"护城河"而言同样是步枪与战马的关系。大家有兴趣可以看看众安保险App（应用软件）上的那些医疗保单，看看它们是不是秒杀AIA、保诚集团的同类产品……这只是开始，未来这些碎片化的产品一旦与新成形的互联网金融中心结合，会成为上了膛的子弹，而这时的步枪会演进成机关枪，它能不输出？

有很多朋友担心中国会出现美国1929年那样的大萧条。究竟会不会出现，我不知道，但有一件事可能被大家忽略了：大家真正应该重视的不是美国那样的大萧条，而是电话电报在这个大国全面普及实现的效率提升。19世纪末，贝尔就通过自己的发明实现了长途通信，但电报电话真正在美国全面普及是20世纪20年代以后的事，当时AT&T（美国电话电报公司）甚至不得不放弃在欧洲的一些业务，以集中力量应对来自美国国内增长的极其迅猛的需求。今天，互联网引起的中国的效率提升，比当年电报电话对美国的影响还要大。

@ **Justcooool**：别的不说，看着众安在线的股价跌成这个鬼样子，其实我对买它的保险不是很有信心。

@ **宁静的冬日M**：(1) 不要用股价涨跌倒推公司价值。(2) 举这个医疗险的例子并不是说现在的众安有多大价值（互联网游戏也好，互联网投资也好，互联网保险也好，假如它是一家不能实现人与人连接的互联网公司，那它能有多大价值），而是说互联网保险会很厉害。

有朋友问过我：按你这种说法，人家 AIA 不也同样可以做互联网保险？这就跟当初有人说伊势丹百货、巴黎春天、Harrods（哈罗德百货）等同样可以做电商一样，听起来似乎也有道理，但真正的问题其实不在于它们能不能搞，而是在于它们按兵不动，竞争者发展得如火如荼。

至今为止，没有人能很好地解释产业革命是如何发生的。我们对世界、对人类社会自身都所知有限，承认这一点没什么坏处。

商品流通渠道越来越短，中间商如何赚差价

@ **不明真相的群众：** 在传统商业社会，很少有厂商直接向消费者销售产品，都要通过经销商环节。经销商存在的理由是：（1）突破地域上的限制，比如需要大量线下门店覆盖一个广阔的市场，厂家自己很难做到；（2）技能上的专业分工，会生产的人未必会推广、销售。

电子商务的出现大大降低了经销商地域覆盖上的价值，一家网店，其商品可以发往全球。但是技能上的专业还是有阶段性价值的，比如网店经营、客服、物流。所以早期淘宝的主要玩家是经销商，所谓 B2B2C，第一个 B 是厂商，第二个 B 是淘宝上的经销商。但是，随着时间的推移、移动互联网的普及、电子商务功能的标准化、物流网络的扩张和下沉，这个专业技能的价值在急剧衰减：开设、经营网店的门槛在降低，对接物流的难度在急剧下降。这时，经销商存在的价值就会被质疑。这是 B2C 模式碰到问题的根本原因。

将来，还真有可能是一个没有中间商赚差价的世界。在这个

过程中，谁会受益？谁会受损？

@ **滚一个雪球**：真正有溢价能力的品牌企业会受益，因为对它们来说，消费者还是那些消费者，但是减少了中间环节，这一方面可以节省推广成本，另一方面可以分食原来经销商的利润。随着电商和物流的逐步普及，消费者（在偏远地区）更容易直接接触更优质的产品，因此龙头企业的市场份额会进一步提高。相反，劣质的低端产品将逐步退出这个市场，直至被淘汰。综上，电商的普及加速了经销商这个中间层级的消亡，同时推动了龙头企业市场份额和利润率的增长。

@ **阿企**：营销和销售永远都有价值，只有特别标准化的产品或服务才有可能做到没有多余的中间商，除了平台本身这一层。营销和销售的关键壁垒在于人的信息、知识、社交等能力是去中心化分布的，比如卖保险，没有代理人体系就很难说服客户。线下商业就更复杂了，比如库存压力，如果让厂家承担，那么它会很难适应复杂的市场，也承受不起资金方面的压力。所以，分工是必然的，连苹果这样强大的品牌都需要分销商。另外，由于网红群体的崛起，自带粉丝流量的人成了网络里新的分销商，他们有能力触达客户、说服客户。

@ **裸猿文明**：过去，从产品到消费者要经过一个漫长的过程：D（Design，设计），M（Manufacture，制造），S（Supply Chain，供应链），B（Business，大卖场、超市、连锁店），b（business，个体经营者），C（Consumer，消费者），每个环节都要加价。

未来的趋势应该是不断去除中间环节，而且这个趋势可能已经形成。比如名创优品，从制造商M，直联到连锁门店B，从而去除了供应链S，这种短路经济为M2B。比如天猫小店，就是用

"零售通"这种高效的供应链系统S，直接给个体经营者b供货，去除了批发商B，这种短路经济就是S2b。

我觉得消费升级不是商品越买越贵，而是能用更低的价格买到更好的东西。只要中间存在可以被去除的环节，那就一定会有人去除，靠中间差价生存的企业也很难保持长期竞争力，有可能"自废武功"才能自保。

@ 顿牛：商品流通渠道越来越短是一个趋势，我观察到一些线下批发量大的市场比往日萧条。传统线下代理商的生意被线上抢夺，它们的竞争对手从原来的淘宝小卖家升格为天猫超市、当当、京东，大部分标准化商品线下代理商在成本、物流效率上都没法跟天猫超市这样的对手竞争。传统的线上经销商的份额被厂商和平台抢夺，大概从2014年起，"双十一"购物节的销量冠军就从原来的淘品牌转到了传统品牌。2016年起，淘宝系统的大量流量被导到天猫超市，我今天上午10点多在天猫超市买东西，下午2点就收到了。这种高效的物流体系建立后，很多类目的小卖家就已经没有什么竞争力了。

@ 雨枫：当我知道自己想要什么，并且也知道去哪儿买的时候，中间商就没什么存在的意义了；当我知道自己想要什么，但不知道去哪儿买的时候，店面的价值就会体现；当我知道自己想要什么，而且现在马上就想要的时候，物流的价值就会体现；当我知道自己想要什么，但不知道哪个牌子更好的时候，媒体、广告和促销员的价值就会体现；当我其实不是那么清楚自己想要什么（商品），只是想满足某种需求的时候，代言人、广告植入、软文的价值就会体现；当我根本就不知道自己想要做什么，只是觉得应该做点儿什么/买点儿什么的时候，社交网络（如微信）和基于微信的拼多多、娱乐媒体（如爱奇艺、优酷）还有微博、今日头条的价值就会体现。

现实中，我们极少很清楚地知道自己想要什么、去哪儿能买、需要花费多长时间。所以，第一种情况其实很少见，反而最后一种情况才是常态。因此，中间商永不死，它们只是在不断地改变自己的形态。

@ **管我财：** 经销商不只是中间商，它们的存在还有开拓市场的功能。它们负责做增量市场，线上商家的最佳策略是抢占存量的大饼。为什么会有销售人员的存在？他们负责给大家推荐一些可买可不买的东西。

奢侈品消费：新富后浪推前浪？

@ **不明真相的群众：** 奢侈品消费有一个社会基础，就是大量的人迅速变富，他们需要通过奢侈品消费来确认自己的社会地位。等人们变富的速度变慢（或者是所谓的阶层固化）以后，这个市场可能会萎缩。这是不是最为悲观的一种看法？

@ **慕容傲雪：** 不算，这种说法首先要明确什么是奢侈品，这其实是一个小众的市场，有固定的客户群，和大众认知的奢侈品没什么关系。大众认知的奢侈品是高端时尚消费，这个在品牌营销方面有很多方法可以向下渗透，抢占用户的心智，掏空用户的钱包，虽然有一点点风险会把品牌做烂。

@ **全球指数基金：** 茅台让你心里没底了吧？！

@ **不明真相的群众：** 茅台已经是大众消费品了。真的有钱人不喝茅台，因为它太便宜了，花不了多少钱。

@ **重放异彩**：这么说没毛病。但是，消费升级跟奢侈品消费之间有不少差异。国内许多被定义为伪饰的产品，只是发达地区民众的主流选择。走出雪球看看，大量民众还是用着低质低价的产品。

@ **jiancai**：人生苦短，及时消费，只要这个是消费者的共识，消费行为就是单边旺盛，只是支付能力的问题。人的大脑需要不断的刺激，验证自己的存在，比昨天更好，消费是达成这个刺激最低成本的方式。不想消费的话，就问问自己是不是抑郁了，或者老了。

@ **异端猎手**：当消费可以区分阶层时，就会有奢侈性消费市场，用购物消费来区分阶层的社会是阶层高度变动的社会，这个阶段需要的时间很短，也很直接。当阶层开始稳定，区区物化消费已经无法区分阶层时，人就进入了低调奢华阶段。阶层区分不在人人知道的品牌，而是多代人持续的消费投入，不同阶层对于什么是昂贵的物品甚至有不同的认识，而认识本身就可以区分阶层。先是同质化，再是圈层化，最后是完全分割化，互联网应该也类似。

@ **市场漫步者**：一切以合法取得的财富实现的消费都应该被肯定，不管它看起来有多么奇葩。消费升级、制造业升级乃至科技创新都是由富人的奢侈消费和超前消费来支撑的。正是这些观念超前，支出显著大于实用价值的消费行为为设计师、制造者提供了各种创新机会，其中大部分转瞬即逝，但总会有一部分成为新一代大众消费的核心产品。无论是汽车、飞机还是马桶，大众在实现生活质量提升的同时，不应该忘记那些用自己的财富为人类开疆辟土的富人。这便是先富的人带领后富的人，并不是直接撒钱救济穷人，而是用自身的开拓创新抵达人类整体可能到达的远方。仇视富人甚至要消灭富人的社会和群体，才是倒退甚至可能消失的群体。

@ **群兽中的一只猫：** 百年来，奢侈品消费的增量都是靠"新富裕"人群的推动，奢侈品消费的高潮从西欧到北美，再到日本，现在到中国，就是这个道理。与此同时，能消费奢侈品的基础人群相对应地也在扩大，因为整个世界的财富分配都是偏向资本的。因此，总体消费量有所增长。

方丈也可以看看各个奢侈品品牌的产品线。近年来，很多轻奢产品（包括顶级奢侈品的二线品牌和副牌以及独立的品牌，这些品牌算高端品牌，价位处于中端品和奢侈品之间）增速都超过它们的主品牌，这代表了一种方向。虽然不一定很乐观，但是也不必悲观，事物发展有着自己的出路。

国产车的前景：终将成为本土舞台的主角

@ **自由的小伙子：** 方丈，我感觉吉利汽车（以下简称"吉利"）这家公司看起来不错，它推的 GE11 和星越都很好看，似乎很有吸引力，之前的国产爆品帝豪也很争气。所以我隐约有种判断，吉利造的车最起码不比韩国车差。您觉得中国的汽车工业现在处于什么水平？国产车什么时候能消除消费者内心的不信任感，变成买车首选？现在对于 30 万元以上的车，很多消费者还是首选合资品牌和车型，我觉得国产车要是能突破这个界限，那吉利等企业或许能迎来更好的发展。

@ **不明真相的群众：** （1）中国汽车工业在持续进步，正在接近合资厂和外资厂的水平。注意一种现象，比如吉利和长城，它们新推出的车型覆盖的价位与老车型相比是上升的，而合资厂商是下降的。

（2）国产车已经消除了一些消费者的不信任感，中国自主汽车品牌的销量轻松突破了百万量级。

（3）中国庞大的市场、良好的配套条件，以及中国汽车厂商管理层的企业家精神，终将转换成中国汽车品牌商的全面优势。长远来看，中国作为全世界汽车生产、消费第一大国，唱主角的将会是中国本土品牌。

关于消费升级：社交功能的不可替代性

@ 不明真相的群众：谁能解释一下，为什么汽车市场整体不行，但豪华车卖得很好？为什么白酒整体销量萎缩，但高端酒卖得很好？

@ 知行合一15：当汽车普及到一定程度时，二次购车会出现消费升级。这一方面可能是面子问题，更主要的是对车辆品质、性能、外形的要求。如果无法升级，按照目前家庭用车的年公里数，换辆同样的新车，味道重，用车费用高，那就根本没必要换车。

@ 散户乙：最根本的原因是人们的收入越来越多。喝酒的人数如果大体不变，喝好酒的人多了，自然喝差酒的人就少了。汽车也是如此，大家收入多了，自然都想买或者换好车，这些人原来的旧车进入二手市场，也在冲击低端新车市场。另外，无论是高端酒还是高端车，以前基数小，因而增长率更高。比如，以前100个人有10个喝好酒，现在变成12个，好酒消费量就增加了20%。

@ BDM_Cap：（1）大家手里的钱更多了是基础；（2）汽车和白酒都和社交强相关。

@ 海上阳光200600：整体市场从量上来看已经饱和或基本饱和，

所以就要提质，通俗地说就是消费升级了。

@ **精灵财富**：（1）根本原因：汽车市场的结构性变化规律。今年的中国车市整体走弱反映出中国汽车市场的"初次普及红利"正在逐渐消退，中国汽车市场正在告别增量竞争阶段，逐步进入存量竞争阶段。在这一阶段，由于整体市场规模趋于稳定，市场结构内部的竞争将会加剧。这种竞争不仅会出现在车型［轿车、SUV（运动型多用途汽车）、MPV（多用途汽车）等］和动力（燃油、混合动力、电动）等结构上，还会出现在品牌结构上。豪华车市场的发展就与这种汽车品牌的结构性变化有关。从发达国家的汽车市场来看，其在整体市场增长和品牌结构上都极其稳定，因此可以推断中国汽车市场的发展路径会与这些成熟市场趋同。从整体交易体量上看，中国汽车市场已稳居世界第一，但是从品牌结构上看，中国的豪华车渗透率相较其他发达国家还有一定差距。

（2）直接原因：各种市场因素的综合作用。除了上述宏观层面的根本驱动因素，近年来出现的各种市场因素也为豪华车的销量增长提供了稳定的支撑。以BBA（奔驰、宝马、奥迪）为代表的头部豪华车品牌在中国拼命推行"亲民路线"，越来越多的平价豪华车型大量投放中国市场，获得了中国购车人群的青睐。

（3）需求端因素：新富阶层崛起与换车周期相互作用。中国经济经过多年的高速增长，造就了新富阶层，他们在汽车消费偏好方面与其他阶层显著不同，他们更愿意为品牌溢价买单，更加追求个性，这样就给豪华车品牌向这一阶层渗透创造了大好机会。

白酒整体销量萎缩，高端酒市场量价齐升主要有三方面的原因。

第一，"长尾效应"。以前是少量人的重度消费，现在是众多非重度、非主流的消费者也需要美好生活,也需要在重大事件、重要时刻喝一瓶茅台酒。而这背后是中国巨大的市场容量支撑的,这是中国特色,是欧美等市场不具备的。茅台消费者、高端酒消费者长尾化是个巨大的变化,是支撑高端酒量价提升的关键。

第二,飞天茅台的持续稀缺性将给第八代五粮液和国窖1573 的价格上行提供窗口。"买新酒、喝老酒"正在成为一种潮流,购买茅台后一年不喝的比例正在提升,而飞天茅台年出货总量有限,这很可能将为 2019 年的五粮液、国窖 1573 分别增量 2 000~3 000 吨提供强力支撑。喝不到茅台就喝五粮液是主流购买逻辑,所以五粮液增量是必然的。

第三,高端市场是由消费需求和投资需求构成的。只要行业处于上升期,购买茅台后不喝却用来投资的比例就会增加,假如这一比例从 2012 年的 10% 提升到 2019 年的 20%~40%,再辅之以飞天茅台每年 3 万吨的大基数销量,这都将促进五粮液、国窖 1573 等高端酒销售量的增长。

@ **亏掉嫁妆变剩女:** 我闺蜜说:以前有车就有面子,现在只有拥有豪华车才有面子,如果只是为了出行,停车难、停车贵,那还不如直接打车,所以现在买车就一定要买豪华车。

@ **不明真相的群众:** 这个说法有点儿意思,就是低端车的社交功能弱化,出行功能被共享交通替代了?

@ **八五年的乖乖:** 方丈,其实中国豪华车市场近十年一直保持着高增长模式,不是最近突然出现的,而是一种长达十几年的现象。大家之前都习惯了车市的整体高增长状态,忽略豪华车这一细分市场,恰逢现在整体车市走弱,豪华车市场就显得一枝独秀。原因或许在于豪华车品牌的产品力持续提升和价格下探,营销策略根据中国市场转换。还有很重要的原因应该是国内新富阶层这十几年在不断崛起吧，虽然不包括我。

共享经济与汽车：肉体快递服务的价格

@ **Mario**：我早就有驾照了，但一直没买车。住在市区，开车还不如电动自行车快，尤其有共享单车之后，地铁＋单车的优势区域更大了。停车更是大问题，很多地方都停满了，找停车位很麻烦。车变成了必须要带走的负债，不能开单程后不管。坐飞机出发和到达的机场不同，车很难处理。在这种情况下，买车与地铁＋共享单车＋专车＋租车相比，有什么特殊优势吗？

@ **不明真相的群众**：我也很困惑。理论上，也没有必要买房，住酒店更合算。也没有必要结婚……

不过你这个思考确实很有价值，也许将来并不需要拥有汽车这个财产，但人一定还需要拥有点对点、空间独享的肉体快递服务。之所以叫肉体快递服务，是因为思想感情不用汽车来运，用光纤来传递就可以。这个也许会成为将来永不间断的运输公司提供的一种服务，服务工具还是汽车。

@ **刘彦伟**：这种困惑类似于"不都是座位吗，头等舱有什么区别"或"不就是睡一觉吗，住一千块一晚的宾馆是疯了吗"……

@ **不明真相的群众**：有人不理解头等舱票价为什么是经济舱的5倍，我跟他说：你在头等舱是不是能躺着，在经济舱是不是只能坐着？如果在酒店开个房间，你只能坐着过夜，你是不是付五分之一的价钱都嫌贵？

@ **Mario**：这个是指一种服务严格优于另一种时消费者愿不愿意付

第二部　世风日上

出溢价。车的问题不是"严格优于"的问题，是需要权衡好处和坏处，然后做出选择。这是两个不同类别的经济决策。这个提问就是在权衡，自己拥有车相比各种共享有哪些好处、哪些坏处。

@ **不明真相的群众**：车最大的价值还是自己开着车时那种自由的、完全由自己掌控的感觉，那是无价的。

@ **青豌豆**：方丈不会遇到堵车的情况吗？我现在怕开车，就是怕遇到堵车那种不自由，一切都不由自己掌控的感觉。

@ **不明真相的群众**：是啊，所以可以买辆自动驾驶的车，堵车的时候用电脑开，心情好的时候自己开。

纸媒一定会式微：
当年拒绝计算机的作家，今天都在用什么写作

@ **郑qq**：纸媒已经快进入市净率估值阶段，这在几年前是难以想象的，它再差能差过几年前的钢铁、造船吗？

@ **不明真相的群众**：肯定会差过钢铁、造船。钢铁、造船只是周期性的产能过剩，纸媒是渠道作用完全被置换了，不可逆。

@ **恍恍惚惚的风**：方丈，过几年再回来比试一下，看看到底可不可逆。

@ **不明真相的群众**：纸质书不会消亡，用纸量不一定下降，但内容+广告模式的纸媒一定会式微。

@ **星光的引导**：十本纸质书摆在书架上，我随时可以抽出一本来看。十本电子书在文件夹里，我得找一下才能找到。纸质书和电子书，价格相差并不大的话，我肯定要买一本纸质书。

@ **不明真相的群众**：从100本书里找一本就很困难了，有1 000本书的话就更难找了，而电子书一搜索就可以找到。

@ **原野拾荒：** 方丈不觉得纸质书的阅读体验更具优势吗？阅读纸质书时，手指在纸张上摩挲而过，追逐着纸张上的水墨字迹，思绪在字里行间翻飞，这些在实体空间的视觉、触觉体验都是独特的。

@ **不明真相的群众：** 我上大学的时候，经常有作家来学校做讲座。那时候有一个热门话题是作家"换笔"，就是计算机打字取代手写。我亲耳听见几位作家说，还是钢笔尖划在纸上哗哗作响的时候，才能感受到灵感像墨水一样汩汩流淌。我有幸跟几位作家还有联系，而他们现在都不会写字了。

第四辑
世风——房产与房价

房产调控有一个系统缺陷——大部分房子的现金流是负的

@ 不明真相的群众： 现在中国房产的主要属性是资产。资产的价格波动是人性推动的，任何力量都难以完全控制它。政府固然不喜欢房价涨得太快，但这并不意味着房价不会狂涨；政府更没有任何意愿让房价下跌，但这并不意味着政府真能够阻止房价（万一）下跌。就如股市一样，政府要慢牛，可是市场要么疯牛要么慢熊。政府固然有卖地的需求，可是如果说这推高了房价，肯定是很难成立的，因为显然政府卖地需求强的城市房价不涨，而政府卖地需求弱的城市房价涨得最厉害。

所以政府房地产调控的核心诉求并不是抬高房价，也不是打压房价，而是控制金融风险。从这个角度看，政府的调控角色和行为并不错位。我看过一份银行的不良贷款比例，房地产行业占比非常低。这不能不说调控是非常成功的。当然，买房地产信托的人也赚钱了。

房产调控大概有三种诉求：（1）稳定，不因房价波动引发社会动荡;(2)金融安全,不让房价波动引发金融风险;(3)GDP增长和土地财政。现在,(1)和(2)完全压倒了(3),越到政治高层越是聚焦于(1)。房价如果持续暴涨,(1)的风险提升;如果暴跌,则(1)立即兑现。所以,调控的目标是不暴涨,绝对不能暴跌。这显然是一件有极高难度的事情,有人类社会以来,还没有哪个时期做到资产价格完全按人的意志走。短期内要达到这个目标,最有效的办法是冻结流动性,现在的调控措施都是这个逻辑。

回首过去,在不让房地产市场波动蔓延到金融体系这件事情上,我国的调控非常成功。所以拭目以待,调控最理想的结果是稳住房价,让它既不涨也不跌,但有一个系统缺陷导致很难稳住,就是大部分房子的现金流是负的。

房价和信贷:中国没有通货膨胀,只有资产泡沫

@ **雪球 7x24 新闻**:中国 2017 年 3 月 CPI 同比上涨 0.9%,预期会达到 1%,前值为 0.8%。中国 2017 年 3 月 PPI 同比上涨 7.6%,预期为 7.5%,前值为 7.8%。

@ **释老毛**:通胀隐忧不那么强烈,通缩阴影却浮上心头,因为京津冀、珠三角、长三角三大都市圈都在打造自己的"雄安"。

@ **不明真相的群众**:我一直的观点是,中国没有通货膨胀,只有资产泡沫。

@ **猎-股**:通货膨胀与资产泡沫的区别是不是这样的:前者是所有类别的商品价格虚高,后者是某类或某几类商品的价格虚高?

@ **不明真相的群众**:举个例子,房租上涨是通货膨胀,房价上涨是

资产泡沫。那么房租和房价有什么区别呢？房租是消费，你交房租获得的是房子某个时段的居住权，这个权利过时归零，正如你吃下的大米过时就变成了粪便；房子是资产，你付了购房款，房子永远在你手里。正因为如此，你无法通过租很多房子推动房租上涨来使自己受益，所以消费价格没有自我实现功能，但是你每买一套房子都在推动房价上涨，使自己受益，所以资产价格有自我实现功能。

@ **非完全进化体**：方丈虽然是文科状元，但对宏观经济现象的理解秒杀一大帮经济学家和研究员，让我这个学管理专业的很是佩服！其实我一直也持这个观点，货币没有超发，也没有通货膨胀，只是某种环境中的财富大转移。

@ **没空盯盘的小散户**：身边相当多的人买房的原因：一是感觉钱贬值太快；二是听说有人买房赚钱了，赚得比在银行理财快多了。我不太理解为何现金流是负的？

@ **不明真相的群众**：如果房价不涨，你就会理解为什么现金流是负的了。

@ **毛毛猫围脖**：方丈的意思是，房价不涨，无赚钱效应，那现金就会流出房地产行业吗？

@ **不明真相的群众**：不是这个意思，是房子上的现金流入（租金）远远低于现金流出（贷款利息）。

@ **没空盯盘的小散户**：那与房价涨不涨没关系啊，不涨价也是租金少于贷款利息。

@ **不明真相的群众**：在租金少于利息的情况下，是对房价上涨的预期驱动人们贷款买房。如果房价不涨，这个预期消失了，贷款意愿就消失了。

@ **用户5979397136**：如果对房价的无限上涨预期只是买房人的幻觉，那银行作为信贷提供者也有这种预期吗？如果这最后被证明的确是幻觉，大家都已经身在资产泡沫里，按照中国的国情，这种泡沫是不是也得全国人民一起慢慢消化它，而不是让泡沫破裂，让资产持有人和银行摔在地上。

@ **不明真相的群众**：从愿望的角度看，应该是这样做。

房价与通胀没什么关系，想跑赢通胀可以买货币基金

@ **Kampting**：方丈，大家都说对投资者来说，如果现在（2017年10月）还想进入楼市掘金，真的就没有那么容易了。但是货币一直贬值，我不奢求掘金，只求保值，稍微增值。除了买房能够大概率保值、增值，还有什么渠道能跑赢通胀吗？

@ **不明真相的群众**："如果"买房能够大概率保值、增值"，那么你就应该买房呀。

@ **Kampting**：不好意思，我的提问不准确。我想问的是现在在成都买房能跑赢通胀吗？如果不能，有其他跑赢通胀的方式吗？

@ **不明真相的群众**：买货币基金能跑赢通胀。我不知道在成都买房能不能跑赢通胀。房价和通胀没啥关系。

@ **宁静的冬日 M**：认为房价在任何时期总是能跑赢通胀其实是一个流行的误区。日本的房价在过去二十几年里就大幅跑输通胀（1991年以来，日本在很多年份都出现过通缩，累计通胀却是正数，而房价是大幅下跌的）。假如有朋友觉得这个例子太特殊，也可以关注一下美国剔除通胀后的历史房价（19世纪末的美国购房者，如果相信房价总能跑赢通胀，那么他将会发现，这个规律

即便真的存在，也只有等自己后代的后代来证明了，因为这一次房价用了 100 年才重新跑赢通胀）。

@ **用户 5979397136**：这个房价是不是整体的房价？如果只是北京、上海、深圳、厦门的房价呢？

@ **Kampting**：我也在思考这个问题，我认为通胀应该算房价，那每个城市通货膨胀的程度是不是不一样的？现在北京房价在跌，那可能货币基金真跑赢了，而我所在的成都，房价在大幅上涨，去年到今年涨了 50%。由于最近地价高于周边房价，房价可能还要涨，普通人靠工资收入和理财怎么能跑赢它？

@ **不明真相的群众**：如果通胀要算房价，那么要不要算股价？房价涨的时候要算，那么房价跌的时候要不要算？

你我都是购房人：居民可支配收入还在增长

@ **Baikeer**：环北京一带，开发商云集，楼盘众多，随便一套总价都不低于 200 万元，但每周看房的人依然络绎不绝，这些购房人属于哪类人群，都这么有钱？购房以自住为主还是以投资为主？总房价不低，即使贷款也要还月供吧，目前国内实体经济不行，是什么原因驱使他们买房？如果为了抵抗通货膨胀、经济下行，固定资产也难以变现呀。请深度分析一下，最好有具体数据支撑。

@ **不明真相的群众**：（1）购房主体就是跟我们一样的正常人啊。千万不要以为 200 万元很多，不要说企业高管这些高薪阶层，北京做得好一点儿的互联网工程师年收入都有几十万元呢。全国居民存款余额超过 50 万亿元。全中国拥有 100 万美元以上可投资资产的人超过 500 万（这个统计口径可能还保守了）。（2）居民可能有各种各样的买房原因，投资和自住都有可能，当然最核心的原因是房价涨了。（3）国内"实体经济不行"跟大部分人没有什么关系，居民可支配收入还在以 7%~8% 的同比速度增长。（4）买房能不能"抵抗通货膨胀、经济下行"？谁知道呢，不过你为他们操心干啥，那是他们的事。

@ ETF 拯救世界： 上半年北京商品房成交 9.7 万套。全年就算成交 20 万套，北京 2 000 万人口，就算有 700 万~800 万个家庭，也只有不到 3% 的家庭在买房。有一种说法是，现在中国 1% 的人口占有 50% 的财富。那么 1% 的人口是多少人？差不多 1 300 万人。如果北京聚集了 1 300 万人中的 10%（纯拍脑袋的数据），也有 130 万人，即 40 万个家庭。即使所有房子都是这 40 万个家庭买的，也够买几年的。实际上，更多人是买小房子，然后有人用小房子换大房子……房地产其实跟股票一样，很小的成交量以很高的成交价格拉高了所有房子的总市值。只是千万不要一起变现，哪怕只有很小一部分人想一起变现，都会崩盘。另外，北京也好，全国也好，实际上由于每个人所处的圈子不同，感受到的是不同的世界。

@ 不明真相的群众： 房子的流通盘占比可比股票低多了。

@ 孤独背海的人： 有钱人看身边全是有钱人，穷人看身边全是穷人。

@ 不明真相的群众： 其实不是，穷人看身边全是比自己有钱的人，富人看身边也全是比自己更有钱的人。

关于买房子，我给的建议一向是：（1）买自己住的房子，能买得起就买，因为拥有自己的房子也是一种生活体验，这种体验是无价的；（2）从投资的角度，一定要做好准备，任何资产的价格都不可能一直上涨，包括房子，也包括一线城市的房子。

商业地产：差地段也能变成好商圈

@ Laughing 星仔： 我非常不看好目前的商业地产，在每个城市稍微逛逛都应该能发现很多店倒闭、空置。这是有传染性的，一个商业区倒闭 30% 的店铺，最终的结果是人流量下滑，进而影响其他铺位，受到缓慢影响的倒闭、空置面积可达 50%~70%。

@ 不明真相的群众： 据说我公司楼下，一手买价 1 700 万元的商铺现在 1 000 万元出售。都是投资房产，怎么差别那么大。

@ 非也非也 008： 税太高了。

@ 不明真相的群众： 这个不是根本原因，主要是商圈的变化太难以分析和预测，我觉得投资商铺比投资股票难多了。

@ SVEN17： 我觉得原因在于商业地产最终的客户还是来自大众消费。大众消费又喜新厌旧，比较懒（讲究便捷），商业地产还是得跟着大众消费的趋势走。

商业地产本身就是一个赢家通吃的行业，一个区域内的消费者是有限的，商城里的品类又大同小异，最终的赢家肯定是流量大、管理得当的综合体。

最近商业体越开越多，区域内排在老三之后的想要弯道超车就很难了。投资新区域的商铺的风险就在这里。要买商铺的要慎重考虑类似万达金街（即南京万达广场）这种商铺。

写字楼就不一样了，只要在同一区域内，差不多的条件下，租售比都是比较接近的。各种公司聚集，越多越好。

商品房就更容易了。同一区域内，只要不是太旧、太糟糕，房价基本接近新房市场价。

引用我邻居的房地产投资经验："投资房地产市场及各种金

融理财投资，风险与收益同时存在，需要研究国家政策、市场经济状况、营销技巧、投资技巧。要有市场风险意识，切忌盲目激进投资。只有具备丰富的投资、经营经验，才能在市场的激烈竞争中，降低失败概率，并走向成功。"

@ **晓流**：现在的商业地产和地段的关系恐怕不大了，甚至和政府规划的关系都不大，主要看开发商品牌和运作能力。差地段有好的开发商开发运作也能变成好地段，好地段让普通开发商做也可能变成差地段。我现在都搞不清深圳各区的商业中心在哪里，况且中心都不像中心的样子。商业地产的生命周期有待观察，做得好的商业圈也不一定能一直好下去。反正普通人投商铺基本上是没什么戏了。

@ **我什么都不懂A**：我也有一样的想法，现在核心商业圈都分散了。和欧美发展进程一样，富裕家庭会越来越注重居住的品质和周边的环境，都会逐渐搬到相对周边的地方，如果相对地块有优秀综合体的话，也不可能再开车去传统的核心商圈购物。动态看，老的传统核心商圈终究衰败。

如果没有房地产，中国人会比现在穷得多

@ **Qwerylz**：雪球上有一种人，不管新闻还是帖子的内容是什么，只要说的是和国家的事情相关，就会说房价高企、房价搞上去才能强国等言论。他们这是什么心态？

@ **不明真相的群众**：这说明他们想买房子呀。

@ **见微而知萌**：如果不是呢？房地产占用了过多的资金和需求。年轻人消费力不足，以致构成长期的路径依赖。

@ **不明真相的群众**：并不是房地产占用了太多的资金和需求，而是房地产增值和杠杆创造了更多财富，房地产的产业链创造了更多需求。如果没有房地产，中国人会比现在穷得多。

@ **见微而知萌**：资产的价格如果不能匹配价值，在错误的圈里兜兜转转，就不可能带来好的结果。我不相信方丈会相信不断地拉涨诱多是有价值的事情。

@ **不明真相的群众**：资产泡沫肯定是存在的，但是资产价格会以较大的幅度震荡，很难准确地界定泡沫，最后只能通过泡沫的破裂修正或者均值回归。要想资产价格在一个很窄的合理区间里保持稳定，本身就会加大泡沫，稳定是泡沫很大的诱因。但泡沫破裂，不能否认行业和企业的价值，无论这个行业是房地产、金融，还是高科技。

@ **随遇而安01**：方丈，每个人都知道房价下跌的后果很严重，为什么这两年任由地方政府将房价不计后果地炒上来？尤其诡异的是，房价涨了这么多，上游的各种原材料也涨了这么多，很多中小银行的资产反而恶化了，当时为何不出台顶层设计，房价每年涨百分之几，给小民永远上涨的预期，来一次"慢牛"？如今骑虎难下，局面已不可解，集体悲观。

@ **不明真相的群众**：作为一种资产价格，房价是任何力量都难以完全控制的。当然，股价同样难以控制。至于房价到底要怎样定才合理也不可能有清楚的标准，因为居民收入本身在涨。十年前不合理的价格，放在现在看就非常合理。资产价格波动本身是不可避免的。

为什么炒股的能"死",炒房的就不能"死"

@ **雨后新韭**:房价为什么不能一直涨?现阶段如果房价继续上涨会引发什么问题?

@ **不明真相的群众**:如果房价能够一直上涨,理论上说没有太大问题。但是任何资产价格如果远远偏离其实际价值,那么价格就有可能难以维持,一旦价格大幅下跌,就会引发一系列经济问题。尤其是房产,它是最大宗的资产品类,也是最主要的抵押品。如果这个抵押品的价格大幅波动,就会引起整个社会的信用枯竭,后果非常严重。所以人们主要不是害怕房价上涨,而是害怕房价上涨太厉害之后下跌的风险加大。

@ **雨后新韭**:如您所说,一旦房价大幅下跌,就会出现问题,这个"一旦"的发生必然会有一个诱因(比如有人大量地低价抛售),所以政府只要在这个诱因出现的时候及时控制(比如大幅增加交易成本,甚至制定政策,低于一定价格不予交易),那么从理论上来说政府就可以控制房价横盘或者一直上涨,是这样吗?

@ **不明真相的群众**:一旦房价永远不下跌,居民就会拼命加杠杆买房,从而使房价涨到天上。

@ **大明湖畔的凹凸曼**:房价每平方米一两万元的时候没怎么样,升到四万元再跌回两万元为什么就受不了了呢?同样是大量资金和杠杆,炒股和炒房有什么不同?

@ **不明真相的群众**:(1)炒房在房产购买中的占比是很低的。(2)房产在居民资产配置中的占比是股票完全不能比的。

房地产风险：房价下跌 50%，政府财政收入怎么办

@ **北海茶客**：瑞·达利欧在《债务危机》一书中用几句话就把几百年的历史讲得清清楚楚。我总结了三点感想：(1)民粹主义，"劫富济贫"的政策在去杠杆中很普遍，所以不要大惊小怪，要警惕的是这种倾向被过度演化，比如"二战"前的日本和德国；(2)汇率好像已经不是央行的核心考量，汇率又"出乎意料"地降了；(3)真正危险的是房地产。

@ **不明真相的群众**：我也同意真正的风险在房地产。问题还是它涨得太多了，那么就会处于三难的境地：(1)继续上涨的话，风险更大；(2)即便不上涨不下跌，也会有严重的问题，房产增值带来的财富暴增感改变，消费会下降，房地产生产要素价格要全部重置；(3)如果较大幅度下跌，则风险完全暴露。

前几天，我和一个房地产高管聊天，他说普遍的盈亏平衡点是九折，能承受的最大杠杆去化周期是两年。

@ **mike163**：您以前说房价上涨利好消费。

@ **不明真相的群众**：我一直持这个观点啊。房价上涨、股价上涨，都会促进消费。

@ **魔鬼列车长小高**：问题是上涨多少市值资产，促进多少消费。如果前者可以少于后者，那就是经济永动机，但事实上是后者远少于前者。一个中产阶层的人，资产增加，但可支配收入减少，改变的只有他的心情。这是自欺欺人。

@ **就这吧**：没那么夸张，除非房地产泡沫巨大导致爆炸连锁反应，不然以房地产交易的流动性，三五年不卖也感受不到。哪像股票，一打开账户，又跌停了，直接加剧恐慌。守房子守好几年的

人多了去了，守一只股票别说几年了，几天都惴惴不安。

@ **该还债啦**：（1）最后的净利润是交了三分之一的税的，而不挣钱则不用交税，因此"他说普遍的盈亏平衡点是九折"是不对的，应该是85折。（2）真正的风险不在地产，而在地方政府财政当中，卖地收入占比偏高，短期内又不容易替代——2015年之后，全国房价普遍上涨60%~100%，即使价格回到2015年，有风险的房贷最多也就是最近4年的，而这几年的首付应该都是比较高的吧？高首付加税费之后还有逐月还贷，再加上弃房之后的信用污点问题，只要工作还在，收入没少太多，300万元买的房子即使现在变为250万元，有多少人敢于果断选择弃房呢？（3）问题的关键可能不在于房价跌50%可能有多大风险，而在于如果房价跌了比较多，地方政府的财政收入问题怎么解决，银行的不良资产如何处置，以及如果危机出现，怎么保GDP不下降，甚至还能像日本那样小幅攀升（日本当年的房地产才叫崩盘），这些问题可能是早晚要面对的吧。（4）日本当年房地产崩盘后，出口没受影响，我们似乎没那么幸运，不过幸运的是我们的房地产泡沫应该也没那么大吧！

房企的价值陷阱：杠杆和多元化

@ **行知非白**：关于市场上龙头房企"恒碧万融"[①]四大家，未来哪些因素可能导致它们走向衰落，甚至价值彻底毁灭？

@ **不明真相的群众**：（1）杠杆。（2）多元化。

---

① "恒碧万融"指的是中国恒大、碧桂园、万科地产和融创中国。——编者注

第二部 世风日上

@ jiancai： 不只这两点，"地拿反"也会出问题，地产商加杠杆，有一波较大的负收益，净资产就被消耗得差不多了。但万科问题不大，它的杠杆相对低，而且赚了那么多年钱，底子厚。

@ 不明真相的群众： "地拿反"或者拿地的节奏搞错了，长远来看基本是不可避免的。在这种情况下，杠杆率会决定这个"错"的后果。

@ 长安卫公： 我以前还不太理解多元化的危害，多元化相当于把两只手分到两边，四处开火。这几年看人人网、航美传媒、网秦移动、迅雷、乐视，好像都是从不看好自己的主业、多元化开始走向羸弱的。

@ 不明真相的群众： 大部分企业的"多元化"并不是"不看好自己的主业"，而是没有能力经营好自己的主业，所以觉得另搞一件事情也许会解决问题。但另一件事大概率也搞不好。所以，本质上是自身的能力问题，而不是事的问题，更不是多元化的问题。这跟人生碰上问题责怪原生家庭是一样的。

@ 梅溪客： 不过"恒碧万融"基本上不算"没能力经营好主业"才多元化的。

@ 不明真相的群众： 对，它们不属于这个情况。上次跟人聊起，说融创中国和中国恒大都搞了一把乐视，只有碧桂园聚焦于主业，然后那个人说碧桂园在搞机器人。

@ ny一： 除了高杠杆拿地节奏搞错，这种高杠杆率企业增速下降后，如行业萎缩，对企业的生存来说也是个问题。

@ 不明真相的群众： 这个属于全行业的问题，不是单一企业的问题，所以不属于这个讨论范围。

@ 用户5979397136： 房地产特别像养殖业：市场无法把握，但从长期看，这是一个养 10 年，亏 3 年、赚 7 年的生意，唯一的关键就是不择时，年年养，管理的技巧就是在市场不好的时候也能保住年年养的钱，以及找到便宜的饲料。

房产税：征收最大的困难在于中国的房子太贵

@ **s_crat**：方丈怎么看房产税呢？收房产税是为了增加国家税收还是稳定房价呢？如果在现有土地出让金的基础上再征一遍房产税，就相当于二次收税，提高了成本，在这种情况下，能否做到稳定房价？毕竟大开发商也就 10 个点的利润，再降房价，房地产公司就没利润了。或者说，这只是针对多套房的富人税，为的是减少囤房。如果算上征收成本，这种做法对提高税收的作用有多大？

@ **不明真相的群众**：（1）征收房产税的动机是什么？不确定，估计什么诉求都有。

（2）征收房产税能不能"稳定房价"？不好说，因为有很多征收房产税的国家和地区，房价并不是那么稳定。房产税如果能够稳定房价，那当然好，但如果造成房价较大幅度下跌，对宏观经济的影响会非常大。毕竟房产占居民资产净值的比例超过 70%，而且它是金融体系的主要抵押物。

（3）如果居民真的对房子这个商品有强劲的需求，房地产企业并不会因为房产税而没有利润，因为消费者会承担这个成本。

（4）对于税收的作用到底有多大，不好说，看税率和免征额度。征收最大的困难还是中国的房子太贵，而房子的现金流（房租）、房屋所有人的现金流（工资收入）与房子的市值不匹配，会出现很多人缴不起房产税的情况。比如，北京、上海、深圳，大量年收入二三十万元的人拥有的房产价值超过千万元，如果按1%征收，后果不堪设想。

@ **大锤发发发**：土地出让金是地产税，土地之上的钢筋水泥是房产税。你交的土地出让金是土地的钱，你在上面盖了房子，现在针对这部分房子收房产税，所以不是二次征税。因为土地是国家的，你只是租用70年，那不是你的财产，不能收税，但是上面的房子是你自己的，所以你要交财产税。

房产的投资价值：合理的租金回报率应该高于货币基金收益率

@ **日日破产**：方丈，您说过当下即便是一线城市房产的租金收入带来的现金流也太低，不存在投资价值。请问这种现象是从什么时候开始的呢？合理的租金回报率是多少？

@ **不明真相的群众**：我也不知道是从什么时候开始的。我觉得合理的租金回报率应该高于货币基金收益率。2005年之前，北京、上海的房租回报率应该在6%以上。

@ **StarringLu**：方丈，为什么您认为租金回报率低于货币基金收益率的核心城市的房产没有投资价值，而股息率低于货币基金收益率的核心蓝筹股就有投资价值呢？我觉得小股东都应该是用股息率折现法估值定价吧？

@ **不明真相的群众**：（1）房屋的租金是现金流的全部（还要扣除维护成本），而股票的现金流很大可能高于股息。（2）房屋租金的增长大致同步于居民人均可支配收入的增长，而某些上市公司的盈利有可能高于居民人均可支配收入的增长，当然也有可能相反。

@ **StarringLu**：对小股东来说，股息就是现金流的全部了。

@ **不明真相的群众**：这样考虑问题也没有什么不妥，会更加保守。保守的人能赚钱。

房产杠杆并不高，问题是资产价格上涨与收入增长不同步

@ **unite_zhao**：方丈，雪球上的房产投资客（或叫炒房客）都绝迹了吗？在现实生活中，炒房客是不是也绝迹了？

@ **不明真相的群众**：我认识一些买（投资）了多套房子的人，但不认识一个以炒房为职业的人，所以我不确定你说的情况。

@ **战战开荒**：确实，我的亲戚里也有囤很多房子的，不是炒，就是囤着。因为他们不知道投资什么，没有地方投资，他们认为炒股是赌博。

@ **unite_zhao**：买了很多房子的人，活得怎么样？他们也在每天想办法如何还贷吗？

@ **不明真相的群众**：他们活得挺好。杠杆率没有想象中的那么高。

@ **唐壮壮**：20% 的首付，那就是 4 倍杠杆……

@ **不明真相的群众**：你不能从这个角度看杠杆率。如果早年开始买，有多套房的人通常已经为有的房子付完了全款。现在买多套房，根本不可能首付 20%。

关于整体杠杆率，你可以看房贷总额、房产总值和居民储蓄余额之间的关系。我记得有机构统计，中国城市居民户均资产在 160 万元左右，户均负债在 10 万元左右。

@ **高望村东头 004 号**：方丈说的统计，我带队负责过其中一个地级市的调查。我的体会是，2015 年之前买房的，杠杆率降得

差不多了，很多人表示房贷压力不大。最难的是 2015—2017 年这拨高点买房的人，房价高点加上经济下行。几十年后回头看，2015—2017 年房价的这波上涨对中国社会结构的方方面面有着深远的影响。

@ **不明真相的群众：** 在很大程度上，泡沫是靠收入增长消除的。从这个角度看，时点并不重要。

但麻烦的是，资产价格上涨与收入增长并不同步。比如，现在中国人均收入是美国的六分之一左右，理论上，不排除将来赶上美国的水平，但房价已经提前达到美国水平了。

房价与消费：问题不在月供多少，而在房价涨跌

@ **陆家嘴费雪：** 我闺蜜和她老公 2016 年在上海普陀区买了一套房，132 平方米当时的价格是 1 200 万元，今年同小区同户型的成交价只有 1 060 万元。她自从买了房，每天来找我诉苦。本来小夫妻每个月收入加起来 3 万多元，可以说能在上海活得很舒服。但现在 2 万多元要交房贷，只能节衣缩食。请问方丈，这个资产价值上涨是促进消费了还是打击消费了？

@ **不明真相的群众：** 如果房价涨到 2 000 万元，那肯定会促进消费；如果房价下跌，那肯定会导致消费萎缩。

@ **陆家嘴费雪：** 问题是她找我诉苦不是为了房价涨跌，自住的跌了又如何？涨了也不会变现。她诉苦的是每个月都要按时交给银行 2 万多元，银行又不会管房价是跌了还是涨了，不会少收你一分。本来一家人可以每月消费 3 万多元，现在买了房子，一家人只能消费 1 万多元，请问方丈，这是促进消费了还是打击消费了？

@ **不明真相的群众**：我敢打赌，如果房价涨到2 000万元，不但她不会向你诉苦，她家庭的资金流动性问题也能很好地解决。主要问题是房价下跌了。过度的杠杆很危险，但如果资产价格上涨，这种危险就会被稀释，而资产价格下跌的话，杠杆风险会被放大和暴露。遗憾的是，这个世界上很少有价格不波动（永远不下跌）的资产，尤其是需要收益率在一定的水平之上。

房地产不是货币超发"蓄水池"，而是"水龙头"

@ **积七西**：一家日本媒体提出过如下观点："如果一个国家的房价暴涨，理论上最终可以把全世界都买下来，但这显然是荒谬的。货币超发导致房价暴涨后有两种结果：一种是日本模式，房价跌回去；另一种是俄罗斯模式，房价永远涨，汇率一直跌。在日本模式下，银行受损，但是货币的购买力上升，持有现金可以保值；而在俄罗斯模式下，银行资产无恙，但是货币的购买力受损，必须持有抗通胀的实物资产。"这段话是否有事实或者逻辑上的错误？

@ **不明真相的群众**："货币超发导致房价暴涨"就是一个完全错误的说法，简单来说是因果搞反了，是房价暴涨一定会导致货币总量增加。这个前提都是错误的，后面的推论就没有任何意义了。

@ **独角兽2235**：那房价暴涨的真正原因是什么，方丈可以再普及一下吗？我以前还真觉得是因为货币超发，又流通不到实体经济，从而吹起了房价的泡沫。

@ **不明真相的群众**：房价上涨是多种因素综合作用的结果，主要原因有两个。（1）居民收入上涨。虽然在过去的十多年里中国房价上涨幅度比较大，但从长期来看跟人均可支配收入上涨大体一致。各国的情况大体一致，经济快速发展阶段一定会有房产牛市。(2)房价上涨形成长期正常的社会现象后，会有两种力量使房产购买的需求爆发式增长：基于居住需求（所谓刚需），担心买不起房，所以提前买房（中国居民拥有第一套住房的平均年龄远低于大多数国家）、超杠杆买房；基于房价上涨形成的财富效应，投资性购买。这两种需求叠加，而房子供应的弹性远远没有需求爆发的弹性大，这时房价就会以远超居民可支配收入和房租支出增速的速度上涨。

@ **守拙待象**：近 30 年日本的房价是什么情况？日元在持续增值。

@ **不明真相的群众**：近 30 年，日本房价不涨，货币持续增值。

在事实层面，日本经济增速放缓，资产价格泡沫破灭后，利息很低，政府为了刺激经济带头借贷，甚至鼓励外国人来借贷，这在某种程度上可以说是货币超发。但企业和居民的借贷意愿一直不强，哪怕利息很低，哪怕东京的房子出租回报率超过 5%。

在认知层面，货币超发而房价不涨，说明货币发行量与房价上涨之间的关系不是"货币超发造成房价上涨"那样简单。

日本房价下跌是正常的资产价格泡沫破灭。俄罗斯的卢布贬值主要是因为石油价格下跌，这么多年来，俄罗斯还是主要靠卖石油，但石油价格经常巨幅波动，2014 年下半年就跌了一半。

@ **以愚困智**：方丈，目前中国有两大资金的蓄水池，一个是楼市，另一个是股市，大量的超发货币都储在这两个"蓄水池"里。想请方丈详细谈谈货币超发"蓄水池"。

@ **不明真相的群众**："蓄水池"的说法是完全错误的。是借贷产生货币，人在购买资产的过程中动用杠杆，就产生了货币。房产是最主流的抵押物。所以，楼市是货币的主要"水龙头"。

@ 散户乙： 方丈，您说的是增发的货币，房地产是"水龙头"，并不是"蓄水池"。但是，如果是老百姓手里的货币由银行存款变为了房子，是不是也可以理解为房地产成了"蓄水池"？

@ 不明真相的群众： 银行存款并不会变成房子，它还是货币，只是从购房者手中到了开发商手中，开发商又把它存进银行，银行又把它贷出去。

@ 醉翁山水： 所以，有些大V说"房地产这个'蓄水池'不能继续用了，怎么储存这些货币呢？只能用股市这个'蓄水池'"，这种说法也是错误的？

@ 不明真相的群众： 完全是胡扯的，表现了他们期望别人来股市帮他"抬轿子"的良好愿望。

@ Silverghost： 我觉得以投资为目的的不动产和权益类资产之间是有跷跷板效应的。

@ 不明真相的群众： 我觉得这种想法只考虑了投资者的偏好和选择这一层面，还有其他很多层面。

（1）资产价格（比如房产）上涨的时候，对消费有促进作用，所以对上市公司的业绩有一定推动作用。而公司业绩好会使股票这类资产的投资吸引力有所提升。

（2）资产价格（比如房产）下跌的时候，不但消费会萎缩，影响上市公司业绩，而且居民和企业因为抵押物价格下跌，会被迫降杠杆，造成可用的货币减少，即所谓的通缩。

总的来说，关系很复杂，很难把握。

第五辑
世风——行业与公司

独乐乐不如众乐乐[①]
——我对长视频、短视频、直播类公司的看法

2018年年初,中概股中最大的新闻毋庸置疑就是中国最大的互联网视频网站之一爱奇艺在美股上市了。今年,视频类公司越发强势,不断刷新投资者的眼球。雪球一直对视频行业给予高度关注,我将分别从视频行业的发展过程、用户需求、行业优势、商业模式、市场体量等角度来谈谈我对视频行业的理解。

视频公司商业模式演进史

视频行业的鼻祖是YouTube(油管),它最早是搞短视频的,短视频主要由用户拍摄上传,叫UGC(用户原创内容)。为什么YouTube能搞起来这个事情?美国人在录像机时代就有拍搞笑短视频的习惯,很多人喜欢搞这个,等于是有一批创作者,然后就

---
① 内容源自界面2018年3月的采访及雪球聊天互动内容。——编者注

发展壮大。

这种说法传入中国以后，大家最开始时也想搞这个，之后发现碰上了如下问题。

（1）并没有那么多拍摄者上传视频。你想，用摄像机、DV（数码摄像机）拍，拍了回去剪辑，这本身就是一个门槛很高的事情。

（2）视频千奇百怪，当时互联网上的商业模式是在上面放贴片广告，这个不成立，因为没有厂商愿意在一段品相不可控的视频上放广告。

所以，一是上传视频需求和硬件条件不存在，二是贴片广告不成立，这让整个行业陷入了困顿。陷入困顿后，大家找出路，最后得出结论：只有长视频的用户需求和商业模式才是成立的。用户最大的需求是看电视剧，在电视剧里放贴片广告，在电视台已经验证无数次，只要搬过来就行，所以大家纷纷搞长视频＋贴片广告的商业模式。

在那之后，用户需求满足了，但又碰上两个问题。一是因为长视频的供应方很有限，在很长一段时间里做长视频的公司比供应商还多，导致价格倒挂，你去求着人家拍给你，采购成本很高。二是用户随着产品走，没有任何一家公司说自己能够把所有的剧买下来，如果你不能把所有的剧买下来，客户就会乱跑，你买了这部剧的时候人家来这儿看，没有这部剧的时候人家就不来这儿看，这就变成了一个简单的商业模式。这相当于，我有钱的时候买一部作品，火了，卖了点儿广告，但最后一算，毛利是负的，卖广告的钱还不够买版权的。

然后大家就陷入了非常大的困境里，最主要的问题是没有任何一家公司能把所有视频全买光。这样的公司肯定最厉害，它有定价权，但没有任何一家能做到，最后就陷入了旷日持久的消耗。客户确实有需求，但你又消灭不了竞争，这样导致行业持续亏损，又因为有用户需求在，所以行业持续融资。

就在这个过程中，又发生了两件事。

（1）手机取代了PC。这大概是2010年之后的事情，手机取代PC成为用户主要的终端，无论是发布、拍摄，还是观看；网速有了巨大提升，这时候，用户拍短视频上传比过去用DV拍下来再剪辑上传，便利性提升了一万倍，因为终端发生了变化。

（2）这个过程中出现了信息流广告，不是贴片广告，而是信息流广告，往里掺广告，你不要把它贴在短视频后面，以及直播这种商业模式。结果短视频这个东西又全部冒出来了。短视频和长视频有巨大的区别，短视频是依赖于所有用户的上传，而不是少数供应商。所有用户上传的目的就是要别的人看到，所以就存在一种规模效应。如果你能做到最大，其实本质上你是可以消灭竞争的，这相比长视频有巨大的优势，或者说短视频有一定程度的规模效应或垄断效应了。这个过程中，快手崛起了，抖音出现了，我觉得只有快手和抖音上的用户足够多，才会有更多人看，后面的商业模式——多人打赏也出现了，两个方面形成了规模效应，结果短视频弯道超车，又杀回来了，而且最后它的商业模式比长视频好得多。现在长视频做得最优秀的爱奇艺很痛苦，快手、抖音却好得很。

短视频为何能够崛起

回过头来说短视频为什么现在会崛起，主要原因在于短视频是人类社会到目前为止门槛最低的媒介。我们从媒介属性上来对比下文字、电影与短视频。

首先是文字这种媒介。中国还有很多人不识字呢，但短视频看得懂吧？很多人看不懂文字，更多人是没耐心看，写一篇500字以上的文章有几个人有耐心看？没人看。

其次是电影这种媒介。要下决心看一部两个小时以上的电影对大家都是一个非常大的挑战。你要下决心，还得老老实实在那儿坐两个小时，而大部分人没这个耐心。

最后是短视频，它的好处有：视频这个媒介谁都看得懂，没有门槛；随时随地可以看，退出机制非常灵活。所以，它一下子就成了人类社会目前为止门槛最低的媒介，这样就一下引爆了用户需求。全国电影一年500亿元的票房，我们以25元一张票来算，全国人看了多少场电影？这样算下来，人均一年大概看了两部电影。但人们一年可不知道要看多少支短视频啊，所以这是一场爆炸。

点播是在这个基础上的业务模式，目前看不出大家会不点播、不打赏的任何迹象，看见好看的打赏一下，这是人类社会几千年以来从来没消失过的事情，这是消费降级。

直播红利期并未结束

直播非常大地依赖于手机，手机取代了电脑终端以及浏览终端。它有规模效应，因为只有越多主播才有越多观众，有了越多观众就有越多主播。规模效应的意思是它能够通过规模消灭竞争。所以做直播的公司赚得盆满钵满。已经上市的YY和陌陌一直在增长，快手和抖音也一直在增长。类似UGC的快手、抖音这种平台，发展都是持续性的。直播本身是个工具，但在直播上形成商业模式的就会是一个平台，关于它们背后的商业模式，打赏是最好的方式。

这里有一个特例，就是映客，映客的相关资料显示核心数据在下滑，但它不是直播这个行业的问题，而是它的用户获取方式的问题。映客没有自己获取客户的办法，它的客户都是靠投放去买的。这样的商业模式有个巨大的问题，你没有客户，要靠投放去买，那你就必须得有卖点，通过广告获取，卖点只能是少数的明星主播。但直播这个模式一旦走入少数明星主播的模式，你的平台就垮了，因为头部主播要把大部分钱拿走。

另外，直播只有完全长尾化，有无数的主播进驻，这个平台才有价值，这是它自身商业模式的问题、运营的问题，和这个行业没有关系。反过来看同样是秀场直播的陌陌，它对头部主播的依赖度非常小。你自己去陌陌上看，大部分房间平时同时在线人数只有百来号人。以前的快手，平均主播收入是多少？10元。这是极其长尾化的，它通过长尾化达到了一个效果：用户需求也是千奇百怪的，你搞不清楚用户会喜欢什么，所以要通过无数人来生产，通过算法的匹配实现多样化。同时直播业务的本质其实是陪聊，并不是歌唱得多好听、舞跳得多好，本质上是主播跟你聊天，但一定只有长尾化的主播才可以做到。如果我的直播观众有10万人，我怎么聊？聊不了！如果我的房间里有100个人，我就可以聊，然后可能有10个人、8个人与我聊得比较深，这样才是能够持续运行的生态。

跟斗鱼、虎牙直播这种偏游戏直播不同，游戏直播的问题在于它是头部化的。如果是头部化的，平台就比较难挣钱。秀场直播有可能凭借用户后续实现垄断，至少是规模效应。

另外，对于行业政策风险，我认为风险很小。姑娘唱个歌，小伙子打个赏，这是很健康的娱乐。除了一些个案，总体上来说这个模式不伤风败俗，不具社会危害性，很健康。

打赏商业模式优于广告商业模式

广告这个商业模式跟打赏根本没法儿比，广告的意思是什么呢？

首先，违背客户的意图。我要看这个姑娘唱歌，你过来说奥迪汽车好，这本身跟我的意图冲突。其次，转化率低。商家希望通过转变场景影响我的购买决策，今天你给我放汽车广告，也许我今年并不想买汽车，明后年才买，你指望这个时候就改变我的投资决策，你说这个转化率有多低？

所以，最好的商业模式就是你提供服务，我打赏这个服务。你看用户付费模式，一款10万人同时在线的游戏就可以支撑一家上市公司，但一个10万人浏览的媒体几乎没有价值，两个商业模式的价值完全不在一个层次上，需要转换场景的广告是最差的商业模式。

反过来看上市公司的报表，YY从2012年上市到现在，年年增长，后劲很足。

短视频与直播平台不存在直接竞争

短视频平台和直播平台之间不太存在竞争。直播平台本质上是陪聊，而短视频主要是让观众看，这个事情还是不一样的，但短视频平台也可以做直播。整体上，它们之间的竞争不明显，总体上是一个新增的巨大的增量市场，大家各自做各自的。

另外，这两个行业相比，短视频规模更大。因为聊天是有门槛的，首先你不知道怎么跟人家聊，其次人家不一定跟你聊，所以有门槛，而观看是没有任何门槛的。但直播是直接的商业模式，短视频并不是直接的商业模式，需要加信息流广告，所以可以认为短视频规模更大。

@ **功夫雯雯**：并不单纯是门槛问题，德国和美国的短视频都不行，这可能跟中国网民结构和文化习惯的关系更大。中国网民中受过高等教育的只有11%，其他89%的主流网民需求过去并没有得到很好的满足。其实近期崛起的快手、抖音、拼多多等本质是满足了这部分主流互联网用户的需求，细分了用户群。我开个脑洞，将来如果有很火的老年网民App也不奇怪。

@ **不明真相的群众**：这就是门槛啊。不考虑供给端，单纯从需求端分析，短视频的需求基础：（1）短，对应的是人性里没有耐心这一点，长的视频就难做很多；（2）视频，对应的是人性里懒（看文字太费劲）、笨（看不懂文字）、贪（视频对感官的刺激比文字强）。

@ **功夫雯雯**：方丈，我认同有一定的传播形式门槛，但它不是关键要素，根本上还是客户群细分和文化习惯问题。你可以让你的战略部做个雪球用户分析，我猜雪球用户和快手、抖音、拼多多App的重合度应该比平均水平低。

　　我其实想说的是：方丈，你的天花板快到了，雪球的新增长点可以来自那89%的用户，而不是横向做表现或者等待下一波牛市的韭菜，这是个战略和策略选择。

@ **不明真相的群众**：89%肯定比11%大，但是完全不能得出11%的人群的需求有什么不同这个结论，抖音的崛起已经证伪了。每天跟我同乘一部电梯的人，大部分可以归入11%的人群，他们的需求没什么不同。

UGC 互联网公司：用供应的多元化满足需求的个性化

@ 刘志超： 请教方丈，许多以 UGC 为主的产品并未由于用户长期抵押的"虚拟资产"而逃过式微/破产的命运，如人人和 ChinaRen（搜狐旗下华人最大的青年社区），而且很多以 UGC 为主的产品虽然拥有过较大的用户规模和影响力，却始终未获得较高估值，如天涯和豆瓣。反倒在资本市场获得最高估值的中国互联网公司并没有（一度没有）UGC 的版块，如阿里巴巴和网易。请问，在评判互联网公司的投资价值时，UGC 的权重是不是没那么重要？

@ 不明真相的群众： 首先，从狭义的媒体内容而言，显然 UGC 的社交媒体比传统的纸媒、电视有价值得多，也比基于 PGC（专业生产内容）的门户网站有价值得多。你看现在微博估值都超过 100 亿美元了，这是传统门户网站无法想象的。

其次，从广义的内容而言，你可以理解，淘宝让无牌照的网店取代了传统的线下商店，滴滴让无牌照的社会司机取代了传统的出租车司机，你现在热衷的直播，本质上是让那些还没有成名的主播取代了传统的品牌艺人。这些供应方都有强烈的 UGC 特征：打破传统的职业门槛，数量爆炸，用供应的多元化满足需求的个性化，从而打开一个巨大的长尾市场。

最后，人人、天涯、豆瓣的问题，一方面是功能被更好的产品取代了，另一方面是其所供应内容的商业价值不高。

特斯拉：人工智能的最大商业应用

@ 玩石： @李想 您认为特斯拉的产能、销量和利润极限是什么？

@ **李想**：我觉得特斯拉的市值可以到 3 000 亿美元。自动驾驶大规模普及后就更有意思了。自动驾驶的智能电动车将是人工智能的最大商业应用，所以现在还看空特斯拉基本上是眼瞎了。

我也一直以为传统汽车领域醒悟过来可以快速超过特斯拉，但是在电动化和自动驾驶方面，我感觉已经产生纬度上的差异。传统汽车还是诺基亚搞 Symbian（塞班）的方式，特斯拉已经迈入 iOS（苹果公司的移动操作系统）了。

@ **不明真相的群众**：你觉得最可能导致特斯拉失败的原因是什么？

@ **李想**：至少在美国，市值最高的那些公司都专心搞一家公司，比较专一，所以马斯克的精力是最大的问题，杰出的公司还是老大决定的，这个问题在美国更为严重。

@ **不明真相的群众**：我上次在斯坦福大学听到一个说法，说现在马斯克已经是特斯拉发展的最大障碍，因为现在特斯拉已经度过了靠科学上的摸索找方向的阶段，进入了靠商业经验做规模的阶段，马斯克的个性不适合做商业阶段。对这个说法，你怎么看？

@ **李想**：我的看法是别听专家的。

@ **重度神经病患者**：特斯拉的问题还在于没有可借鉴的先例，无论是技术实现还是商业运作。苹果手机的成果并不是拔地而起的，而是基于 PC（计算机）上的最佳实践和商业探索。特斯拉无疑会遇到挫折，但到底是什么挫折，就要等待时间给出答案。

@ **B2C 的本质和想象**：特斯拉不是苹果，我不认为特斯拉对汽车的革命性比得上苹果对手机的革命性，甚至差很远。苹果让诺基亚的通话成了智能手机的一个小功能，实现了功能全覆盖。诺基亚是手持通话设备，苹果是具有通话功能的手持计算机，本质的不同。而特斯拉和宝马的功能还是一样，都是代步工具，都还是汽车，动力源不同而已。至于自动驾驶——智能体验，特斯拉可以做到的，宝马也可以增加。

这种革命类似于智能电视对传统电视的革命，传统电视品牌也都智能了，并没有大规模倒闭。只是有几个彻底的智能电视品牌加入市场，在智能方面做得更好而已。本质还是一样，都是电视。

未来的汽车，必定是电动的

@ **我的名字去哪里了**：方丈，为什么现在各个国家都在推广新能源汽车？回望汽车发展史，早在福特的少年时代，实验室里的汽车主流是电动的，烧油的是另外一个分支，后来因为其强劲的动力，福特搞出了T型车，汽车时代迎来了大发展。那是什么变化导致我们要重回电动车的路子上去？我觉得环保说不通吧，电池的制造和废电池的处理对环境的污染不比烧汽油少吧。您觉得是什么原因呢？5~10年后，我们的世界会变成电动车的天下吗？

@ **不明真相的群众**：确实如你所说，汽车最早就是电动的，后来走到内燃机线路上，核心的原因是当时电池储能技术相比内燃机没有优势。100年过去了，发生了什么会导致汽车又走回电动的道路，就是电池储能技术的进步（尽管这个进步一直是缓慢的）。就以特斯拉为例，车本身携带的电池续航里程已经可以达到400~600公里的量级，跟燃油车完全在一个量级上。

一旦续航里程达到与燃油车一个量级，电动车的其他优势就会排山倒海般地爆发：（1）从驾驶体验来说，电驱动的核心优势是提速快，这也是汽车性能的最核心指标，量产的特斯拉P100D的百公里加速时间可以达到3秒左右，这可是顶级的燃油跑车的水平，所以电动车给驾驶体验带来了一个巨大的提升；（2）从制造工艺角度看，电动车因为没有发动机，没有传动系统，车身结构简单很多，制造工艺也会简单很多，所以电动车对汽车制造业的效率也将会是一个巨大的提升；（3）从能效的角度看，因为没有燃烧和传动过程中的巨大消耗（燃油车的能量使用率不到30%），电动车也给能源效率带来了一个巨大的提升。以特斯拉S为例，2.5吨的车身，每公里电耗低于0.2度，如果按0.5元每度电计算，每公里耗电不到0.1元，而同样级别的燃油车的燃油成本都得在1元以上；（4）以更长远的眼光看，电动车把汽车极度简化了，为自动驾驶提供了更优质、更可控的底层功能，所以将来自动驾驶的汽车一定是电驱动的。

任何商业模式从 PC 端搬到手机端，商业价值都会增长 10 倍

@ **不明真相的群众**：现在回头看，还是低估移动互联网了，任何商业模式从 PC 端搬到手机端，商业价值都将大爆发。

@ **shanghai_tyj**：移动互联网比 PC 互联网爆发得厉害的内在逻辑在哪里？求解惑。

@ **不明真相的群众**：你每天看手机的时间多还是看 PC 的时间多？

其实不只是在线时间的问题，还有：（1）手机屏幕小，注意力更加集中；（2）手机里有个性化信息，可以定位，可以推送，用户比较容易被准确命中、唤醒；（3）手机支付更便捷！

我简单粗暴地判断：任何商业模式从 PC 端搬到手机端，商业价值都会增长 10 倍。

发展最好的公司是老板实际很牛，但又不觉得自己牛

@ **无声的中国：** 现在（2017年5月）开始持有腾讯控股（00700）5年，预期收益怎么样？

@ **不明真相的群众：** 不知道，估计两三倍吧。腾讯市值最终一定能超1万亿美元。

@ **qwer 惠星：** 方丈你疯了吗！能讲讲这么疯狂的逻辑吗？

@ **不明真相的群众：** 一家公司上市以来市值涨了近300倍，为什么说它再涨3倍就是疯狂呢？为什么会刚好在现在止步不前呢？

@ **qwer 惠星：** 要是说亚马逊市值将来到1万亿美元，我还觉得有可能，但是腾讯和亚马逊的差距还是很明显的，马化腾是很牛，但他和贝佐斯完全不在一档啊。

@ **不明真相的群众：** 如果一个业务需要老板很牛，我觉得是很危险的。最好是业务不需要老板很牛：老板实际神通广大，但又不觉得自己如此。

幼儿园生意不好做，优秀运营团队太难找

@ **不明真相的群众：** 幼儿园经营机构利润率提升的主要困难是什么？规模扩张的主要制约因素是什么？ @ 蓝鲸教育

@ **蓝鲸教育：** 先回答您的第二个问题，扩张的主要制约因素是缺人，缺优秀的幼教运营管理团队。资金、政府关系方面都不构成幼儿园扩张的核心阻碍因素，投资领域声名显赫的高瓴资本、鼎晖投资、九鼎投资、当代集团等，不为资金犯愁，都在主导幼儿园整合，甚至有省级政府引导的基金都在寻找有扩张速度的幼儿

园。这些不缺钱也不缺各方面资源的机构，它们的扩张是收购已有证照的幼教机构，直接跳过政策阻碍，但都缺人——缺少精兵强将接管这些幼儿园，以维持自身品牌的服务与盈利水平。

如果是个人及其家族出于情怀办幼儿园，适可而止，不会存在规模化扩张的需求。否则，且不说各项审批周期的漫长，随着规模扩大，其所投入的精力、资源等成本与收益远远不成正比。

如今的机构愿意高成本投入幼教，在持续获得现金流的过程中，最终都是导向更快获得品牌溢价，并待在二级市场变现。从一级市场到二级市场，这中间的价差收益远高于幼教资产多年运营的利润。

所以各幼教投资机构考虑的核心问题是，怎样不断聚拢并留住高层次、懂幼教的团队，我们所能看到的业绩对赌、股票期权也只是这种绑定的表象。在完成一个又一个顶尖团队的搭建后，才能进行一批又一批幼儿园的扩张，否则必将以牺牲品牌估值为代价。

所以，幼教投资机构能做的就是：（1）买下擅长幼教运营的人才所属的幼教机构，将其绑定在职位上并给其资金继续扩大规模，未来给予更大的升职空间；（2）直接招揽优秀人才，派到新收购的园所做管理。

当然，这些都是基于高利润的直营幼儿园展开的讨论。那加盟园呢？以已登陆新三板的一家知名幼教品牌为例，其目前有近500家加盟园，直营园才起步，我们可以看到它的整体毛利率接近50%。尽管如此，在上半年2 500万元的营收状态下仍然只有薄利，因此当前的估值仅4亿多元。

所以，我们可以回答第一个问题了。提升幼教机构的利润率最快速的方式就是增加加盟园，多收取加盟费。利润率较低的机构绝大多数都是重度运营的直营园。

那应该怎么解释直营园的低毛利情况？一方面，需要理解教育培训行业的平均年度利润率仅在10%左右，向上存在天花板，还是因为前文所说，幼教经营均以人为核心，服务难以标准化，且人员流动性大，由此带来的人力成本高企是行业长期难解决的痛点；另一方面，幼教行业营销成本通常占比不高，但对处于品牌扩张期的品牌和园所来说，为保证学生续班率与增长率，仍然会有较大的开支，况且营销正是上文所说的打造品牌溢价的重要手段。同时，地段所决定的房租成本与园所利用率之间是存在矛盾的，学费涨幅也和续班率息息相关，涨学费带来的利润空间十分有限。

也就是说，在好地段高价租下的场地会让一所幼儿园更快达到理想的利用率，但也很可能陷入低续班率、高营销成本的困境；非重点地段的房租低、营销成本低，但提高学员数量以减少浪费的过程将十分缓慢。话说回来，考虑到对于教师薪酬、服务质量与成本投入的平衡，这些都需要高薪聘请（或激励）的幼教管理者来审慎决策，并且在品牌内实现统一的管理降低成本，但造成低利润率的各种矛盾仍将长期存在。

@FUBY-波波百年老店： 我有个不太恰当的比喻。幼儿教育行业就像水泥行业或者畜牧养殖业，第一有向周边辐射影响能力的限制，第二很难形成规模经济。

我是一个父亲，为人父母，当然想送小孩去好的幼儿园，但是综合考虑后还是选择就近入学，因为远距离上学的时间成本太高了。想想每天送小孩上学，然后自己还要去上班，这是每天都要做的，幼儿园如果距离上班地点太远，我是不太考虑的，除非家里有人专职做家庭主妇（家庭煮夫）或者全寄宿（有几个父母会这样做）。所以，幼儿园是有辐射圈的，影响范围有限，想扩大影响范围怎么办？只能到另外一个片区开一家新分园。

那能不能通过校车接送解决辐射圈问题？不能，3~6岁的幼儿，其他人不知道，我作为家长，我是一定要亲自把他送到幼儿园、亲自交到班里老师那里才放心去上班的。

所以，这就引出了第二个问题——规模经济。幼儿园很难做到规模经济，辐射能力有限，做大规模并不能显著增加生源，想扩大生源只有靠开分园。开分园又要重新建设场地，投入租金、设备、师资，这又是一大笔支出。

另外一个难以做到规模经济的是，师生比例也是个限值，学生多了，自然要增加老师、增加教室、增加设备，不增加师资设备，势必降低教学质量，家长就不干了。

或许，用农林牧渔行业的观点看幼儿教育经济会明了些。

@ 大菊观123：幼儿园的利润率不低了，而且现金流极好。核心矛盾在于盈利模式单一，直营模式利润率很高，但扩张速度很慢，对资金和人才要求较高。连锁模式扩张速度快，但利润率低，完全靠加盟费与卖教材赢利。规模扩张核心制约因素在于土地（好的办学地址，很多地产进军幼教领域，有天然的优势）、资金（新开园单园投资500万元以上）、资质（各地政府审批难）。

@ simplify：财新网记者报道，早期投资人退出时回报率均不高。投资单体幼儿园和连锁幼儿园没有区别，因为幼儿园无法跨地形成协同，规模效应不明显。幼儿园的品牌与单体幼儿园的管理能力没有直接联系，加盟店的品质控制难以量化，也难以产品化。

从成本结构看，由于二三线城市缺少教师资源，成本可能比大城市高。

@ **不明真相的群众：** 幼儿园不是好生意。为什么？（1）家长的期待与园方能提供的服务之间永远存在巨大的差距；（2）园方的管理意图与教师的实际操作之间永远存在巨大的差距；（3）可以标准化、规模化的地方很少，企业的价值有限；（4）房租和教师工资成本永远在上升，收费标准却受各种因素的影响，不容易提升；（5）安全与责任方面的巨大风险与极低的利润率完全不匹配。

招商银行和贵州茅台：市值差不太多，其实根本不同

@ **zhouke：** 招商银行（600036）号称"中国的富国银行"，它的市值天花板能有多高？与贵州茅台（600519）的市值相比是便宜还是贵？

@ **不明真相的群众：** 理论上来说，对于大部分公司，市场份额有天花板（受制于竞争），利润率有天花板（受制于竞争），但市值是没有天花板的，因为人类社会的GDP一直在增长。这就是我经常说的：股市的本质规律并不是波动，而是永远上涨。

具体到您说的这两家公司，市值差不太多，贵州茅台的估值比招商银行高很多，但这也不能说明什么，因为两家公司的业务性质非常不同：招商银行从事的是高杠杆行业，而贵州茅台从事的是无杠杆行业，这意味着挣同样的钱，招商银行要冒更大的风险；招商银行从事的是高度竞争的行业，对经营管理能力要求很高，而贵州茅台在品牌上有垄断性的优势，对经营管理能力要求

很低，这意味着挣同样的钱，招商银行需要付出更多的心血。

@ **顿牛**：显然，茅台已经透支了未来数年的增长。方丈说茅台未来的增长方式是"有更多人喝得起茅台"，我严重不同意。茅台的核心竞争力恰恰是"绝大部分人喝不起"，所以它的增长方式就是不断控制产量、不断涨价，我认为只靠这个速度，难以维持30多倍的PE（市盈率）。

@ **不明真相的群众**："有更多人喝得起茅台"，这个事情已经发生了，因为从茅台上一次提价到现在，国民收入一直在以8%以上的速度增长，所以现在才会出现买不到茅台的情况。

@ **宁静的冬日M**：贵州茅台2016年的净利润只有167亿元，招商银行有620亿元净利润，两家公司的市值却相当，这没错。但也要看到，贵州茅台经营着1 200亿元的资产就赚了167亿元，这1 200亿元中约有800亿元是自己的，其余部分也不用付息。而招商银行经营着6万亿元的资产才赚了620亿元，其中只有约4 000亿元是自己的，其余5万多亿元必须付息。

生意这个东西，首先应该考虑的可能不是未来越来越好、每年增长20%会怎么样，而是如果不太好会怎么样？

贵州茅台最大的风险是未来人们在高端酒的偏好上发生变化，如果把范围放到更大的历史阶段而不仅仅是过去十来年，我们就会发现这种变化其实非常常见。然而在这种背景下，贵州茅台的风险有多大呢？它顶多从现在的第一高端酒掉到第三、第四，大概率不会从这个阵营里消失——就跟过去30年的泸州老窖一样。这是它的特点所决定的。

而招商银行最大的风险是遇到经济衰退，大量贷款违约——这时负债端的利息依然要负担。同样，只要时间范围够大，经济衰退也是必然要经历的（我个人认为投资者不应该假设自己具有能判断哪个时点会出现金融危机的能力，就像不应该假设自己有判断牛市见顶或熊市见底的能力一样。同时也不应该忧心忡忡，该经历的都要经历，说不定有些危机你早就经历过了，只是不同国家的叫法不同，比如20世纪90年代后期，有些叫"危机"，有些叫"软着陆"）。在这种背景下招商银行的风险有多大呢？这就很难估计，比较确定的是它大概率会在政府的救助下不破产，不过这丝毫不代表原有股东的权益不会受到重大影响。这也是它的特点所决定的。

讲这个不是为了说明现在投资贵州茅台比招商银行好（二者的估值差异有可能正好已经反映其背后的风险差异，也有可能会有比较大的偏差），而是想说明这两家公司有特点完全不同的业务，简单用利润或利润的增长来对比毫无意义。

中外互联网公司的较量：子目录打不赢根目录

@ **在杭州开股东大会：** 为什么中国的互联网巨头难以走向世界，美国的互联网巨头也难以赢得中国市场，比如Facebook、阿里巴巴、腾讯、谷歌、亚马逊、百度。政策壁垒应该不是决定的理由，比如我们对亚马逊可没有设政策壁垒啊，它还是没办法打赢京东。

@ **不明真相的群众：** 我倾向于认为：（1）全球互联网巨头在中国都打不过中国本土互联网公司，一方面是因为中国互联网公司的创新能力和运营能力已经非常强，另一方面是这些业务对中国本土互联网公司来说是根目录，对全球互联网公司来说是子目录，即

第二部　世风日上

便公司竞争力在同一层次，子目录也打不赢根目录。（2）中国互联网巨头如果打入全球市场，那么面临的情况就是相反的，而且语言、文化等方面的差异会加大这种难度。

@ **炒菜不炒股**：方丈，关于微信，我一直有个疑问。微信刚面世的时候，我是排斥使用的，因为在我看来这玩意儿和手机 QQ 没有本质区别，干吗要安装一个重复的 App？尽管由于所谓的自我实现，我被迫上船，但我始终没理解微信和手机 QQ 的本质差异在哪儿？难道仅仅是因为多了个通讯录导入功能？

@ **不明真相的群众**：微信和手机 QQ 在功能上没有本质区别，但是 QQ 在品牌上有瑕疵，就是其用户被定义为"三低人群"。这个定义的形成有复杂的历史，是否准确也有争议，但确实因为这个定义，手机 QQ 没能成功锁定全部人群，有一些用户就是拒绝使用，而这些用户在话语权、收入方面还占有优势。微信这个品牌一出，就成功地把这批用户收入麾下，从此，腾讯的用户就几乎是全部中国人了。

@ **billxuj**：微信从"实名＋熟人信息沟通"开始，QQ 从"匿名＋陌生人社交"开始。

@ **发球哥**：微信最大的特点是手机号码和 QQ 号码都可以捆绑。在那个发短信谈恋爱频繁的时代，这简直是一个福利。当时 QQ 没这个功能吧？而且张小龙把他做电子邮件客户端的好用的客户体验也应用于微信。其实中国移动非常可惜，飞信没有做好。如果当时飞信做得好，说不定现在中国移动又是另外一种情况。

@ **不明真相的群众**：飞信倒是永远不可能做好的。

@ **花葱头**：业内人证实：中国移动不可能做好。无他，产品导向问题。

@ **顿牛**：我和方丈看法不同，QQ 作为 PC 端软件多年，已经不单是一款社交软件，它承载了许多复杂的功能，移动端软件又天然不具备使用复杂功能的条件，这使得手机 QQ 在功能提供上和 QQ 有许多矛盾，不好平衡。这让腾讯有重新开发一款移动端原生社交软件的需求，微信就是基于这种需求被开发的。

微信和手机 QQ 的功能看似相似，却有几个核心的不同：首先是账号体系，基于手机号申请比基于 QQ 号申请更符合移动端；其次是 QQ 空间像是自己的一亩三分地，朋友圈则像是一个 BBS（网络论坛）；最后是微信基于工作的功能比 QQ 少得多。

微信诞生之前，对腾讯来说最重要的事情不是 QQ 覆盖的人群能否更大，而是在移动端能否重现 QQ 在 PC 端的辉煌，那一步如果走错了就会像现在的百度，关乎生死和行业地位。

@ **雄安证券**："还是得注册微信，毕竟 20 岁以上的'老人'只用微信。"00 后如是说。

树形目录的崩溃："小而尖"通常胜过"大而钝"

@ **不明真相的群众**：我曾经自认为是一个很善于管理文件的人。我每部计算机的硬盘上都有很多文件夹，分门别类保存着各种文件，这些文件夹被编成一个树形目录，大的文件夹套着小的文件夹，里面再套着更小的文件夹，看起来结构完美、逻辑清晰。所以我非常鄙视那些把什么文件都放在桌面上的人，怎一个乱字了得。

可悲的是，最后应该被鄙视的其实是我自己，因为每部计算机上的文件目录都只有一个命运，那就是彻底崩溃。目录总是越来越庞大，庞大到我自己都忘了创建过什么目录。为了放置我的新文件，我只好新建一个又一个文件夹，同时，一个同样的文件夹可能正在另一个目录下沉睡，我已经彻底把它忘了。更要命的是，我要找一个文件的时候，已经忘了怎样通过树形目录找到它的路径，只好启动文档搜索功能。

此时，这个树形目录不但已经不再完美，甚至已经丧失了规划之初的正常功能。早知如此，为什么当初不把文件乱放一气呢？

这个树形目录引发的崩溃和很多事情导致的崩溃是完全一样的，都是想搞一个最完美的体系，最后却搞成了一个最差的结果。

之所以这样，主要就是因为我犯了一个最容易犯的错误——自大，认为自己有能力判断所有事情的权重，厘清它们之间的关系，并且记住所有需要记住的信息，却忽略了懒惰、健忘、愚蠢、缺乏耐心这些人类的本性。

这个常犯的错误在人类历史上曾经酿成的灾难，我们不去说它也罢。现在要说的是，如果这些文件夹里不是一些死的文件，而是一些商业项目，又会有什么后果呢？

我以前在一家规模极大的门户网站工作，网站也是按照树形目录搭建的，大的网站下面有各种频道，频道下面有子频道，子频道下面有栏目，栏目下有子栏目，子栏目下有专题，专题里有文字、图片和视频。这样的网站令人肃然起敬，它也曾是相当长一段时间内网站的主要形态。

但工作一段时间之后，我发现这里面有很多问题。

首先，用户的需求结构好像和网站搭建的树形目录结构很不一样。比如，同一级目录的产品，用户需求的量级居然可以达到百倍的差距。再比如，我们把"股票"设为"财经"的子目录，把"NBA"（美国职业篮球联赛）设为"体育"的子目录，但是用户对"股票"的需求远大于对"财经"的需求，对"NBA"的需求也通常超过对"体育"的需求。以前我们在一个页面上设置一个情感类的栏目，这个栏目在导航上是没有入口的（因为层级很低），但是用户居然会自己去找这个栏目的列表页，导致该列表页的点击量遥遥领先。用户根本不会理会我们的树形目录，他会按自己的需求编辑目录，当然大部分人都只有一级目录，就是桌面文件夹。

过去用户的需求也是这样的，但是因为没有比树形目录更好的编辑查询办法，所以树形目录还能大行其道。如今，一个巨大的变化是搜索引擎、软件商店里的排行榜给了用户筛选碎片化服务最方便的入口，他们就不会再把树形目录当回事了。

其次，整个社会都已经不再是一个树形目录，而是一片自由竞争的碎片化丛林，也就是大家所说的市场经济。几乎每个有旺盛市场需求和广阔商业前景的领域都会被人发现，都会有专注于该领域的新创公司出现，这就是可怕的根目录竞争者。门户网站和垂直网站的竞争就很明显。现在，除了时事新闻、体育、娱乐，其他所有细分领域，与垂直网站相比，门户网站都很难说得上有优势。像IT、房产、汽车、游戏这些领域，垂直网站已经在扮演领跑者的角色，甚至这些领域又已经再度细分，比如二手车、二手房的细分网站都做得相当不错了。

这对消费者当然是巨大的福利，它也让我们反思，在被遗忘的子目录和子目录的子目录里，有多少用户需求和创新冲动被压制了。

对投资者来说，这个判断也是有价值的，就是要相信，"小而尖"通常胜过"大而钝"。对大而全的公司，我们要保持警惕；

第二部　世风日上

相反，如果找到一家在细分领域精耕细作且有优势的公司，那么恭喜你，你可能找到了市值翻 30 倍的机会。

　　补充一下，我觉得，在树形目录崩溃的过程中，有两个大的投资机会：（1）专注于一个细分领域，新创或者做大一个品类的优质公司；（2）给根目录创业公司提供基础服务，利用众多根目录打破原有科层结构的平台型公司。

@ **略懂哥**：以编辑意志进行分类的树状结构是会倒塌的，但是不代表小而美能战胜大而全的平台。平台一旦具备正确的产品逻辑与网络效应，完全可以实现垂直需求体验的极大化，而且这种垂直分类的粒度极小，体验远超垂直平台，比如淘宝、快手和今日头条。

@ **不明真相的群众**："平台"之所以强大，就是它打破了原来的目录体系，淘宝是典型。

@ **weald**：淘宝卖的是大都是"硬货"，主要功用明确，较容易归类到大众公认的门类，而计算机文件是"软货"，具体功用较多且因人而异。

@ **不明真相的群众**：淘宝的核心是这个突破：不事先决定谁来开商店，不事先决定卖什么，由顾客评价商店和商品。

如何评估企业家：首先看他是不是喜欢自拍

@ **破碎的天空 2**：方丈，从哪些方面可以看出管理层是否优秀、正直、有能力？能具体说说吗？

@ **不明真相的群众**：这就跟你评估你的一个朋友是否优秀、正直一样，你评估朋友是通过跟他长期交往，观察他的言行，然后得出一个大致的印象。你评估一家公司的管理层，也可通过长期观察他们的言行。和朋友不同，公司管理层跟你的距离可能没有那么近，但他们的很多行为（比如经营公司、信息披露、在媒体上的公开言论）又比一般人暴露得充分得多。

如果你一定要我提供一些标准，我有一个方氏标准给你，看看对你有没有参考价值。为股东创造价值的企业家千人千面，不好总结，毁灭股东价值的企业家却有些共同特征。

（1）喜欢自拍。他越长越帅，股东就越长越丑。

（2）喜欢谈情怀。他的情怀越来越高，股东的钱包就越来越瘪。原来，他购买情怀的钱是股东支付的。

（3）喜欢总结成功经验。他的成功不是偶然的，股东的失败就是必然的。

（4）喜欢追风口。什么热点他都能追，风一停掉地上，发现自己才是那只猪。

（5）格局很大。上下五千年，环球八万里，没什么他不知道的。他知道得越多，股东就知道得越少。

（6）有一股淡淡的哀伤。总是觉得社会对不起他、国家对不起他、客户对不起他、员工对不起他……但他对得起全世界……

影视行业：票房节节高升，为什么股票不赚钱

@ **小明吹大象：**我有个很大的疑问，其实就算去掉目前电影票房的注水部分，实际票房也是逐年大幅增长的，但是为什么不见影视板块赚钱呢？所以我从不买光线传媒（300251）、华谊兄弟（300027）、万达电影（002739）这些股票。

@ **不明真相的群众：**（1）影视作品的成功规律很难把握，难以工业

化、规模化生产。现在看来,电视剧工业化比电影成功。(2)在影视作品的生产过程中,公司这个组织的价值有限,导演和演员拥有议价权。(3)投资影视有大量的经济外收益(比如出风头,接近名人、美女),所以这个行业投资的定价整体是溢价的。

@ **ice_ 招行谷子地**:能赚钱的是动画电影。

@ **不明真相的群众**:对,动画电影也是工业化比较成功的。

企业管理:自己的问题岂是自己能解决的

@ **太极小九关**:美的集团总裁方洪波年度致辞:企业表面上看是主业停滞、效率低下、管理混乱、并购失误,问题的本质是缺乏对企业发展基本规律的认识,以及对市场的尊重。如何理解这句话?

@ **不明真相的群众**:企业管理者说出这样的话非常不容易。我估计主要针对的是美的目前的状况:产品多元化,然而单品都没有绝对优势;随着多元化的扩张,管理效率和质量有下降趋势。这是很多企业都会碰到的问题。

什么是企业发展的规律或者商业的本质呢?最大的规律是企业都有生命周期,都有兴起、繁荣和衰亡的过程,企业管理上的努力都是对抗这个周期。还有一个规律是,企业的能力非常有限,任何企业,能够把一个行业、一个产品做好,就非常不容易了,都有很强的运气成分。但企业发展碰到问题的时候(比如主业发展遭遇瓶颈),管理层就很容易希望通过多元化、全产业链发展解决问题,但这未必真能解决问题,很有可能引发更多的问题。这就像一个人跟老婆相处不来,希望通过换一个老婆解决问题;一个人对工作不满意,希望通过换一份工作解决问题。这样的努力未必奏效，因为问题很大概率在自己身上，自己的问题又岂是自己能解决的。

一个旁观者很容易指责企业这做得不对、那做得不对，然而在现实环境中很难做出一个完美的决策。

现在方洪波作为管理者有这样的反省，我觉得股东可以略微放心一些，至少他是清醒的。

教培行业：在线教育带来了什么变化

@ **仓佑加错－何弃疗：** 教培行业的试错成本非常高，按理说这会导致行业的集中度非常高，但实际上行业集中度非常低，好未来与新东方总共的市占率在 4% 左右，为什么？

@ **不明真相的群众：** 传统的教培行业特别像餐馆：（1）服务依赖本地物理网点完成，每个网点招生（食客）的半径无法扩大；（2）服务由不同的老师（厨师）完成，产品流程、质量无法标准化，同时，单个老师（厨师）的服务能力是无法扩张的（他只有那些时间啊），优秀老师（厨师）最多只能提点儿价。所以整个市场份额的分布是极其碎片化的。

后来，企业化的教培机构做了中央厨房，能做到教学体验基本标准化，所以能够相对规模化地扩张，但扩张仍然受限于物理网点需要有一定生源规模支持，以及教师的流动意愿很低，所以三线以下城市很难开网点，就算开了网点，教学体验也很难保持一致。这就相当于做了连锁餐厅，连锁品牌的市场份额有了较大的提升，但是要麦当劳开到不发达地区的县城依然是很困难的，甚至到大城市的郊区都难。

但是，教培和饭馆有一个根本的不同，那就是教学这种服务有可能在线完成。如果这个事情办成，那么招生半径可以无限扩大，教师的复用率大幅提升，物理网点成本大幅下降，市场份额就会再有一个几何量级的提升。当然，它也会受制于其他一些因素，所以还需要观察最终的结果。

这应该是目前投资在线教育行业的核心逻辑。

@ gzjoema：对于线上教育的效果，我个人持比较悲观的看法，成年人尚且三天打鱼两天晒网，学生未必能坐得住去学，除了个别极其具有能动性、自律性的……

@ quantek：在线教育极度平等，可以让聪明、自强的非精英阶层学员超越精英社区学员。好的教育不再受限于居住地与大城市的距离。但最大的受益者是那些自律、上进心强的高智商学员，没有学习兴趣的人难有进步。

人类教师首先是榜样和激励者，他们必须能激发学生追求知识的热情。面对面教育将由知识的传授转变为激励学生、培养学生严谨的自律性。人类教师的主要任务是，把握动机、心理、教学节奏，向学生传授保持冷静、集中注意力等技巧。

在线教育中评估学习效果的是机器，但人类教师依然是解读和传递这些信息的人（以启发和鼓励的方式）。好学生会自己摸索使用计算机程序，在需要指导、反馈或升级高端课程程序时定期与人类教师接触。好学生的责任心会使他们勤奋努力并严于律己。差学生的主要任务是接受激励，教育对他们来说更像海军陆战队，充满了纪律和团队精神。

所以中国的严厉教育其实更好地保证了整体的质量，而发达国家的教育模式可能对真正爱学习的学生更有利。特别有个人魅力的教师在新工作时代会成为高收入群体。擅长自我激励且自律的学生将更容易成功。

@ **睿20110209**：我是教育培训机构的数学教师。按我的上课效果来看，线上的效果比想象的好，能达到线下60%~70%的效率和效果。学生也是个体，有时候适合一对一。但教师的时间有限，上大课，在线的优势大一些，一位教师可以同时给几千人直播，比如作文课和英语课。

教育产业化：人类灵魂工程师值多少钱

@ **裸猿文明**：方丈觉得教育应不应该支持盈利化的资本扩张？这个问题在国际上似乎仍存在争议。比如幼儿园问题，很多幼师专业刚毕业的年轻人，自己根本不知道怎么爱孩子，所以培养一个合格的幼师是以年为单位的。但是在商业诱惑下，资本需要快速扩张，为了快速搞连锁后快速上市，可能不利于孩子成长。

孙瑞雪教育机构的创始人孙瑞雪老师20多年前就在国内办幼儿园，可是当周围兴起了越来越多的连锁幼儿园且这些连锁幼儿园的规模越来越大的时候，就有人问她：您怎么不赶快搞连锁、赶快上市？她感慨道：我去哪里找那么多合格的幼教老师啊，哪里快得了。

有时候，教育所需要的慢和资本扩张的快是矛盾的，特别是需要好好打基础的低龄教育。但是硬币都有两面，资本能扩大供给，最后兼容两面的优秀教育机构大概率地能从竞争中脱颖而出，但是难免一些孩子成了快速扩张的牺牲品。

@ **不明真相的群众**：比如，社会上需要10个幼儿园学位，孙瑞雪老师基于自己的教育理念不能快速扩张，那么她只能提供 1 个优秀的学位。那么只好 10 个人抢这 1 个学位，1 个人抢到了，9 个人没有学上。这时，有一家追求资本快速扩张的机构办了营利性的幼儿园，提供了 9 个学位，于是这 10 个人都有学上了。

那家追求资本快速扩张的机构会强迫孙瑞雪老师快速扩张去提供"劣质学位"吗？它对孙瑞雪老师提供优质学位有什么坏处呢？对整个社会又有什么坏处呢？

@ **布朗运动着**：再替方丈延展一下，快速扩张的幼儿园了解到家长们都希望有孙瑞雪教育机构里那样高水平的老师，便以高薪聘请那些老师来执教，以致本园的老师看到原来成为高水平老师就可以提高一大截收入，便努力提升自己的教学水平，该幼儿园的教育水平逐渐接近了孙瑞雪教育机构。社会上很多有才能的人看到，原来当好的幼儿园老师可以有这么高收入，便也加入幼儿教育行业，社会上多了更多的优秀老师。与此同时，孙瑞雪教育机构发现越来越多的幼儿园在模仿自己，就更有动力创新提高自己的教学水平，否则就无法保持自己在幼教行业的竞争力了。

最终的结果就是在孙瑞雪教育机构的带领和其他幼儿园的竞争下，好的幼儿园越来越多，社会的整体幼教水平都提高了。

@ **裸猿文明**：方丈这个回答很奥派，其实我也是这个理论的支持者。那能不能再延伸下，如果是供给不足，假设一股中央力量大幅提高供给，使供给充足，又会怎样呢？

现在很多学者认为平衡点应该在年龄，因为低龄教育是个信息严重不对称的市场（像很多小孩被虐待不敢说，或者家长反应过度——疑神疑鬼），所以市场的力量很难快速见效。高龄教育反而可以对资本宽松，因为信息相对对称。

这一派主张最出名的应该就是庇古的福利经济学了，他虽然也支持自由经济，但是他认为市场之手并不是全能的，有一些领域会存在劣币淘汰良币的现象，由政府主导的会更具效率。

其实很多公认正确的模型都不是唯一正确的。

当年中国完成现代工业化的方式不也颠覆了西方学者的想象吗？《伟大的中国工业革命》一书里面就说到，西方工业革命的模型是由民间乡镇企业主导的（像英国工业革命之前就有 300 年的乡镇企业繁荣，由这些力量把农民组织化为工业革命的基本要素），但是中国的工业化是地方政府主导的，像原来的农村公社就扮演着把农民组织化的角色。如果把中国飞速发展的功劳完全归功于改革开放，那为什么很多第三世界的人口大国也实行改革开放，却没获得同样的成就？

最后想说一下，我虽然也是自由市场支持者，但是最近看到雪球精英们基本都认为教育领域也必须完全市场化，这甚至成了思想正确。但我们有时候是不是换个视角，像芒格的多元思维模型，看一看其他解决方案，或许不一定完全不可行呢？

@ **不明真相的群众：** 你看到"雪球精英们基本都认为教育领域也必须完全市场化"，也有用户看到的是"翻雪球比较多，发现粉丝上万的大 V 几乎一边倒地认为教育、医疗、公共交通这些领域就应该由政府来做"。所以每个人只会看到自己想看的世界，只打自己想打的靶，靶靶十环。

@ **宁静的冬日 M：** 教育的本质其实是一种服务。但是有一种耻谈利益的思维方式把它神圣化了，也把老师神圣化了。结果容易导致神圣的东西没出现，谈不上神圣的基本服务反而匮乏了。

因为老师始终都是人，不可能变成神。我喜欢极个别爱孩子、对赚钱不感兴趣的老师,也替他们庆幸。因为他们能够在做自己热爱的事情的同时赚钱,虽然有可能他们已经超脱了金钱层面。

但是我也尊敬那些就是为了赚钱而当老师的老师,因为他们和我们一样。作为普通人,他们一定也在谋生的过程中饱尝艰辛、负重前行吧?

想赚钱的老师一定是好老师。哪怕他现在还不够好,赚钱的动机、竞争的压力也会促使他越来越专业、越来越好。

我想,如果我们这些不是老师的普通人能够理解老师赚钱、鼓励老师赚钱、支持他们讲人世间的利益,而不是逼迫他们当神龛里的圣贤,如果能有很多赚了钱的老师成为年轻人的榜样,我们的孩子才有可能得到更好的教育服务。

培养一个好老师确实很慢,正因为如此才更需要资本的扩张,首先要有钱让大家愿意当老师,然后才会出好老师啊。

不仅教育,任何服务行业都是投资越多,服务越好。从来没有哪个行业是投资越少,品质越高的。

@ parabird:在教育行业,教师属于主要资源。私立学校可以高薪聘请好的教师。当所有的好老师都去了私立学校,公立学校怎么办?这个矛盾怎么解决呢?

@ Graham_:可不可以建立一种营利性公益机构的模式,用盈余来扩张或者竞聘优秀师资?

@ **不明真相的群众**:实际上就是这样子的。所有营利性组织(企业)都会缴纳税收,税收都可以用于公共开支,营利性幼儿园缴纳的税收可以用于补贴非营利性幼儿园。举个例子,一个城市拍卖车牌,看起来是有钱人花钱买到了用车的特权,但是政府卖车牌的钱可用于补贴公共交通,最后大家都得到了好处,这是一种很好的"劫富济贫"的方法。

@ **饮者：** 方丈，我生活水平还可以，但不管怎么说，我都不赞成资本介入教育。教育要平等，不管家境是贫穷还是富有，都应该给每个孩子公平的起跑线。成年人有阶层，但是尽量给孩子公平吧，哪怕只有一次。

@ **看海听风2012：** 你这种想法有点儿天真，就算所有幼儿园都是公立的，也一定有好坏强弱之分。你用钱都买不来好的教育，必须有权势才行，到那时，普通家庭就更难接受优质的教育了。

@ **dysn：** 我觉得可以观察一下西方国家私立和公立学校的运营情况。社会运行不像1+1=2，因素太多了，发展的方向未必像你设想的那样。

@ **不明真相的群众：** 我考察过不少，结论也简单：公私并举，互为补充，满足了人民群众多样化的受教育需求。

@ **沧桑之前青春之后：** 我对幼儿园很熟悉，插个话。重点不在于资本是否进入，而是应该对幼儿园教师设定高准入标准。现状是，大量幼师专业毕业生流失，以及大量不合格的教师进入幼儿园。为什么呢？因为低待遇和低门槛。

表面上看，幼儿园教师很好干，不就是带带孩子吗？但是自己带过孩子的人都知道，带一个孩子都经常又累又气，更别说带二十几个。幼儿园教师其实是一个非常需要专业知识的岗位，不仅是业务知识，也包括如何调节自我情绪，这些在幼教领域是非常专业的内容。但现状是，因为标准不统一，所以谁都来干，不但拉低了薪资水平，而且教师的素质参差不齐。

另外，不要提什么高档幼儿园。你交了很多钱，但是这笔钱最多花在你看得见的教学设施上，教师还是低工资待遇，这个群体还是充斥着低素质的非专业人士。

互联网的发展趋势：将会成为人类社会的阳光、空气和水

@ **觅云 my**：方丈如何看待马化腾在腾讯全球合作伙伴大会上发表的公开信？认可"移动互联网的主战场正在从上半场的消费互联网，向下半场的产业互联网方向发展"吗？

@ **不明真相的群众**：这个说法非常符合互联网发展趋势。互联网作为一种连接工具，被用于连接人与信息、连接人与人、连接人与商品，相对应的产品形态是门户网站、社交网络、电子商务。这个发展过程对连接能力的要求越来越高（网速更快、稳定性更强），对社会资源整合能力的要求越来越强。

那么，现在除了信息、人、商品，还有一大块蓝海市场是我们平时使用的各种线下服务，这些服务如果用互联网来完成，效率会高很多，用户体验也会好很多。就类似于你以前要去出入境管理局办事大厅排半天队签注港澳通行证，现在在微信上几分钟就可以搞定。理论上，将来所有的服务都可以通过互联网与用户连接。而腾讯这样的公司通过提供账号体系、支付系统、计算资源（云计算）成为连接的基础设施，这就是所谓的产业互联网。

这是一个非常大的市场，最后会让互联网成为人类社会的阳光、空气和水。

公司就像一棵树，再高大的树也不能占领所有的天空

@ **辰丁**：为什么没有互联网公司在社交、电商和搜索领域都占有垄

断地位，或者在其中任意两个领域占有垄断地位？

@ **不明真相的群众**：术业有专攻。

@ **辰丁**：假如阿里巴巴和腾讯合并会怎么样？

@ **不明真相的群众**：无论是对企业，还是对社会，都没有任何好处，也没有任何必要。

@ **辰丁**：但是阿里巴巴一直想做社交，腾讯一直想做电商，说明如果有机会且价格合适，阿里巴巴可能想收购腾讯，或者反过来。

@ **不明真相的群众**：它们是有过这样的想法，但是都失败了。市场规律在起作用。公司就像一棵树，再高大的树也不能占领所有的天空（市场），再长寿的树也不可能永远存活。公司的市场份额是有限的，存续周期也是有限的。

我们永远没有必要遗憾一家公司占的市场份额不够，也没有必要遗憾一家公司为什么倒闭。大的不倒，小的不长；旧的不去，新的不来。这才是一个真实、可爱的世界。它的真实、可爱之处就在于它是变化的、不可预测的。

建立价值网络的主要办法是坚持改革开放不动摇

@ **裸猿文明**：我看过一本很出名的书，是克里斯坦森的《创新者的窘境》，我在里面看到一个概念，叫作价值网络。当时这个概念简直为我开启了一个全新的视角，一家企业不仅创造产品，更重要的是把各种人、各种资源协作起来组成一个价值网络。

回到我们现在的企业，价值网络模型能让我们更加清晰地理解企业。真正重大的竞争往往不是产品之争，而是价值网与价值网之间的竞争。最典型的就是诺基亚和苹果，第一代苹果的产品体验不如诺基亚，但是它的价值网赢得了一个时代。

所以，很多时候不能只看产品本身，比如就算你做出一个比微软更好的系统，那又怎样呢？你无法把开发者和用户形成的价值网络迁移过去，一样是失败。

而网络博弈有网络博弈的玩法，价值网络越成功，大家对价值网络的依附性就越强，一旦这个网络衰落了，自己再优秀也没用。像诺基亚、柯达等大公司，都是被锁死在自己的价值网络里。

我觉得这个概念很重要，因为无论是公司还是个人，从长时间尺度来看，价值不取决于自身，而是取决于其价值网络。

我觉得价值网络是最像护城河的模型，腾讯、阿里巴巴、微软和Facebook的价值网络都是它们最强大的护城河。这对我的投资很有启发，现在我观察一家公司不只是盯着它的生意或者产品，而会看看它的价值网络是否稳定、是否强大、是否即将成为"专业的诅咒"锁死自己。

所以我把它提取出来，叫作"价值网络模型"，收录在我的"多元化思维栅栏"里。人类社会是一个复杂的系统，我坚信没有任何一个模型能统一解释它，交叉验证才是最科学的方法。

@ **不明真相的群众：** 建立价值网络的主要办法是开放。开放背后的逻辑是，单个人（企业家）、单个企业的能力和资源都是有限的，开放的策略却能通过整合企业内外甚至整个社会的资源起到神奇的聚合作用。

这方面有很多的案例。（1）产品形态的开放。让不特定的用户生产内容，而不是让少数特定的人生产内容，这造就了社交媒体。典型的是抖音、微博和朋友圈。（2）产业链的开放。把产业链上不同位置的人整合到"平台"上，丰富平台的产品和服务。

典型的成功案例是平台型电商（或者叫互联网商业地产），苹果的 App Store、腾讯的"开放平台"战略也是很好的案例。（3）治理结构的开放。有开放特征的企业能够聚拢具备不同特质、专长的人才，在日常的运营中能把决策权给他们，并给予足够的激励，员工会创造老板个人根本无法创造的奇迹。

从这个角度看，"改革开放"是多么重要。所谓开放，就是整合外部资源；所谓改革，就是保持对外部环境变化的适应能力。

@ **宁静的冬日 M：** 开放的同时，另一个要点是耐心，持之以恒地累积。开放是一种"水惟善下方成海"的思想，但是单靠思想是成不了海的，万涓成水必然需要时间，然后才能成河、成海。所以观察一家企业于枯燥无味处做事的耐心，往往比看到人人瞩目的智慧闪光点更加重要。

保险属于满足精神需求的行业，使人获得免于恐惧的自由

@ **韭中仙：** 保险行业算不算满足人类精神需求的行业？

@ **不明真相的群众：** 保险的起源是，苏格兰长老会的神职人员为了解决神职人员遗孀、孤儿的抚养问题建立的互助基金。他们大致算了一下，如果一个神职人员去世，那么到他们留下的遗孀去世（或者再嫁）、孤儿成人，需要多少资金来抚恤，再算出每个在职的神职人员每年该缴多少钱。

从这个起源可以看出，保险有两个基本功能：一个是低概率、高风险事件的防范，比如，一个壮年传教士意外去世的概率很低，但万一发生，对他的家人就是灭顶之灾，那么可以让每个传教士缴较少的钱资助意外去世的传教士的抚养对象；另一个是

单个个体生存资源的时间统筹,传教士年轻力壮的时候收入可能较高,但劳动能力会逐渐衰退甚至丧失,所以有必要在年轻收入高时存一些钱,等丧失劳动力的时候也有生活来源。

保险业发展那么多年,大体还在这两个框架内。对低概率、高风险事件的恐惧,以及对劳动力丧失、生存资源衰竭的恐惧,导致人们对保险一定有永恒的需求,而且永远不会满足。

从这个角度看,你说买保险是满足精神需求,某种程度上是对的。

@ **枳橘:** 某种程度上,我觉得算。从表象来看,保险是一种保障机制,是用来规划人生财务的一种工具,是市场经济条件下风险管理的基本手段,也就是保障财务、物质不受损失或减少损失,或得到"救济"。而引申到精神层面,人的精神需求是建立在物质需求基础上的,保险使得物质损失降低,对人的精神层面来说也是一种放松、一种释然。所以从这种角度来看,它或许算得上满足人的精神需求。

@ **只需要五次:** 肯定算啊。历史证明,当一个国家的年人均可支配收入达到 8 000~10 000 美元的时候,人们对保险产品的需求会显著提升。

此外,保险产品的种类很多,并不像传统概念里的仅仅就是触发保险合同内的赔偿条款后进行赔偿,还有一系列多样化保障和衍生服务。就像大家目前已经很了解的,银行有 VIP 客户服务,有私人银行业务,针对中高端人群提供家庭财富的规划和投资。保险业的发展也不仅仅是保险本身,它的未来将会是综合性金融服务提供商。此外,还有大家传统印象里的福耀集团是专做汽车玻璃的,但你能想象福耀玻璃正在布局未来汽车车门的整装服务吗?所以说大家现在理解一个行业不能简单地思考单个业务。

金融业未来的发展一方面是专业化，另一方面是多元化。现在像平安集团和招商银行正在努力实现金融的科技化。无论是金融产品的专业化、品类的多元化，还是科技赋能，都是在增加自身的竞争力、降低成本、提高效率、增强客户黏性。

保险行业不只是满足人类精神需求的行业，而且正在逐渐被广大消费者认知。

真正有价值的不是厉害的平台，而是平台为什么厉害

@ **狐狐的宁静**：能不能请方丈解释下面这句话是什么意思："终极问题：内容生产肯定是永远有价值的，但职务化的内容生产，其核心竞争力到底是生产者个人的专业水平，还是传统媒体生产模式下对内容发布渠道的垄断。可能我们一直以为是前者，现实却证明给我们看，后者才是真相。"

@ **不明真相的群众**：就是这个意思啊，已经没有办法再解释了。

@ **ivvvi**：举个例子，我们一直觉得文笔好很重要，写得好或者内容好才能吸引人。根据实际情况，如果文笔（或者内容）一般或者差，但在很好的平台发布，与文笔（或者内容）好但在毫无影响力的平台发布，两者产生的影响可就差远了。

@ **不明真相的群众**：文笔很重要是你的一个判断，实际情况是：（1）用户（读者）可能认为文笔一点儿也不重要，事实上确实如此，我从事这个行业多年，题材、观点这些硬核信息对用户（读者）的吸引力远远大于文笔这种软品质，只有极少数读者在乎文笔；（2）文笔的标准是非常主观的，一千个读者有一千个文笔的标准，可能你认为文采斐然，别人认为无病呻吟。

第二部　世风日上

你说的文笔大致相当于主帖中所说的职业内容生产者的水平。

@ lining：平台的作用很强大。

@ 不明真相的群众："平台"厉害只是一种现象，或者是基于现象的表层思维总结的。真正有价值的是"平台"为什么厉害。平台最主要的特征是"多"——生产者多、消费者多。

那么为什么生产者会多呢？它一定是打破了生产者的资格限制（比如牌照垄断），所以才能让更多的人生产。有了更大的数量之后，产品的形态、风格也一定会更多。多样性被释放之后，消费端消费需求、审美趣味的多样性也得到了释放，于是吸引了更多的消费者，而旺盛的消费行为又拉动了更多的生产。

在快手、抖音出现之前，很多人大概认为只有字正腔圆、声如洪钟才是好的或者正确的唱歌、说话方法，可是现在看来抖音小姐姐、快手乡村控的受众更多。

@ 宁静的冬日M：换一些行业可能更好懂，比如一家银行赚钱到底是因为它提供的支付、储蓄、风险定价、信用创造等服务对个人和企业有效，还是因为它有牌照？如果是前者，那会一直有效下去；如果是后者，那迟早会被更有效的服务替代。

所谓内容，实际上是提供一种精神产品，可能感觉上玄一点儿，但道理一样：你到底是靠满足人们需求的内容赚钱，还是靠垄断提供内容的媒体赚钱？如果是前者，那始终都能赚；如果是后者，迟早会被替代。

@ 半真哥：方丈认为互联网商业模式是不是只有平台模式才能成功？垂直模式有没有成功的可能性？

@ 不明真相的群众：平台和垂直并不是对立的，和它对立的应该是自营。

医药产业保护？你不用担心你付的药费不够多

@ **副业刚需**：医药集采扩面正在进行，集采目标是药品大幅降价，药企利润减少，影响资本积累，从而无钱研发，长期来看会让国内医药产业变得和汽车产业一样孱弱，国内药企很难成长走出国门，相反，国内市场还要被国际大厂蚕食，未来老百姓只能吃进口创新药。方丈对这种说法怎么看？另外，方丈觉得我国生物医药产业和汽车产业在国际上的形势和地位是否有相似之处，医药产业未来会不会像汽车产业一样，发展若干年后在国际上仍无优势？

@ **不明真相的群众**：中国的汽车产业"孱弱"吗？中国不但是全球最大的汽车消费国，而且早就是全球最大的汽车生产国。中国汽车工业长期实行行业准入，汽车卖得比全世界绝大部分国家都贵，所以你不用担心汽车厂"影响资本积累，从而无钱研发"，但说实话，好像研发的成果很有限。

历史无法假设，但是很多人都认为，如果早30年放开汽车产业的准入，中国本土汽车品牌会比现在强大得多，甚至有可能像白色家电一样，称霸全球市场。

中国的生物医药行业，如果需要患者支付更高的价格买药来保护它有足够的资本积累和研发能力，那估计将来就会像汽车产业一样。幸好，中国生物医药产业的体制比汽车产业好，更早放开了行业准入。目前来看，中国生物医药行业的竞争力非常强，主要是：（1）中国的市场规模、临床实验环境；（2）中国的工程师红利。

所以医药产业前景应该是很好的，你不用担心你付的药费不够多。

第六辑
世风——银行与金融

保资产还是保汇率？先要搞清楚是借贷产生了货币，而不是央行"印出"了货币

@ forcode：未来几年，要为恶性"通胀"做好准备，房价泡沫的回归，不管是以人民币计价的房价下跌的方式实现，还是人民币计价的房价数字不跌而是以人民币汇率贬值的方式变相实现，迟早会造成恶性通胀和人民币汇率贬值，你们辛苦一生积累的财富很可能被通胀和汇率贬值洗劫很大部分。今天你的思想认识和采取的行动很可能影响下半生的财富命运，美元资产必定是未来若干年非常重要的一个配置选项。

@ Mr_Elie：我完全不同意关于保汇率还是保资产价格的论述。人民币贬值是全体国民的福利损失，人民币贬值意味着每个人的实际收入减少，这个福利损失是以通胀的形式分摊给每个人的，区别只是分摊的多少而已。而资产价格下跌的损失大部分是由资产持有者来承担的，实际上资产价格下跌对大多数人来讲没有任何影响，影响的是高位高杠杆的炒房者，一般老百姓只是财富幻

觉破灭，痛苦几个月就过去了，对实际消费能力没有影响。痛苦的是资产持有者和房地产行业的从业人员。不要拿房地产绑架中国经济！

@ **不明真相的群众**：关键是技术上没有办法实施，如何做到保资产不保汇率，如何做到保汇率不保资产，如果管理部门真是万能的，这世界上就不会有经济危机，甚至经济都不会有波动了。

@ **forcode**：保资产不保汇率很简单：继续印钞票，降低房贷利率，降低首付比例，提高居民杠杆率，人民币计价的房价继续保持正增长，结果必然是恶性通胀和人民币贬值。最后，美元计价的房价实际上是下跌的，但没有那么多家破人亡和负资产，实际上是鼓励投机倒把，保护了不劳而获的买房者，全民交巨额"通胀税"。

@ **不明真相的群众**：降低利率对抬高资产价格只有阶段性的作用，会有极限。典型的反面例子就是日本。

@ **澎湃动力**：降低利率对于资产价格的作用有极限，那么货币超发应该就没极限了吧？

@ **不明真相的群众**：限制太多了：（1）商业银行借出的贷款数量受限于商业银行的资本金和存款准备金率；（2）企业和居民的借贷数量受限于其信用额度和利息承受能力。当然，搞清楚这个问题的前提是，你需要知道是借贷产生了货币，而不是央行"印出"了货币。

@ **澎湃动力**：请问还款后，会销毁货币吗？

@ **不明真相的群众**：货币只是银行系统里记的账，并不是银行里真有一堆人民币躺在那里，还款就是把这笔账销了，货币就没有了，并不需要真把钱销毁。

第二部　世风日上

@ **沉默盛开的树：**发现太多人难以理解这一点："借"产生了钱，而不是"印"导致了"借"。然后，大家都在挺着脖子等通胀，结果通胀就是不来。

@ **郭立：**社会上钱的总量为什么会增加？

@ **不明真相的群众：**GDP 总量在增加，居民和企业可能会加杠杆。

贷款创造货币，杠杆则是人性的放大器

@ **小辉 LIB：**看现在的货币理论，让人脑洞大开。比如认为货币是有生命周期的，有生老病死。你刷信用卡买东西，花了 100 元，你就凭空创造了 100 元货币，你一个月之后还款 100 元，这 100 元货币就灰飞烟灭了。每天有无数的货币被创造，也有无数的货币消亡，这中间保持存续的就是国家的货币流通量。所以货币并不必然是越来越多的，一个人所还的每笔贷款就对应消亡了一笔等值的货币。贷款多还款少的时期是经济繁荣期，贷款少还款多的时期是经济萧条衰败期，繁荣与衰败交替出现。所以核心概念在于"贷款创造货币"。

@ **学经济家：**我十几年前放贷催贷做表时就明白的道理……但旧的货币银行理论也对此有所伪装和适应，想做个新的理论基础并流传开，那可就太难了。

　　同样还有利率、汇率等继续填，继续开脑洞，但贷款创造货币是理解所有的根基，而且是世界观颠覆的契机：人们不全是跟着货币、利率、汇率转的附属，而是倒过来——货币、利率、汇率主要是一些人行为的结果，这又成为另一些人行动的指引。

@ **不明真相的群众：**但是，分析利率、汇率容易，分析人太难了。

当资产的收益率（股息、租金）低于利率的时候，货币政策对投资者借贷意愿的影响力是很弱的，这时所有人都是趋势投资者，只有资产价格走势逆转才会影响投资者的借贷意愿，影响货币的增量。所以"赌徒们"自己赌好就行，千万不要黑央行了，那是冤案。

@ **马虎兔**：资产的收益率（股息、租金）即实际利率，货币政策是名义利率。我支持方丈的结论，不过预期呢？

@ **不明真相的群众**：趋势投资者不在乎资产收益率，他们在乎的是资产价格波动的预期。

@ **没空盯盘的小散户**：利率的影响是不大，那杠杆因素对资产价格有影响吗？

@ **不明真相的群众**：杠杆对资产价格的影响很大，资产价格上涨的时候，杠杆推动上涨速度，资产价格下跌的时候，杠杆加快下跌速度。总之，它是人性的放大器。

放水和钱荒：真实利率是全体经济参与者预期的体现

@ **玩石**：一边说中国货币宽松、央行老放水，一边又看到国债逆回购、利率飙升，其中的完整逻辑是什么？是钱要吃更多的钱吗？

@ **不明真相的群众**：之前大家预期乐观，想提高收益率，加杠杆买债，循环质押，增加债务，所以创造了更多的货币（债务）。比如，某券商将100元的债券抵押给某银行，借了90元再去买债券，这就创造了90元的货币，然后90元买的债券质押给银行，借了81元，又创造了81元的货币，这就是你所说的放水的过程。待到出现爆仓，大家都想降杠杆，降杠杆就是还债。但还债还得先有钱，而钱紧张，可能以 20% 的利息才能借到，这就是钱荒。但这次借的钱是用于还债的，不会再创造新的货币了。

@ **会当击水**：这借的 90 元、81 元是从哪儿来的呢？原来在哪儿呢？

@ **不明真相的群众**：它本来就不存在，所以也并不会在哪儿。

@ **股爱卡**：货币消失了。另外，资金换成美元外逃也让市场上的人民币消失，钱越来越值钱了。

@ **不明真相的群众**：如果大家的行为倾向于还债，那么货币确实会紧缩。

@ **漫长的旅程**：所以，真实利率是市场货币供求的体现，是全体经济参与者预期的体现，而不是央行制造出来的，甚至也很难由央行引导出来。在利率方面，央行是被动的、见招拆招但治标不治本的。

除了赌，比特币没有其他价值

@ **lostboy**：方丈，请对比特币做一下估值并预测下它的寿命。

@ **不明真相的群众**：比特币是一个很好的赌具，它的估值和寿命无法预测。

@ **半角 joe**：除了赌就没有其他价值了吗？

@ **不明真相的群众**：除了赌没有其他价值，这是由比特币的设计决定的，如果要它真正作为支付工具，那么它就不能限量供应，甚至不能"升值"。但如果不是限量供应，不能"升值"，它就连赌具的价值也丧失了，更不用说成为支付工具。所以，大家还是踏踏实实赌好吧，别想那么多了。

@ **卡瓦**：应该存在一个闪崩的日子，但是未必一文不值。天下从无新鲜事，郁金香泡沫也是人性的投射。只是这个比特币呢，限量可能好点儿，因为总有人认为它值钱。那么这可能会造成有个价格超越它的本质一文不值的属性。其实未必一文不值，因为有电费这个背书，比特币还是值钱的，你想得到就得付电费或者钱。

@ **不明真相的群众**：难道商品的价格是成本决定的？

@ **半角 joe**：为什么真正的支付工具不能限量且不能升值？

@ **不明真相的群众**：如果人民币相对于你的生活必需品的币值一年波动 50% 呢？

@ **半角 joe**：那么这是波动大的问题啊，这的确是个作为支付工具的问题。那么如果范围够广，较长一段时间后，比特币有没有可能保持小波动稳定上浮呢？

@ **不明真相的群众**：如果有一个东西，真的让大家认为能保持"小波动稳定上浮"，那么全世界的人都会加杠杆买它，那它实际上就会大波动上浮，直至崩溃。

@ **半角 joe**：有道理。那么比特币有没有什么情况或者办法可以减小波动呢？类似于目前的法币。

@ **不明真相的群众**：如果减少了波动，它就不会升值，那它就毫无存在的价值（价格）了。

@ **半角 joe**：那就无法成为像黄金一样的世界经济客观衡量物，成为一把尺子，取代黄金成为更客观的标的。另外，随着世界各国的联系越发紧密和频繁，全世界有没有可能统一货币呢？

@ **不明真相的群众**：黄金能衡量世界经济吗？它已经完全丧失了这个功能。具备自我调节功能的信用货币是目前人类发明的最好的衡量物。

@ **半角 joe**：目前的问题是各国信用不同，大家都在玩儿命发，这种乱发会有什么负面影响？

@ **不明真相的群众**：谁说各国玩儿命发了？你要是看一看中国历年的 CPI，看看猪肉、大米这些生活必需品的价格，就不会得出这样的结论了。

@ **半角 joe**：那不是因为钱都囤在房市的池子里面了吗？

@ **不明真相的群众**：是大家贷款买房创造了大量货币，给你造成了"玩儿命发"的假象。这货币不是央行发出来的，是"房奴"发出来的。所以说信用货币有自我调节功能，大家需要购买资产，需要货币，于是就有了货币。

@ **Hugo 海**：我一直很想问：如果世界上只有 10 个苹果和 10 元，每个苹果相对价值 1 元。如果有 11 个苹果，那每个苹果对应 0.9 元。现在 GDP 每年都在涨，苹果多了，钱却在贬值。到底是谁拿了大家的苹果？

@ **不明真相的群众**：货币数量随着 GDP 的增长自动增长，钱没有贬值，只是你更有钱了，所以你觉得钱贬值了。

互联网信用贷为什么这么火？
一个在天津海河边玩无人机的男人的故事

@ **不明真相的群众**：今天，我去一家外资银行办事，等候的工夫，跟工作人员聊天，聊他们的业务。这些外资银行在中国内地都混得很惨，各项业务都做不过内资行。它们只有一个业务有优势，就是个人信用贷不用夫妻双方面签。很多男人有点儿小爱好，比如买台相机、买辆自行车、买架无人机，老婆不给钱，就自己偷偷来贷款。

其中有一个天津的客户，他贷款买了一架无人机，天天晚上在海河边飞。海河边有很多钓鱼的人呀，无人机能贴着钓竿飞过去。那些彻夜钓鱼而不待在家里的人应该跟玩无人机的人有一样的心境吧？满载游客的游船驶过，他操纵无人机绕船飞一圈，引得游客阵阵惊叹。这时候，那个客户，一个40岁左右的中年男人，应该笑得像孩子一样开心。

这样的男人很普遍，他们往往有体面的职位和收入，但谁知道他们手上的预算会这么紧呢？有时候，一个人来办了贷款，很快，跟他同一个部门的好几位男同事都来贷款了。

然后有一天，那个贷款买无人机的客户突然来银行要提前还贷。银行告诉他提前还贷要罚息，但他还是执意要还贷。

问他为什么。他说，在海河边玩无人机时被出来散步的老婆和岳母看见了，无人机当场被没收。问明情况后，老婆要他立即还清贷款。

聊到这里，我突然明白互联网信用贷为什么这么火了。

@ **王家马德里：** 贷款买无人机的是智者啊！被老婆发现了是贷款买的，说明没藏私房钱啊。

@ **搭积木的科学家：** 我还一直天真地以为外资银行主要是给方丈这种富豪用的，早知道还有这么多平民业务，我也应该去开个户。

中国银行业服务：路好，还是车好

@ **明天的圆周率：** 方丈觉得招商银行与其他银行的不同之处在哪里？

@ **不明真相的群众：** 招商银行的服务有一定的特色，对高净值个人客户的吸引力比较大，所以存款利率较低，中间服务收入占比较高。

@ **群兽中的一只猫**：招行的优点其实挺多的，除了对高净值的客户吸引力大、服务态度好，业务水平和金融产品竞争力也排在前几位。这些都是外部人能感受到的表层竞争力，深层竞争力还是在于其组织架构、管理能力等，当然最深层的就是企业文化了。

@ **晴耕雨读**：这种服务没有太宽的护城河吧？很容易同质化。

@ **不明真相的群众**：说起来容易，做起来难，它是以公司治理结构、企业文化、后台系统做支撑的。这么多年过去了，我还是觉得走进招行的网点，跟招行的员工打交道，舒适度领先其他银行不少。

@ **初级小马**：我十几年前觉得招行跟其他行的服务水平简直是天壤之别，后来就几乎不去其他银行了。最近，我为了开一张港币汇票，去了附近一家中国银行，发现柜台的服务效率和态度都超出预期。也许，招行的服务优势正在缩小？

@ **疯投哥**：我也有类似的感受，最近去了几家银行办事，招行工作人员的态度当然挺好，但是其他几家也很不错，特别是工行的态度和提供的服务超过我的预期太多。

@ **不明真相的群众**：所以，中国整个银行业的服务在全世界都是"奇葩"。

@ **疯投哥**："奇葩"的背后原因是人力资源相对发达国家充沛？

@ **不明真相的群众**：发展是核心原因。企业努力，能挣到更多的钱；员工努力，能挣到更多的钱。中国银行业的服务，如果可以出口，绝对征服全世界。

@ **Mario**：银行已经出口了呀，香港、新加坡、纽约、伦敦、法兰克福、悉尼都有不少中资行的网点，服务并不比当地银行强多少。其实不是中资银行做得有多么好，主要是国内的基础设施建得好，客户以为都是商业银行的功劳。

@ 沃隆 WOLLONG：正因为国内的基础设施建设好，才使得内地的银行在同一构架上搭建自己的系统，而不是像香港那样一家一个。

@ Mario：国内金融系统的先进性得感谢顶层设计。银行有央行和银联的中央系统，券商有交易所的中央系统，所有商业机构都是在已有的中央系统上搭建自己的应用，互联互通都通过中央系统就很便捷。国外通常是先有商业银行，再有央行；先有券商，再有交易所。中央的作用不如大量商业机构那么强，所以有那么多非标准化、手工、场外的东西，效率自然低。这个很难改，商业机构自己是没办法的，只能指望顶层设计。中资金融机构出了境，用起来也是一样的不方便，只比其他的稍微灵活一点儿。

基层银行是夕阳行业，整个传统银行业也走到了午后时光

@ LY-light：方丈，我在三线城市的一家农商行上班4年了，今年28岁，现在是支行副行长，业余喜欢搞点儿股票投资。我现在很不喜欢银行的工作，感觉很烦琐且没有价值，也学不到什么知识，但又不知道自己能干点儿什么。个人想成为一个专业投资人，求方丈解惑。

@ 不明真相的群众：28岁当上支行副行长，在别人眼中估计是年轻有为了。不喜欢当下的工作是多数人的正常状况。你需要考虑的是，有没有另一件事情是你真正喜欢的，还是说其实你什么都不喜欢（这也是大多数人的正常状况）。任何事情，过程基本都是

烦琐且没有价值的。

　　喜欢投资，或者做一个专业投资人，绝大多数时候也是一种幻象。所谓的喜欢投资，其实是喜欢不劳而获，喜欢只有权利没有义务，喜欢只有结果没有过程。其实投资的过程某种程度上也是一样烦琐且没有价值的。你说你喜欢投资，那么你至今在投资方面做过什么？靠投资赚到了多少？如果没有，那么投资可能跟支行副行长的工作一样，其实你可能也并不真正喜欢。

@ **越越的眼睛：** 我 40 多岁，是一线城市国有四大行行长。方丈说得有一定道理，但如果你在一线城市，我建议你出去闯闯。基层银行已是夕阳行业，别在这里浪费青春，除非你能到投资、信贷等专业银行。人生只有几十年，过程比结果重要，当然，有好结果一定令人羡慕，没结出果子的话，只要拼搏了，那也没有辜负自己。

@ **不明真相的群众：** 为什么"基层银行已是夕阳行业"？

@ **wxdshida：** 作为一名在国有银行省行、总行工作近十年的"老人"，简单回答下方丈的问题吧。第一，银行信息化，也就是银行科技化促进原有在基层网点柜台办理的业务转化到电子银行，现在银行 95% 的业务量已通过电子银行渠道办理，基层网点柜台面临无业务可办的窘境。具体表现就是十年前让人头疼的柜台排队，一夜之间消失了。第二，无现金社会的发展，微信、支付宝等电子支付手段快速崛起，导致银行柜台现金业务大量减少，前期布局的 ATM（自动取款机）等智能现金设备也出现了业务量减少的迹象，这导致了基层网点又一大业务的消失，也从侧面促进了民生银行社区网点战略的失败。第三，银行综合化、专业化、集团化发展，导致权力都向总行集中，基层行权力减少，在业务营销中失去主动权和激励机制，也使年轻、高学历、高素质人才向总部集中，基层变成了老弱队伍集中区。这些因素综合，导致银行（尤其是中西部地区银行）的基层网点出现了业务消失、人员消失的现象，最终网点也将消失。这是整个中国经济升级换代、东西格局变化大环境导致的，并不代表对银行业整体的悲观看法。

@ **闻道问道：**（1）移动互联网的快速发展引发渠道变革，网点的吸储作用不断减弱。（2）随着智能化进一步发展，总部的控制能力将得到加强，大数据也将进一步压缩分支行运营空间，随之而来的组织架构扁平化、人员机构精简将不可避免。（3）行业变化的趋势导致基层经营单元在人力资源方面经历不断做减法的过程，在这一过程中，基层难以有效分享企业发展的利益，对经历过扩张期的人来说，前后对比会更加明显。（4）这不单单是银行这个行业基层所要面对的情形。

@ **南村群童欺我：**利率市场化、金融脱媒化、渠道网络化导致存款分流越来越多，贷款增速越来越慢（可贷的地方多了），数字化支付逐渐成为主流支付方式。利率市场化后，传统利差收益缩减，另外，佣金、手续费进账呈下滑态势，而且优质客户流失使风控越来越难。

@ **ny‐‐：**其实，不仅是基层银行业，整个传统银行业都已经是夕阳行业。只不过基层银行业从事的是更传统的传统存贷占比更大的业务，看上去"更夕阳"而已。

我自 2015 年结束对传统银行业的投资后几乎没再介入，可以忽略了。当然，有时也会看看这位"老朋友"，毕竟很有感情。

但是，我看好新型银行：如阿里银行、腾讯银行……不过，这类银行说是银行，更准确地讲，人家是卖数据的。

@ **饺子先生**：基层银行被认为是"夕阳行业"原因很多：（1）收入。一提到银行从业，老一辈都觉得是个金饭碗，实际却很惨。我和同行朋友们比较了去年（2017 年）全年实际到手收入（税后），数据如下：二级支行理财经理 14 万元，总行某中心操作科员 9 万元，一级支行财富顾问 17 万元，一级支行审批处科员 9 万元，二级支行对公客户经理 9 万元，二级支行财富中心主任 20 万~26 万元。（2）上升空间。我所在分行，据我了解，80% 的副科都是 2 年内新提拔的，2008 年入行若现在还没在银行混到副科级别以上，前途堪忧，因为没有管理层位置了。"关系户们"现在也是很拼、很有能力的，他们都在"排队"，单凭你的能力往上走？悬！（3）士气。2017 年我们分行 300 人离职，占总人数的 8%，其中多以客户经理、新员工为主。但 2018 年年初至 3 月 10 日，就我所知，已有 2 位二级支行分管行长、4 位二级支行科长、4 位二级支行财富中心主任递交辞呈，离职潮正向管理层蔓延，死海效应显现。（4）业务。2018 年的重点是存款，可余额宝、P2P（互联网金融点对点借贷平台）、银行理财等已完全升级了百姓的理财观念，谁愿意存活期、存定期？但此项业务上级抓得很紧，任务又重，完不成会直接影响收入，形成了恶性循环。以上四点，短时间内，我看不到任何可能会改变的迹象。

银行和保险公司赚得多吗？
利差不是国家定的，也不是银行定的，是储户定的

@ **虎鹤双行－联想**：3 000 家上市公司，银行和保险公司赚了差不多一半的利润。这合理吗？国家会不会出一些打压银行、缩小利

差的政策来扶持实业？

@ **不明真相的群众**：从根本上说，利差不是国家定的，也不是银行定的，是储户定的。

@ **wxdshida**：这个问题是一个伪命题。我国整个银行业利润大概有1万亿元，而我国仅规模以上工业企业的利润就达6万亿元，如果再加上房地产、商业、互联网等公司的利润，整个银行业利润在全社会利润的15%以上，加上保险、券商，整个金融的利润占比也在20%以上，处于合理水平。为什么人们总是说银行利润在上市公司中的盈利占比高？因为我国的大型银行几乎都已经上市，而大部分企业却还没上市或在境外上市，尤其像老干妈、小米、华为、腾讯、阿里巴巴等，分子分母的不对称造成了不正常的结果。作为价值投资者，我们需要的是拨云见日，拿真相说话。

@ **henry 李**：利率是由存贷供需决定的。

银行金融：大多数人的想法和行为决定了资产价格的走向，但是大多数人都会误判

@ **黄建平**：现在讨论银行业，流行看不起传统存贷业务，呵呵。那为什么高利率网络贷款这么火呢？为什么低利率房贷想贷还贷不到呢？这恰恰说明贷款需求旺盛，而资金成本最低的渠道就是银行业，存贷款业务没落是不可能的，这才是银行业的核心优势业务。

互联网银行以及所谓互联网金融的最大问题就是资金成本高，相对于银行业没有特殊优势。你说你会放贷款，哈哈，放贷款谁不会，我还会花钱呢。

当然，银行业面临货币基金抬高成本，但是货币基金这种套利对全社会来说是好事还是坏事？还不好说。如果把银行业的存款利率全部放开，货币基金就没有市场，但贷款利率也会飙升，社会融资成本大幅提高，这对实体经济来说就是好事吗？所以监管限制货币基金也就是不可避免的，货币基金算什么创新，抬高成本吸钱再借给银行。

@ **不明真相的群众：** 我有些不同意黄总的观点：（1）"货币基金这种套利对全社会来说是好事还是坏事？"这问题没有意义，因为没有任何一个储户会基于对社会是好事而调低存款利率；（2）"贷款利率也会飙升，社会融资成本大幅提高，这对实体经济来说就是好事吗？"同样，没有任何储户会对社会融资成本负责，银行也不会基于是否对实体经济有利而确定贷款利率。贷款利率主要也不是由存款成本决定的，而是由贷款供求关系决定的。就像伯南克说的，利率反映的是整个社会的资产收益率。

货币基金确实不是什么创新，但是它反映了散户抱团后相对银行在存款利率上谈判地位的上升，确实增加了银行的存款成本，有可能缩小银行的利差。

@ **黄建平：** 你说得有道理，货币基金已经在缩小利差，但影响有限。我表达几个观点：（1）货币基金这一高成本资金进入银行后，主要用于收益率比较高的同业投资，监管新规下，这一块在压缩，银行对货币基金的需求也在降低；（2）贷款利率由供求决定，如果成本升高，供就会减少，利率一样会升高；（3）金融领域与商品市场有所不同，商品市场遵循个人利益最大化及社会利益最大化，金融市场多了一个风险变量，比如高杠杆的股市泡沫和房产泡沫下，所有人都受益，但结果可能是灾难性的，这就需要监管出面抑制非理性行为。货币基金也是这样，对存户有益，不一定对社会有益。

@ **清史主任司马缸：** 我不赞同黄总关于贷款利率的观点。市场化总体来看肯定是有利于增加社会总福利的。货币基金之所以能套利，原因在于货币基金以机构身份议价，走的渠道和储蓄小散户不同。这也是货币基金能赚取市场收益的原因，而储户存款被价格歧视了。

@ **宁静的冬日 M：** 我针对伯南克的话补充一点：利率反映的是整个社会的预期资产收益率，而不是未来的真实资产收益率。

至于这个预期本身是否合理，实际上就跟股市是否有效是一样的道理。所以建平说的房贷难求、贷款需求旺盛都是事实，但没人知道这些事实会不会在未来长期存在。

举两个极端的例子，1929 年的美国股市和 2015 年的中国股市都因为预期资产收益率高出现过贷款需求（中国还有一种叫配资）旺盛的现象，但几个月后就不旺盛了。

一个著名的悖论是：大多数人的想法和行为决定了资产价格的走向，但大多数人总是因误判资产价格走向而遭受损失（在股市投资上表现为多数人总是追涨杀跌，跑不赢指数）。所以，人们对某种资产价格的走向预期一致程度越高，整个社会的资产收益预期与该资产的相关度就越高。相应地，预期错误的概率就越大。大多数人最终都会因这种预期而遭受损失的规律不可能改变。同样，没有人能准确判断出这种预期何时逆转。

这个悖论会导致两个推论。（1）不要为某种资产的大涨寻找经济上的理由，所有看似合理的经济学推测既不是上涨的充分条件也不是必要条件。（2）不要指望靠猜在资产价格走向方面长期获利。因为如果我们过去猜对了，那只说明我们的思维正好和多数人一致，我们自己就是多数人当中的一员，根据多数人最终都会因误判资产价格亏损这个原理，我们将无法逃脱亏损的宿命。相反，如果我们自认与众不同，以为可以从此做到人弃我取，获得抄底逃顶的能力保证，那就更愚蠢了。显然它只是从逻辑上保证了：我们再也无法猜对，因为我们再也不是"多数人"。

是人民在放水，不是人民银行

@ **玄宗1911**：借钱消费。直接上数据。

（1）央行数据显示信用卡循环贷两年翻番，余额为6.2万亿元，近1万亿美元。

（2）我印象中，美联储数据显示去年美国居民信用卡贷款余额也是1万亿美元出头。

（3）对比2017年，储蓄新增4.6万亿元。

（4）再考虑每年1万亿元的房贷利息待还。

账有点儿码不平了……

@ **不明真相的群众**：是人民在放水，不是人民银行。

@ **邢台草帽**：还真不是人民主动放水，因为人民大部分时候都是被动的。举个例子，消费贷这两年特别火，但是有意思的是，国内零售消费总额增速并不快。为什么两年前消费贷不火，这两年突然火了，消费本身也没有大变化啊？根本原因就是金融行业的监管政策变了，银行不得不转型零售，放宽消费贷限制，从而能够冲量。这是人民主动上杠杆吗？显然不是，人民是被动的。人民的行为有主动的方面，同时也有被动的方面，在时代的大潮中，都在随波逐流。这个锅，人民不能随便背。

@ 陈锡载周： 但这是低利率的政策导致的啊。

@ 不明真相的群众： 利率低吗？美国人、日本人不会同意这个看法。中国的利率在全球经济体中基本是遥遥领先的。

@ 陈锡载周： 我理解中国的宏观环境和美、日等成熟经济体不同，低利率是房价上涨的重要推手，这又进一步加剧了人民对资产上涨的预期，于是放水的锅扣到了人民头上。

@ 不明真相的群众： 放在任何纬度上看，中国房贷的利率都不算低。中国人民喜欢贷款买房，是因为房价在上涨。如果房价不上涨了，没有任何人会认为中国的房贷利率低。

@ 询问真相的群众： 我感觉中美的情况有不一样的地方：美国人民可能是真有贷款需求，是主动的，这些人短期内真的拿不出来这么多钱；中国贷款人中应该有很大一部分是被银行的电话营销忽悠了，实际手上并不缺钱。我就是其中之一。

@ 不明真相的群众： 哈哈，前两年有一句话很流行，叫"人无杠杆不富"。在资产价格上升周期，全世界人民都是很行的。

@ 贫民窟的大富翁： 方丈这就不对了。真实利率 = 名义利率 − 通货膨胀率，经济其实是由真实利率支配的，这么算算，我们的利率是非常低的。

较高的利率 + 天量放水，事实上形成高贴现率，强行刺激经济，久矣。经济增速一旦放缓就会形成泡沫，只能用高增长形成对冲，高增长又呼吁更高的放水，反身性不断加强。经济软着陆呼吁了多年，其实从未真正着陆，每到安全点就开始新的腾飞。

@ 不明真相的群众： 我完全不同意这个看法，利率是由资金的供需关系决定的，供需关系又是由贷款客户对经济增长、资产回报率

第二部　世风日上

的预期决定的。本质上是经济增长速度决定了利率。

@ **腾圣无悔**：是资金供需决定利率，还是利率调节资金供应？如果利率能够有效反映资金供需，那就不需要央行和货币政策了吧？当然，每个学派见解不同。

@ **不明真相的群众**：央行和货币政策只能立足于现实的资金供求关系确定或者微调。没有央行能脱离真实的资金供需关系制定货币政策，如果有，那会是灾难。

@ **真实之眼**：同意利率是由资金的供需关系决定的，但是经济增长速度并不决定利率，经济衰退或停滞时，利率往往更高。

@ **不明真相的群众**：那是阶段性的，在经济衰退但大家还想借钱救命的时候，利率有可能会高一段时间，但等到大家对经济增长绝望的时候，利率会很低。日本就是典型个案。

货币周转有损耗，日日夜夜"割韭菜"于无形

@ **勤劳的飞呀飞**：方丈，通常任何东西都会在周转运动过程中发生磨损，但是钱似乎不会磨损。例如，把钱用最基础的通知存款的形式不停地复利运转，这样钱就在不停地运转而没发生磨损。那么，我的问题是，钱是唯一不会在运动中磨损的东西吗？还是说，钱在周转运动中也发生了磨损，只是我没注意到而已？

@ **不明真相的群众**：实际上，钱在周转运动中发生了磨损。比如，你把 10 000 元从工商银行转到招商银行，看起来你的钱没有产生磨损，实际上，记账的过程产生了系统的记账成本，但是这个成本微乎其微，银行帮你补贴了。在这之前，跨行、跨地域转账是要收费的，比如你在中国香港或者美国跨行转账，银行可能就要

收你一笔钱，一般来说是几十元。

在货币电子化之前，如果要把你的 10 000 元从工商银行转存到招商银行，就需要柜员从金库里把钱拿出来，让武装押运车辆送到招商银行，那收费几十元就根本不够了。

在货币纸币化之前，你要把价值 10 000 元的黄金或者白银从工商银行转存到招商银行，那么就需要用夹剪从工商银行的一大块金子上剪下一小块，再派镖行押运到招商银行，你的 10 000 元扣除运转成本，能剩 8 000 元就算不错了。

所以，钱的流转也是有损耗的，但是因为技术进步（从贵金属到标准化硬币，再到纸币，再到电子记账），社会分工细化，周转成本持续下降到接近于零。

@ **一买就套**：你们没听说过铸币税吗？通货膨胀呀，每时每刻、日日夜夜、悄无声息地磨损。"割韭菜"于无形。

@ **不明真相的群众**：对，通胀每年磨损 3%~4%。

银行的前世今生：我赚的筹码上沾着老股东的血

@ **以愚困智**：方丈，请问国有银行股出现什么黑天鹅事件会使股东亏得血本无归？我近期一直是闭着眼睛买国有银行股，我以前的理解是政府必须坚挺银行。

@ **不明真相的群众**：就在不到 20 年前，国有银行的坏账率超过 20%，陷于技术性破产。

@ **大苹果的飞飞**：严格意义上，那个年代的银行不是真正的市场经济商业银行，它们更像是财政部的附属机构，和企业的关系其实属于一家低效的巨型机构的不同部门，它们对其他国有企业的贷款更像是关联交易。其实那个年代的问题不是银行技术破产，而是整个国家的财政接近技术破产，我记得那时有利率超过10%的国库券，国库券和国债甚至摊派到企业员工的工资里。今天看来，那个年代中国经济面临的困境其实是相当可怕的。

@ **邢台草帽：**那时银行基本是政府的子部门，靠行政命令、批条子贷款。改制以后没再那么搞过，往后越来越市场化。

@ **芝麻花生汤圆：**约翰·聂夫的温莎基金曾经持有花旗银行的股票，美国参议院银行委员会主席暗示花旗银行可能会技术性破产，花旗银行一家亚洲分行遭挤兑的报道满天飞，1991年年底，花旗银行股价一路下滑到每股8美元左右。方丈好像也在2008年投资花旗银行，赚了好多钱。

@ **不明真相的群众：**唉，我赚的筹码上沾着老股东的血。

@ **淡蓝色的极光：**花旗银行在2008年全球经济危机前为50亿股，市值2 500亿美元左右。2008年股价跌破每股1美元，市值仅50亿美元，虽然该年年底政府出手注资挽救，但是股权被稀释，变成了290亿股。就算美股这几年牛，花旗银行的市值不过1 500亿美元，但是你要知道老股东持有的市值才250亿美元，只有2008年之前的1/10。所以政府肯定会救那些大而不能倒的银行，银行会活过来，但是老股东很可能血本无归。

第七辑
世风——投资与炒股

如何应对通货紧缩：适当配置房产和金融资产

@ **天空之城城：** 普通投资者怎么应对通缩？

@ **不明真相的群众：** 保持实物资产（比如房产）和金融资产（比如股票、债券和现金）的适当配置就可以。

@ **Atrix：** 方丈有没有建议的配比？

@ **不明真相的群众：** 没有合适的配置比例，因为每个人条件不一样，大部分人一辈子都为了一套房奋斗，没有配置的条件。随着富裕程度的提高，人们可以提升金融资产的配置比例。美国人房产和金融资产的平均配置比例大概是3∶7，中国人大概是8∶2吧。

@ **坚信价值：** 美国政府2016年第一季度的统计数据（不是民间统计的）确实是房产不超过家庭资产的30%，就算加上汽车、家电这些耐用消费品也不超过30%。

　　详细数据：美国家庭总资产100万亿美元。住宅22.5万亿美元，耐用消费品5.3万亿美元（比如大屏幕电视）。金融资产71万亿美元，其中银行存款和货币基金10.9万亿美元，债券4.5万亿美元（主要是政府债券、国债和公司债），股票 13.9 万亿美元，基金 6.6 万亿美元，寿险权益 1.3 万亿美元，私人放贷 1 万亿美元。

"巨无霸"来了：养老金权益价值 21.1 万亿美元！这些养老金机构间接为普通人投资了股票和债券。非公司化股权 10.9 万亿美元（这些主要不是什么股权投资基金，而是中小企业主自己的小作坊股份）。

虽然家庭资产 100 万亿美元，但其实净资产并没有那么多，因为美国家庭还借了不少钱，其中住宅抵押贷款 9.5 万亿美元、消费贷款 3.5 万亿美元。哈哈，住宅虽然是 22.5 万亿美元，但是只还了不到 60%。考虑到很多已经还完的家庭拉高了还款比例，正在还抵押货款的的确都是房奴，其实在蜗居里没有什么权益。

@ **愤豆**：方丈觉得有没有必要配置一些外币？

@ **不明真相的群众**：如果资产规模大到千万量级，可以配置一些，比如你可以直接购买蛋卷安睡全天候（海外）(CSI004)[①]。

上市公司的土地？这就好比说至少我的肾还是很值钱的

@ **不明真相的群众**：炒股史上最坑人的信息就是：这家公司在×××还有一块地，这块地都不止股价啊。

@ **释老毛**：打脸。有地有什么不好，雪球没地还那么牛。

@ **不明真相的群众**：格雷厄姆搞上市公司地的时候，通常是为清算做准备；在中国市场，研报这么写的话，通常是为股价找理由。

@ **laoduo**：我也有过这样的困惑。这家公司把地卖了不就身价倍

---

① 蛋卷安睡全天候 (海外)(CSI004) 是雪球推出的一个海外资产配置基金。——编者注

增了，业绩什么都有了。后来我想通了逻辑，当我很穷的时候，我都是这么安慰自己的：至少我的肾还是很值钱的。

做得好的说不好？那只是因为他不喜欢说而已

@ **周期王国**：我在雪球上看了许多发言很多的人的投资组合，发现一个问题，大多数说起来一套一套的、理论多得你都没听过的人，组合做得都很垃圾，反而平时不怎么说话的人，组合做得好，这说明了什么？

@ **不明真相的群众**：我觉得这个逻辑不成立，事实是，做得好的人本身数量太少了（资本市场的结果就是这样）。做得好的人里面有喜欢说话的，也有不喜欢说话的。

基金经理的难题：股票高估了也不能空仓

@ **不明真相的群众**：有次我跟一众基金经理吃饭，严肃地问了他们一个问题：如果你用一个热门概念募集了一个基金，但你觉得现在这个行业的股票都高估了，那么你能不能空仓。基金经理很诚实地说不能。因为虽然高估了，但股票依然有两种可能：一种是跌，跌了，客户就会说你投资策略漂移；另一种是涨，如果人性的疯狂推动股票价格继续上涨，那么客户会抛弃空仓的基金经理。

散户炒股优劣势：跟机构比起来不值一提

@ **猫咖啡 CFA**：您认为雪球用户的研究能力和投资能力与机构投

第二部　世风日上

资者相比差在哪里？散户该如何扩大选股范围、提高研究能力？

@ **不明真相的群众**：首先，大部分人没有在研究；其次，大部分研究没有意义；最后，散户尽量不要扩大自己的选股范围，不要尝试提高自己的研究能力。明白这一点，就跑赢了大多数散户。

总之，大部分散户的研究跟机构比起来不值一提，见点不见面，不成体系，想象力为主。

当然，要说一定没有优势也是不对的，散户可能具有的优势是：（1）不一定非要研究；（2）不一定非要研究所有行业和公司；（3）不一定非要研究所有行业和公司的所有方面；（4）不一定非要说行业和公司好。

@ **佛至心灵的牛**：人艰不拆，大实话说得很委婉了："不一定非要说行业和公司好。"

@ **不明真相的群众**：比如，一名 A 股的互联网分析师非要研究，一名 A 股的互联网基金经理非要投资，结果可能非常悲惨。

定性与估值：你的判断多半是一种幻想

@ **Eminemstany**：方丈，老祖宗说我们只对能用 5 毛钱买 1 块钱的东西感兴趣，又说合理的价格买一家伟大的公司比廉价买一家普通的公司好得多。我想问，这里的合理是指用 1 块钱买 1 块钱的东西吗？所以如果遇到非常有竞争优势的公司，但是估值不低，我们应该等还是行动？

@ **不明真相的群众**：要确定一家公司"非常有竞争优势"非常困难，给"非常有竞争优势"的公司估值到底是值 1 块钱还是 5 毛钱就更加困难了。连芒格都说，只有 5% 的时候知道是贵了还是便宜了。所以具有操作性的建议是：首先，反思自己对公司"非常有竞争优势"的判断是否成立，是不是一种幻想（这种情况非常常见），如果确认公司将来的价值将远超现在，那么现在的"估值"就不太重要，都可以买入，当然如果将来企业价值并没有远超现在，你要明白你的问题并不是出在估值，而是对企业"非常有竞争优势"的判断错了；其次，在大盘比较悲观、大部分人谈股色变的时候买入。

@ **触控窄边框**：另外，回想一下，谈股色变最近只发生在2008年和2015年，十年才两次机会，好寂寞啊。

@ **不明真相的群众**：所以，这种机会只能说来了是命好，但不可能到这个时候才去投资啊。

买入和持有：尽量不要因为想赚市场高估的钱而卖出

@ **酷峰**：请问方丈，持有等于买入吗？

@ **不明真相的群众**：我觉得并不完全等于。买入说明无论对定性（公司质地好坏）还是定量（公司估值是否合适）都很满意；持有，有可能定性无变化，但估值不吸引人。

举个例子，我之前说东方财富网的市值达到300亿元，我会买入，现在没有到，我就不买，但如果我买了，现在市值500亿元，我会继续持有。这就是区别。

@ **山客游**：持有就是持有，买入就是买入！不要玩文字游戏。持有就是确信公司好，现在价格也合适，还有投资潜力，目前没有更好的投资标的，没有比买入股票更有价值的标的。而买入则说明之前持有的是现金，目标股票比现金更有价值。

@ **小花生丶**：一直觉得自己和方丈的投资思路极其相似，但我确实理解不了方丈的这种做法。在不考虑摩擦成本的情况下，已买入和未买入究竟有什么区别，为什么会对投资决策有影响？我猜测一种可能的解释就是有一道心理防线，需要极强的买入理由才能冲破它，持有则并无心理障碍。但投资理念如此成熟的方丈为何会有这种想法，我很困惑，望解答。

@ **不明真相的群众**：买入需要强理由，尽量不要因为想赚市场高估的钱而卖出。

银行股：到底是价值投资还是成长投资

@ **不明真相的群众**：2008年到现在（2017年8月），A股市场估计很少有公司的利润增长能超过银行，那么买银行股的人到底是价值投资还是成长投资？

@ **我就是厘米**：买银行股的不是缺心眼吗？真的，我跟我同学说我买了工商银行（601398）的时候，他看我的表情就像在看一个智障，那人还是银行高管……

@ **镜花奇缘**：总的来说是价值投资吧，银行体量太大了……买入ROE（净资产收益率）15%的银行股，估值不变，年化收益率15%，保持30年就是世界级投资大师了。

@ **邢台草帽**：这是标准的成长投资啊，看看近些年的利润规模不就很清楚了吗？同时银行业也是弱周期行业，周期性和白酒行业类似。

@ **少啦B梦**：银行股的业绩都是做出来的。

@ **不明真相的群众**：难道银行给大家分的红利也是假的？那送给我吧。

@ **独自观潮**：对买卖证券获取收益的人来说，只要分清楚投资和投机的区别即可，把投资分为价值投资和成长投资是没有意义的，价值投资和成长投资是个人能力圈的问题。格雷厄姆定义："投资是根据深入的分析，承诺本金安全以及回报率令人满意的操作，不符合这些条件的操作则是投机。"我认为你能够主要基于上市公司的资产、盈利和股息的深入分析，承诺本金安全及回报令人满意的操作是投资。当然，你有能力把握上市公司的未来发展，主要基于其成长进行深入分析，承诺本金安全及回报令人满意的操作也是投资。

@ **不明真相的群众**：我觉得投资是基于上市公司的价值（无论它是低估还是成长）而买入，投机是基于猜测其他人会买（股价会涨）而买入。

关于周期性：不要研究周期，定投指数

@ **不明真相的群众**：霍华德·马克斯的《投资最重要的事》一书，评价好像挺高，可是我看完很困惑。书里说来说去就是股市涨了会跌、跌了会涨，那应该怎么操作呢？高抛低吸？

@ **闲庭信步的**：方丈是在狭义上理解这本书。实际上，这本书只说明一点：（非仅指投资，而是万物）重要的是周期，而不是趋势。

@ **不明真相的群众**：事物有周期是肯定的，可是对于周期，我们能做什么呢？

@ **福东**：我跟方丈理解的差不多。一开始如获至宝，但是多读两遍就发现多是困惑，实践意义不大。就像方丈所说，对于周期，我们做不了什么。

@ **不明真相的群众**：如果能确认，对于周期，我们做不了什么，这是价值连城的结论。但是马克斯通篇讲这个周期和波动，好像我们应该做什么似的。

@ **大道小岛**：看清周期，做择时波动操作获利啊。难道方丈认为没法预测周期吗？

@ **不明真相的群众**：如果能够预测周期，我就什么都不用做了，很快我就会成为世界首富。

@ **坚信价值**：马克斯在2008年全球经济危机当中火线募集了109亿美元的困境债基金，是历史上最大的一笔，所以在大家都没弹药的时候有实力买入大量被抛售的资产，这就是低吸的综合能力：知道什么时候是周期低点，有沟通能力快速说服自己的投资人现在是周期低点。

@ **不明真相的群众**：我觉得：（1）低吸不难；（2）低的时候有钱用来吸，较难；（3）判断高点并进行处置，极难。我对人类社会的整体进步持极其乐观的态度，对每个具体的人在每件具体的事情上的能力持极其悲观的态度。

对投资者来说，周期性最大的价值是衰退周期能给我们一些性价比高的赢利机会，但如果想把握周期并赚周期的钱，非常困难。

@ **fantasticwk**：为什么每个人在每件具体事情上极其悲观的集合是极其乐观的？

@ **不明真相的群众**：这确实是人类社会的奇妙之处，一帮傻子乱搞，好像结果还挺不错；一旦有个牛人要实施一个完美的计划，一般就糟透了。

@ **这尼妹**：方丈这条消息能救很多"韭菜"，但是听得进去的"韭菜"肯定不多。

@ **不明真相的群众**：估计很多人都会认为我是个疯子。

@ **sun 大宝哥**：方丈，你应该给出标的，而不是让他们盲目自信，大部分公司是不可能永远上涨的，还是定投指数吧。

@ **不明真相的群众**：我的建议其实是：不要研究周期，定投指数。

@ **组合牛魔王**：方丈的观点，不能用商业逻辑反驳。我就说一点，只有股市一条路的话，抱着永远上涨的理念长期持有挺好的。但考虑大类资产配置的话，研究周期很重要，比如经济下行和通胀回落的阶段，股票不行了，我买点儿债券行不行？当然方丈会说你这背后还是贪婪。

投资偏好不同，找自己确信的标的就行

@ **也许不是这样的**：像苏宁这种公司，是将它视为传统公司，还是归类为互联网公司呢？

@ **不明真相的群众**：我一点儿都不关心某家公司是传统公司还是互联网公司，其实我也持有一些"很不互联网"的公司。我会看更具体的东西：（1）从产品形态上看，产品是否有"越多人用越好用"的自我实现特征，从而实现对竞争对手的挤出效应，形成自然垄断；（2）从商业模式上看，是否具备公司成本并不随着营收规模扩张同比扩张的特征，即规模效应特别明显；（3）从公司治理结构上看，是否具备自下而上、内部创新的能力，是否具备对外部环境变化的自适应能力。

如果符合这些特征，当然就是不错的投资标的；如果不符合这些特征，也未必就不能投资，大家的投资偏好不同，找自己确信的标的就行。

投资其实很简单：最小白的收益率进阶之道

@ 不明真相的群众： 你的钱存成银行活期存款，本金基本无风险，流动性极强，随时取用，每年可以获得 0.35% 的收益。

你稍微点几下鼠标，将活期存款转换成货币基金，比如在蛋卷购买现金宝，本金基本无风险，流动性不受影响，每年的回报一下可以上升到 2.5%~3%。这个收益提升应该是代价最低的。

如果你愿意牺牲一点儿流动性，买成中短期（比如 3 个月或 6 个月）的理财产品，或者承担一点儿波动，比如在蛋卷购买短融债券基金，收益率可以提升到 4%~5%。

如果你愿意承担更大一点儿的风险和波动，购买以企业中长期债券为主的纯债基金，收益率则可以提升到 6% 左右。

如果你愿意进一步牺牲流动性，比如 6 个月或 12 个月甚至更久，购买定开债券基金，收益率有可能提升到 7% 以上，或者你可以承担更多的风险和波动，购买一个债券＋股票的组合，比如买入蛋卷安睡二八平衡（CSI003），那么长期回报率可能可以提升到 8% 以上。

如果不是想通过投资（赌博）发横财，其实投资真不是那么难，只是收益率每提升一个点，都需要付出代价，或者牺牲了流动性，或者承担了更多的风险、更大的波动。

在通往成功投资的路上，你做什么只占一半权重

@ Terastar： 今年最让我吃惊的是，一个让我很佩服的高手搞的美股基金现在的单位净值竟然只有 0.87 美元。雪球上估计不少人

都知道这个高手，他分析个股确实很深入，智商、学识、勤奋度胜我 10 倍。这是为什么呢？

@ **不明真相的群众：**这一点儿都不用思考啊，很正常，这样的事情年年月月都在发生。在通往成功投资的路上，智商、学识、勤奋程度、个股分析的深入程度，它们的权重远远没有想象中那么高。

@ **刘志超：**那么你认为最重要的是什么呢？

@ **不明真相的群众：**（1）对公司的认识，对商业的认识。钱从哪里来？（2）对市场的认识。当标的价格发生波动，我该怎么办？（3）对自己的认识。我凭什么在市场上赚到钱？智商、学识、勤奋程度、个股分析的深入程度，只对第一条有作用。

@ **我是任俊杰：**做个补充：在通往成功投资的路上，你做什么只占一半权重，还有一半权重是不做什么（有所不为）。千万不要忽略这一点！那这份"负面清单"都有哪些呢？这需要你花几年的时间认认真真地从别人的错误中吸取教训。

@ **点滴投资思考：**关键是第三条——对自己的认识。股市中的人，当然也包括雪球用户，绝大部分在这个问题上是不及格的，都高估自己，都坚信自己胜过他人，也相信自己的买入卖出决策是正确的，对手正在犯错。但事实往往并非如此，在我看来，长久地在股市中生存有两个关键：一是承认自己并不聪明，相信对手可能比自己聪明，为此每笔交易都深思熟虑，每笔交易都在认真研究后才敢出手；二是承认世界并不确定，相信股市难以预测，为此不敢豪赌一注，坚持保守理念，坚信安全边际。

@ **不明真相的群众：**运气也非常重要，但问题是我们对运气无能为力。就如一个人的健康和寿命主要是由基因决定的，但我们对这个基因无能为力，只能在饮食、锻炼和医疗这些能努力的领域付诸努力。

如果一家公司的股票跌 50%，你也不想卖，那么你就看懂这家公司了

@ **大道小岛**：方丈，有没有好办法鉴定自己是否有某方面的能力？

@ **不明真相的群众**：如果有一件事，你老搞不好，或做得很吃力，那一般来说它就不属于你的能力圈。

@ **大道小岛**：那要怎么确定自己不具备看懂某家公司的能力？或者说，怎么样才能算有能力看懂某家公司？

@ **不明真相的群众**：如果你买入一家公司的股票时一点儿不犹豫，并且它跌 50%，你也不想卖，那么你就看懂这家公司了。

@ **大道至简拥抱未来**：如果真看懂了，怎么会跌这么多？买入时的逻辑是否有误？股票市场跌 50% 不卖的人不少，都是散户觉得反正被套惨了，干脆不管了。放几年，连自己买的股票叫什么都忘了。

@ **不明真相的群众**：因为市场涨跌不可预测，巴菲特也有多次买入后继续跌 50% 的标的。

@ **大道至简拥抱未来**：巴菲特这种情况和国运有很大关系，市场必须是持续向好的。至少我身边炒股能力还不错的朋友里没有跌 50% 还很淡定地拿着或加仓的，倒是很多小散户被套后拿得异常坚定。

对我影响最大的三个人：巴菲特、段永平和芒格

@ **买好的更要买的好**：能问下对你影响最大的三个人或者你崇拜的三个人是谁吗？

@ **不明真相的群众**：巴菲特、段永平，再加芒格。

@ 冯异： 方丈从他们三个人身上分别学到的最重要的东西是什么？

@ 不明真相的群众： 巴菲特：买股票就是买公司。芒格：用合理的价格买质地优异的公司，好过用便宜的价格买质地一般的公司。段永平：做对的事情，把事情做对。

@ 用户5979397136： 如果说混迹雪球的人最终都会成为巴菲特、芒格、段永平的信徒的话，那原本持这种投资理念的人最终会越来越容易挣钱，还是会越来越难？

@ 不明真相的群众： 没有任何影响。首先，真正信奉这些话的人永远是极少数。其次，每个人理解的公司不同，每个人理解的好公司和好价格也不同，每个人理解的对的事情更不同。

不想持有十年，就不要持有十分钟

@ 非完全进化体： 我想听听方丈对"不想持有十年，就不要持有十分钟"这句话的理解。

@ 不明真相的群众：（1）从投资的利润来源角度看，如果你相信企业价值的增长是最主要的来源，那么不长期持有就获得不了利润。（2）从确定性的角度看，人的认知能力是很有限的，决策越多，失误越多，所以应该尽量少决策，少决策意味着要集中于自己有认知优势的企业，长期持有，尽量减少交易。（3）不想持有十年意味着对企业认知不深，有很大的不确定性，而且以后需要不停地决策（卖了以后不得再买吗），增加不确定性，这意味着胜率将持续下降。

尽量集中和永远满仓是更加保守的策略

@ **不明真相的群众**：在我看来，尽量集中和永远满仓是更加保守的策略，但估计别人都会认为我是一个激进的疯子。

@ **vmnvw**：永远满仓是放弃了择时和抓波动，这个可以理解为保守，但是尽量集中怎么理解为保守呢？

@ **不明真相的群众**：因为你只能认识非常有限的公司或者行业。

@ **vmnvw**：就是说在你已经吃透具体某家公司的前提下满仓和集中。

@ **不明真相的群众**：如果没有吃透，分散也没有用，除非分散到根本没有个股，就是我经常说的另一条路：买指数基金，做资产配置。

@ **Allen 一路向北**：尽量集中，就是承认自己能力有限，能看懂和了解的公司很少；永远满仓，就是承认自己没有预测市场、择时的能力。

@ **zompire**：对方丈来说的确是有道理的，但对相当多的投资者或伪投资者来说相当危险，因为你知道他们都不会深入研究某行业或某公司。当方丈颇有市场地位和影响力时，不妨多从"韭菜"或常人的思路发表建议，或在表达时把前提写全，否则一帮"韭菜"无脑跟进后亏了钱会涌来狂喷的……

@ **不明真相的群众**：所以还有更加保守的——买指数基金。

@ **用户 5979397136**：大部分人在股市都亏钱，这是事实，但说服大部分人放弃炒股转而买基金，和让其在股市中稳定赚钱差不多同等困难。因为基金收益低，而且低归低，它还是声明它仍然有波动、有风险、不承诺、不保证，这样一种收益低还不是稳赚的东西，我们"韭菜"很难接受，而且要放弃我们"韭菜"最看重的那种亲自赌博押注的刺激体验，用方丈的话说，炒股根本就是一种精神享受。所以归根到底，就像巴菲特说的：愚蠢的钱认识到自身的愚蠢时，就变得聪明起来。能清醒认识到自己在股市的无能转而购买基金的人，其实在股市应该也能赚到钱。

@ **拙劣的赌徒1983**：方丈，长期持有某公司股票，如果感觉明显高估了所持股票（自认为判断出来了），应再转移到股票池中另外的股票吗？如果股票池中各股的估值都差不多，应继续持有（主动屏蔽择时冲动）吗？

@ **不明真相的群众**：我认为判断和处理高估比判断和处理低估难很多，因为该公司本身在发展，现在看来高估了，过个三五年变成低估了。如果你能判断的话，发现性价比更高的标的就换股。

一项业务能长期赚钱，一定是给消费者创造了价值

@ **灭苦生乐的AI**：如果一家公司的业务很赚钱，股价持续上涨，但是它的业务不符合我的价值观偏向。请问方丈，当一些很赚钱的公司的业务跟你的价值观产生冲突时，你是坚持自己的价值观拒绝投资，还是觉得需要改变自身的偏见和执着的态度？

@ **不明真相的群众**：如果不是出于强迫，一项业务能长期赚钱，一定是给消费者创造了价值。价值观和审美趣味都是很靠不住的。比如，100多年前，英国的贵族阶层都认为靠工薪养活自己很丢人。再比如，1644年，大部分中国人认为，蓄一条辫子，把周围的头发剃光，是很难看的，到1911年，这些人的后代却认为把辫子剪掉是完全不能接受的事情。

所以，你需要反思的是自己的价值观是不是有问题。

@ **扑克先生–AQ5J**：芒格、@管我财：不合价值观的不参与。方

丈、@释老毛：赚到钱才是硬道理，价值观并不重要。

还有一些中间地带的策略，比如如果叫我开赌场（或奴隶贩卖公司等），我是不开的，这是害人，我过不了自己的心理关。但是，赌业股有赚钱机会时，我可以买。两者之间的区别是：我不去开赌场的话，这家赚钱但害人的公司就不会存在，而无论我买不买这只股，这家赚大钱的公司都会活得很好，我的行为只是从中分了杯羹，买入决策并没有改变这个商业环境。

道德阈值较高的人远离恶业，好处是满足了自己的道德需求，也避免了坏名声，但对整体经济其实不一定就是好事。这种逆向淘汰导致恶业被恶人垄断，一方面进一步加剧了该类公司的恶，另一方面导致该恶业的利润被恶人全部拿走，提升了他们的繁衍率和人群占比，使我们的生存环境持续恶化。

@ 不明真相的群众：我的观点其实并不是这个，我的观点是：大家认为很坏的很多事情其实并没有那么坏，甚至根本就是好事；大家认为很好的很多事情其实并没有那么好，甚至根本就是坏事。通往地狱的路是鲜花和善意铺就的。

我入市以来始终满仓，无论是牛市还是熊市

@ 不明真相的群众：除了生活所需，保留现金没有意义。所谓"保留现金"是说可以等股市下跌的时候还有钱买，但这里面有两个悖论。（1）为什么股市一定会下跌呢？长远来看，股市下跌的可能性低于50%，而上涨的可能性高于50%，这就是我说过多次的，股市的真正规律不是波动，而是永远上涨，波动只是一种现象。（2）真到股市下跌了，你拿现金买入后，你不就没有现金了

吗？要是股市再下跌呢？所以保留现金没有意义。

@**厚恩投资张延昆**：首先，我们没有买整个股市，整个股市的上涨也许和你的持股一点儿关系也没有，那么你说的也许是全面配置股市，而且可以全球配置指数，但这就完了吗？

我们要知道为什么要投资，仅仅是为了配置股市见其上涨吗？不！我们要的是满意的复利，至少高过银行长期存款一倍的复利！

事实上能获取满意复利的人并不多，也许在我们有限的投资时间段内，也许要50年，复利水平非常低，但再熬50年，整体股市就很不错，对个体来说没有意义，所以不能赌整体股市上涨，在我们有限的生命里复利会让自己满意。

重要的事说三遍：我们要的不是简单地一直涨，股市是一直涨，但我们要的是一直以满意的复利上涨，满意的复利，满意的复利，满意的复利！

其次，留现金的意义肯定是使用，但说下跌补仓早晚满仓，这是拍脑袋的说法，价值投资者买入具有价值深度的标的集群，很多时候标的价值参差不齐，随时留有现金可以在遇到机会的时候不断买入深度，但其间可能也淘汰高估值股票。

所以，买卖也许不是衔接得很紧密，也有可能买入卖出是逐步的过程，那么留有部分现金等候是一种常态。

这样看，市场有千变万化的情绪，而且组合标的买入不是一蹴而就的，极有可能这边低估介入，那边高估就卖出了，资金可以休息了，不见得会马上使用。总之，以为买卖是齐刷刷的两笔完成的人是没经过投资实践的。

最后，价值投资人认为利用价值波动规律来交易是最简单、最有效的投资手段，能超越普通的平庸大众的收益，那么留有现金就是极为正常的行为了。于是保守理念就成了价值投资者的通用原则，因为有市场情绪在，因为有人性弱点在，亘古不变。

具体时间业绩可以看《聪明的投资者》第 4 版附件或巴菲特的年度投资报告，巴菲特列举了价值投资者的长期业绩和自己的交易思路。当然，观者要是价值投资者，不是伪价值投资者或"赌神"。

@ **ETF 拯救世界：**这个问题本身没有标准答案。每个人的情况不同，要不要保留现金也无须统一标准。但是我特别感兴趣的是方丈说不要保留现金，请问你自己有没有保留现金？因为方丈有几次在大盘下跌的时候进场护盘，有时候还要等收盘看看情况再决定是否买入。如果方丈自己没有保留现金，那么大盘下跌护盘时的现金是从哪儿来的？何况是否投入还要看大盘走势，涨了就不护盘了……当然，有可能是下跌当天正好有一笔收入……我对这个问题确实比较好奇。还有，方丈自己投入私募的 1 000 万美元是卖出持仓品种呢，还是银行账户的现金呢？其实是否持有现金没有标准答案，但问题的关键似乎应该是言行一致。不能说大盘跌了有无限资金买入，涨了就是满仓……这样好像不太好啊。

@ **不明真相的群众：**（1）不是"上涨了才满仓"，我说过很多次，我入市以来一直是满仓的，无论是牛市还是熊市。（2）所谓护盘的钱，是正好手头有点儿零钱。（3）至于认购基金，我根本就是用持仓实物直接认购的。（4）我也认为没有标准答案，我也说过很多次：自认为有选股能力和波动承受能力的投资者可以永远满仓股票；没有选股能力和波动承受能力的投资者可以配置指数基金资产，可以认为债券、货币基金是现金类资产吧。

我倒从来不会劝人满仓，甚至作为一家炒股网站的创始人，我从来都是劝人不要炒股，我倒认为指数基金资产配置适合大多数人。

@ **伟彦刘**：巴菲特留有现金的主要原因是保险公司可能出现突然的大额赔付，不是因为他想留着抄底。我觉得留有现金只应该有两个原因：（1）承认自己可能是无知的，要留点儿容错空间；（2）给黑天鹅的出现留点儿空间。如果是为了等五星级的投资机会，那等几年时间也不是不可能，算上这个等待的成本，五星级还是五星级吗？

如果你有能力选择公司，就根本不用操心指数涨不涨

@ **坚信价值**：看美国股市过去七八十年的表现，低迷持续的时间其实经常达到令普通人无法忍受的程度。对一个 40 岁的投资者来说，有可能到退休都翻不了身。

1966—1982 年的这轮熊市长达 16 年，生在那个时代的人什么锐气都能被磨没了。

1999—2010 年，其间 2002—2007 年的小牛市只是反弹小插曲，基本上是 10 年回到原点。

1966—1982 年这 16 年，因为高物价通胀，股民实际遭受了巨额财富损失，折腾了 16 年，购买力反而降了 75%。

实际上，1966 年入市的人直到 1995 年（约 30 年后）才恢复了原来的实际财富水平。

1999—2010 年的熊市，如果考虑了通胀因素，很明显 2002—2007 年的牛市其实只是反弹，2007 年的顶点并没有站到 1999 年之上。

事实上，直到 2013 年（14 年后），投资者才恢复到 1999 年的实际财富水平。

这个生不逢时的风险如何破啊？

@ **不明真相的群众：** 这两段"指数不涨"，其实原因都是一样的：泡沫的漫长消化期。

第一段"指数不涨"，原因在于"漂亮 50"估值泡沫，当时美国大蓝筹的估值到了 60~70 倍（跟 A 股 2007 年的 6124 点估值类似），奈何这些公司提供不了连年超过 60%~70% 的利润增长，上市公司的年化利润增长还不到 10%，所以需要用 20~30 年的时间消化这个估值。

第二段"指数不涨"，原因在于科网股泡沫，那市盈率就不是六七十倍可以衡量的。遗憾的是，大部分科网股没有能力将盈利落地，所以也用了将近 20 年来消化这个泡沫。

但在此过程中也出现了大量真正实现了盈利长期增长的公司，其最终股价穿越了不涨的指数，给投资者创造了很好的回报。

所以，出路也简单：（1）如果你有能力选择公司，那么你投资能够长期盈利的公司，公司股价超越指数，在这种情况下，你根本不用操心指数涨不涨。当然，这很难很难。另外，如果赌错了，那你一定要明白原因出在你的自大上，而不是股市对不起你。（2）如果你没能力选择公司，投资指数，最好是投资低估值的指数，如果搞不清楚指数是高估还是低估，那么一定要定投，而不是在 6124 点一把投进去，然后十年不涨。如果从 6124 点开始定投指数，其实回报也不错。

现在（2017 年 9 月）情况又变了，虽然大盘"十年不涨"，但很多公司的利润已是 10 年前的 6 倍，把原来 60 倍的市盈率整成了 10 倍。

@ **孤舟行**：还是方丈看到了本质，指数不涨是因为高估，要用时间来消化。但中国股市不是这样，是直接暴力回归，用空间换时间。我们不想等，不用等，所以大家不用担心自己遇到了 20 年指数不涨的情况。

@ **不明真相的群众**：中国股市的问题不是不回归，是回归太少、太慢。纳斯达克泡沫后回归了 80%，与之相比，中国股市太温柔了。

@ **宁静的冬日 M**：假如有一笔赚钱的生意，该生意却长时间低价徘徊，比如 20 多年吧，拥有这笔生意的人现在都 40 多岁了。那他到底是运气好还是生不逢时？这很可能取决于他对人生的看法，如果他一门心思赶紧卖掉生意移民，那只能叫生不逢时了。但如果他觉得移民出去还不如现实的生意有趣，想要再投，那说不定就是运气好。所以要解决这个问题本来很简单，价值投资就行。但看起来似乎移民的念头比在国内做价值投资流行多了，流行到大家基本都忘了这个办法。

@ **自然之心**：如果自己的股票市值 20 年不涨，没有人会感到满意，而且肯定是自己的投资系统出了问题，不能以价值投资的说法欺骗自己。我们投资是投个股，而不是投指数。选择好公司，如果买得不是很高，哪怕 20 年指数不涨，我们也是可以赚好多钱的。

@ **宁静的冬日 M**：这样讲吧，如果你和其他几十个朋友一起拥有一个每年能提供一定租金的旺铺，或者每年能出产一定数量烟草的农场，而且在二十几年的长周期里，你发现租金和烟草价格或多或少有一些上涨。你们之间约定每个人的权益都只能内部转让。

但很不幸，你的合伙人们先后染上了赌博的恶习，每年都有一个人在输掉全部家当后寻求卖出自己的权益还债。而其他醉心于赌博的人根本瞧不上这种收益率，因为如果认为自己一定能赢，没有什么东西的回报率会比赌博更高。假设你是唯一一个不好赌的人，愿意买入他们手里的权益，但假如你不是富豪，没有其他巨额收入来源，每年只能用这个生意分得的权益去买一点儿，这样一来你们的内部转让价看起来就很可能总是不涨。

二十几年后，你会觉得"肯定是自己的投资系统出了问题"吗？你会认为自己在这二十几年里是一直在"以价值投资的说法欺骗自己"吗？你会发现自己是发了财还是吃了亏？

如何对待公司经营业绩的波动

@ **不明真相的群众：** 无论我们选择的公司如何优秀，无论我们买入时的估值如何公允（何况这往往并不是事实），我们所投的公司经营一定会出现我们预料之外的波动。

基本面上表现为公司的产品没有按时交付、市场扩张遇到了麻烦，财务上的表现为企业的营收、盈利、利润率与预期有偏差。这时候该公司的股价往往也会波动。我们应该如何应对这种波动？可能投资者会预设一个最理想的模式：公司经营往坏的方向波动之前，卖出股票；公司经营往好的方向波动之前，买入股票。这样就太美好了。但说实话，这非常难。我举个例子，汽车专家李想预测，在 Model 3 量产之前，特斯拉的经营数据会非常难看，所以股价也会非常难看，但实际的情况是 Model 3 量产之前，特斯拉的股价一直上涨，直到 2017 年第三季度财报公布后，股价才出现了一定程度的回调。所以李想也承认他预测对了基本面，但预测错了股价周期。

这再一次证明，股价的波动与公司经营业绩之间的关系并不是线性的，要从公司经营业绩的角度事先把握股价波动非常困难。但是，经营业绩的波动未必完全不能利用。比如，公司"质"的判断并无变化（好行业、好公司、好的管理层），而市场对经营业绩的波动反应过度，出现了非理性的大幅度下跌，这时往往是很好的买入时机。

为什么强调"质"的判断呢？因为公司经营是一个复杂的动态过程，任何公司都不可能永远一帆风顺地发展，但优秀的公司往往有较强的自我调整能力和市场适应能力，即使如此，它也需要时间和空间。给谁时间和空间，"质"的判断就非常重要。我觉得这是利用基本面波动比较可行的办法。

@ **群兽中的一只猫**：这一点我很想回复下方丈，我也认为非常有必要探讨一下。基金经理和散户对此的看法应该不一样。散户对于这样的大跌应该开心，因为有新的资金可以买入，但私募基金经理面对这样的情况（至少我认为）应该不完全是这样的思考，需要更多的维度和角度。因为当时可能不存在新增资金，那么剧烈"重仓"的下跌甚至可能导致赎回，对整个资金池来说就有可能发生"本金损失"。同时下跌的幅度过大，对全体客户的心态和自己的心态可能也会有直接或间接的影响，不利于保持理性。由于基金持仓经常跨行业，所以我不太相信他们在每个标的上都能达到"半个内行"的程度，因此我认为基金经理遇到这种情况时对公司基本面的认识应该再确认加强，看看自己的研究与思考有没有盲点和误区。同时，如果是变化大的行业，而且这个变化并不在你完全能把握的程度，即使赔率高，仓位也不能太重。可以不回避"可逆"的下跌，但前提是确认这个下跌是可逆的且你在不回避的这个过程中不会死。我认为树立更敬畏市场的观念是前提，至于具体做法，方丈你肯定比我懂得多。在遇到这个问题之前，对基本面研究时多角度地看待标的与市场可能也会有帮助。或许，选择"我们并不担心时间，因为未来会让我们变得更好"，是公司应对这种危机的好选择。当然，这是另一个问题。

@ **不明真相的群众**：对啊，所以"质"的判断最为重要。

@ **群兽中的一只猫**：方丈，我的重点其实并不是在说这一点。大多数投资人都知道"质"的判断是最重要的。"质"可以广义地理解为真相——投资的真相。然而，我觉得实际上我们大多数人无论如何努力，能做的只是尽量接近真相，很少有投资人能在任何情况下都很确定自己对公司的基本面把握一定是完全准确的。说到李想，现在看来李想对长安 CS95 的判断就是错的，他对长城的判断也是错的。李想对汽车的认识和研究算深刻了吧？

这就是"事实"，事实是之后才能确认的。等到尘埃落定，事实才是"真相"。所以，在事实发生之前，我们对"真相"的认知应该要多少留一分余地。很少有人能说自己对基本面的把握就是"真相"，而且肯定是包含混沌因素的。如果能认知这一前提，在大跌（或者说黑天鹅，或者其他基本面坏信息）发生的时候是不是就会更加理性，会采取措施加深研究，多审视，而不是自大固执，"抱残守缺"。我看到过很多投资者犯这个错误，我自己也犯过这个错误。我想说的就是要明白这一前提并思考对策，否则长远看来，对投资者自身成长是不利的。我建议大家看方丈的文章和观点时，也能想想这一前提。

@ **不明真相的群众**：所以，可做的事情包括：（1）整个投资策略要有容错空间；（2）在波动中加大研究深度；（3）尽量投资变量小的公司。

拿住，不许动，你就会发财

@ **dslkhy**：方丈，我是雪球的忠实粉丝，本人投资基金已有几年，就是克服不了自己的贪婪和恐惧，现持有9只基金，算是三个组合。第一个组合互转，易方达沪深300量化增强30%，易方达安心回报债券15%，易方达稳健收益债券15%；第二组合不动，天惠、国泰估值、华泰先行20%；第三是灵活组合，工银深证红利、工银可转债、工银沪深300 20%，最近大盘跌得让人有点儿扛不住，不知我的组合策略有什么缺点，请指点迷津。资金是三五年不动的钱。

@ **不明真相的群众**：拿住，不许动，你就会发财。

@ **dslkhy**：我想在年后赌一下底部，静待底部提高逐步减仓，可否？

@ **不明真相的群众**：一旦你开始"赌"，计划"逐步减仓"，那就永远没有尽头。既然赌了一次，为什么不再赌一次？减仓了以后还不是得建仓？

大师早就说过，价值投资永远不会蔚然成风

@ **浮沉浪111**：为什么价值投资不会蔚然成风呢？个人感觉价值投资理念很好理解，也比较容易操作，很多实践者的效果也不错，有什么障碍让价值投资流行不起来呢？还有目前占比最多的投资

或投机流派，如果不是价值投资又是什么呢？

@ **不明真相的群众**：大师早就说过，价值投资永远不会蔚然成风，为什么？（1）认知公司价值太难，还是赌运气容易。（2）认知市场太难，投资者太想赚波动的钱。（3）认知自己太难，不想慢慢致富。

正因为大家意见有分歧，市场才会有交易

@ **Mr-小鹿先森**：方丈，为什么还有人买保千里和乐视，这个我真的不懂。

@ **不明真相的群众**：正因为大家意见有分歧，市场才会有交易。至于坐在计算机另一头的人为什么持跟你相反的看法，这个事情不用去琢磨，因为你永远也琢磨不明白。

关于保住本金：绝对不亏损？这做不到啊

@ **st 韭业**：巴菲特说过投资第一要务是保住本金，但他也说过除非你能接受手里的股票跌 50% 而不恐慌，否则就别进入股市。如何理解看似矛盾的两句话？

@ **不明真相的群众**："保住本金"指的是什么，我也不知道。如果说净值（股价）不低于买入价，那么任何人都做不到。如果说不要在亏损的状态下卖出股票，那有时候巴菲特也难免认栽，比如康菲石油。所以我理解的"保住本金"应该是尽量买便宜的股票（不要买贵），买自己了解的股票（避免判断失误），尽量避免亏损，而不是绝对不亏损，因为这做不到啊。

@ **邢台草帽：** 保住本金是指在评估该公司业务的时候，当出现比较差的情况时，这些业务能保持在什么水平、大概值多少钱，这样就有了安全边际，买入的价格可以抵御这种比较差的情况，从而不会损失本金。应该就是这个意思，别的意思都解释不通。

@ **非一般老马：** 这个不难。巴菲特投资默认永久持仓，评估用内在价值。内在价值下降，不管平不平仓，对巴菲特来说都是本金损失；内在价值上升，无论价格如何变化，他都认为是没有损失的。巴菲特说的"保住本金"就是保住内在价值。

@ **鹿西西的仙人：** 所谓亏损，指的是本金损失，或者说基本面的风险，而不是指股价波动。买入公司 A，基本面没有问题，浮亏以后又盈利了，那么中间的浮亏就不是风险。买入公司 A，基本面恶化了，一直没有好转，股价下跌，这个亏损才是风险。

通过过往预测未来到底行不行得通呢

@ **秋刀鱼_真：** 看到市面上各种量化平台提供各种策略、各种回测，貌似有的有不错的收益，当然过去并不代表未来，这也是这种方法最大的弊端。技术分析在雪球上肯定是最不受待见的词之一，但我在想是不是一些策略能作为辅助，加强操作的确定性，不知道这样算不算走入了"魔道"？

@ **不明真相的群众：** 通过过往预测未来是很多人都希望做的事情，那么这到底行不行得通呢？其实，不能说完全行不通。比如，通过"回测"几十亿已经死亡的人的寿命，得出结论：人都会死，人的平均寿命大概是 77 岁，这无比正确。我们建立了一份基于平均寿命的人生财务规划，也无比正确。但是，一旦预测的颗粒变小，准确性就降低了，比如预测"张三能活到几岁"，那么准确性就会大幅下降；如果预测"李四这次出门的时候会不会被车撞死"，基本就是扔飞镖了。

股市也是一样，通过对过往的资本市场"回测"得出结论：股市永远是上涨的，公司股权是长期回报率最高的资产，这无比正确。我们基于此进行投资，一定会有不错的收益。如果我们把颗粒再细化一些，比如"股市永远有波动和周期"，这也是对的，如果我们想去预测，这周期到底是多长时间，准确性就要大大下降了；如果我们细化到"这只股明天会涨还是会跌"，那就跟预测"李四这次出门的时候会不会被车撞死"一样，纯属扔飞镖。

具体到公司也是这样。比如，买估值低的公司通常更安全，这是成立的，但并不是每家估值低的公司最后都能让投资者获得高回报，其中相当一部分最终价值会归零。比如，优秀的公司通常来说会持续优秀，但并不是每家公司都能持续优秀，也并不意味着以任何价格买入优秀的公司都能获得高回报。

所以股市投资方法应该是"回测"尽可能多的过往信息，但还是要把预测的颗粒尽可能做粗略的不完全归纳法，或者是考虑尽可能多的变量，然而依然有容错能力的不完全演绎法。

性别与投资：在投资上有性别歧视是不合适的

@ **biubiubiu 阿花**：请问方丈，为何专注投资方面的女性比例那么低，女性一定不擅长投资吗？

@ **不明真相的群众**：这个话题很大，我也只能瞎说一下。人类在漫长的进化中形成了男女不同的分工，并且塑造了两性不同的行为特征。男人外出狩猎，追一只兔子的时候，脑子里只能有兔子，所以男性形成的注意力分配方式是比较专注且爆发力比较强的。女性照顾家庭、孩子，需要关注的东西比较多，一会儿要看孩子哭了没有，一会要看水开了没有，所以女性形成的注意力分配是比较均衡的，并且持续性比较好。

所以我们看现代社会的分工，需要专注、爆发力的工作往往是男性干得好，需要均衡、持续性的工作往往是女性干得好。投资是需要专注的事情。

@ **武夫Leo**：农业文明出现之前，男性之间是一种赢家通吃的竞争态势，男性基因的传播率仅仅为10%，而女性基因的传播率几乎为100%。这种竞争压力使得男性不得不主动冒险争夺10%的位置，从而使得男性基因的方差大于女性。这是男性好赌的根源。

@ **不明真相的群众**：我觉得，投资不分男性女性，在投资上有性别歧视是不合适的。投资也并不需要很高的天赋，如果方法正确，正常人获得市场平均回报是很容易的。但是，长期获得超越市场的回报则非常难，正常人没有必要以此为目标。

什么是正确的方法呢？就是承认短期股价无法预测。认识到投资盈利的来源是公司盈利的积累和盈利能力的增长，而不是股价的上升。承认自己认识公司的能力有限，甚至一家公司也认知不了。所以，最有普适性的办法是定投指数基金。

如果你有兴趣了解投资方面的常识，可以买一本《您厉害，您赚得多》看看。

行情是由千千万万个赌徒的情绪波动决定的，无法分析

@ **悠悠哉020**：大神，为什么券商板块行情这么弱呢？作为一名小散户，我买国泰君安（601211），每股19.5元，买入3万股，一路补仓，补到10万股了，但好像跌无止境。我应该继续补仓还是观望？希望能听听您的建议。

@ **不明真相的群众**：你问任何人任何股票为什么"行情这么弱"，都永远得不到正确答案，因为行情是由千千万万个赌徒的情绪波动决定的，无法分析。如果有人说他知道答案，那他肯定是想骗你钱。

能找到答案的是，你分析一家公司现在挣多少钱、将来挣多少钱，所以股票应该值多少钱，这时候你去买，就不用考虑行情这种搞不清楚的东西了。当然，这很难，从大概率来说，你不会拥有这样的能力。那这种情况下你可以做什么呢？可以定投指数基金，就是投整个股市，比如投沪深300指数基金、恒生指数基金、标普500指数基金。

当然，指数基金也不可能只涨不跌，如果跌了，你又担心行情问题，那么你也没有必要定投指数基金，你可以买货币基金，一年赚几个点，把炒股的时间用来喝茶、打球、旅游，比担心行情好。

辞职炒股：你真的是天赋异禀的投资奇才吗

@ **不明真相的群众**：据我观察，投资持续成功的概率非常低。我身边有两类人比较容易获得成功。

一类是有系统性支持的职业机构投资者。系统性支持指有清

晰的投资理念支持，有强大的研究能力。我要强调的是，机构很多，但符合这两个条件的机构并不多。

另一类是有清晰的投资理念、坚守个人能力圈的非职业投资者。这些投资者通常有自己的非投资工作，因为个人工作的原因或者私人交际的原因，对特定的企业或者行业有较深入的了解，他们主要的投资标的就是这些有了解的公司。这些投资者通常资金量比较大，在投资上花的时间却不多，即使不工作，也把大部分时间花在投资之外的地方。

而资金量很少、花大量时间看盘、研究个股的人，其投资收益通常很差，如果再加一个条件——没有投资之外的工作，则不但收益差，生活状态也很差。

我不排除极少数天赋异禀的投资者能完成蜕变，即从业余投资者变成专业投资者、职业投资者，但我还是要说，这对于99.99%的人是行不通的。

所以，我的建议是，一旦有这种念头，就需要考虑以下三点。

（1）问一下自己你真的是天赋异禀的投资奇才吗？在过往的投资经历中，在对其他事情的判断和执行方面，验证过自己的才华吗？

（2）如果不行，就要放弃"辞职炒股"的念头。工作在大多数情况下都不会让人愉快，但跟没有工作比起来还是好多了，它不但能提供一份稳定的收入，也能提供一种稳定的生活秩序。

（3）不"辞职炒股"并不是说不投资。投资也有不同的办法，一种办法是长期投资于自己的工作经验、生活经历、社交圈子能建立一定认知优势的公司。如果没有这些优势也可以，那就是资产配置和定投指数基金。如果资金量大的话，也可以投资于优秀的职业投资者管理的私募基金,但这也有一个前提,你能够建立对这些基金和基金经理的认知,至少需要回答自己几个问题:他用什么方法赚钱?这个方法可以持续吗?他这个人可以信任吗?

千万不要卖房炒股:股市锦上添花,但不雪中送炭[①]

@ **不明真相的群众:** 唯一的住房是家庭避风港,不能用来赌博。同样,你现在这种方法和心态一定会赔光的。你千万不要妄自菲薄,1987年出生的人,在南京这样的城市拥有自己的房产,有稳定的工作,还有两个孩子,无论是财富的绝对拥有量,还是幸福程度,都应该稳稳地排在全国前1%,你应该珍惜已经拥有的,而不是拿已经拥有的去赌你没有的东西。

股市是锦上添花的地方,不是雪中送炭的地方。千万不要这样干。

@ **world100:** 方丈回答言辞恳切,似有救人一命的心愿。"不要拿已经拥有的去赌你没有的东西"与巴菲特评价长期资本公司几位当家人的说法如出一辙。但是,方丈的话就算对99.99%的人合适,对万分之一的人却可能是不合适的。对提问者而言,其属于这万分之一的概率有可能超过50%。

如果是那万分之一的人,他会是什么样的人?就是既有才华又有拼劲的人,把房子卖掉买优质股长期持有并非那么疯狂的举动,至少不比马云辞去大学教职更疯狂。首先,家需要房子,但

---

① 此讨论基于雪球网友的提问——"能否卖房炒股",以下的"楼主"指该问题的提问者。——编者注

并不需要拥有房子的产权,现在国家的政策还鼓励许多买不起房的人租房住,所以租房住并不必然在很大程度上影响生活品质。其次,现在的房价非常高,业内较多人认为房价就算不会跌,长期收益也不可能再像以前那样丰厚,所以卖房子的机会成本估计不会高。最后,卖房子的资金投入质优股长期持有的未来收益大概率不会低,尤其与持有房子的收益相比,那么这对提问者而言是很合理的资产配置调整。

但是,我也要提醒提问者,虽然你硕士毕业,但并不代表你有足够的投资知识,尤其不见得能有效识别个股的投资风险,即便是质优股,如果买入价格过高,未来收益就高不了,甚至不排除较长时间账目亏损的可能。如果是高价买入所谓的"质优股",那真可能不仅没有收益,本金都会大幅亏损。

因此提问者要认真掂量自己的能耐,如果暂时投资能力有限,不如把资金投入指数基金长期持有。另外,以其四口之家每月两万元的开支来看,远超许多人的生活开支水平,如果不懂得适当节省,投资也很难做好。

@ **不明真相的群众**:我觉得,可以鼓励人编好程序,可以鼓励人写好论文,可以鼓励人教好书,但没有必要鼓励人去赌博,这事不需要鼓励。

在雪球"抄作业"赚了点儿钱

@ **迈在自由之路**:求打击!我最近在雪球"抄作业"赚了点儿钱,我很高兴,对未来赚钱更乐观了,请方丈打击打击我。

@ **不明真相的群众**:"抄作业"能不能赚钱?这还真是一个很有意

思的话题。理论上，过去几十年抄巴菲特是能赚到钱的，但你如何在几十年前知道他行？在抄的过程中，如果股价跌了，又有几个人能坚持呢？或者说，为什么费那么大劲儿抄呢，直接买伯克希尔（BRK.A）不就行了？有时候还有折价呢。

谨慎地扩大广度，从结果上看就是集中投资

@ **太阳2018**：我在雪球摸爬滚打了几年，学到了不少东西，但股票投资上的收获并不大。我最近一直在反思，想问一下方丈，你怎么理解集中投资？

@ **不明真相的群众**：有两种投资的办法：一种是认为自己没有认知具体公司的能力，那就不要买具体的公司，买指数，这就是分散的投资办法，这个办法适合大多数人；另一种是认为自己有认知公司的能力，那么再强的人能认知的公司数量也非常有限，所以要尽量加强对具体公司的认知深度，谨慎地扩大广度，从结果上看就是集中——所投资的公司数量非常有限。

@ **唐朝**：可以从直接购入宽基指数基金（指成分股包括多个行业股票的指数基金，例如沪深300指数基金）开始，只要理解"沪深300成分股的平均盈利能力＞全部上市公司的平均盈利能力＞全国所有企业的平均盈利能力＞名义GDP增长速度＞类现金资产的收益率"这样一个逻辑关系，就会明白长期持有沪深300指数基金的收益一定会远远高于持有现金类资产（包括存款、理财、货币基金、债券等）的收益，中间所有的波动不过是扰人心神的障眼法。

在这个基础上，通过学习，通过增加对自己能理解的优秀公

司（若有）的配置份额的方式，或者在资金足够自己建立跟踪指数的股票组合时，排除盈利能力明显落后或者明显有问题的公司（若有），逐步建立属于自己的优质公司组合，从而在指数基金的基础上逐步提升回报率，那也是必然的结果——别小看微小的回报率提升，100万元50年、10%回报率的结果是1.2亿元，12%回报率的结果是2.9亿元，差额1.7亿元就是你的奖学金。

如果承受力较强，可以一次性买入宽基指数基金，并在后续增量资金进入时，或继续配置指数，或选择自己理解的相对优秀的公司（若有）买入。如果承受力较弱，则可以将资金分配成多份，以定时定额的方式购入，或者按照指数估值分配资金（例如多买20倍市盈率以下的股票，少买30倍市盈率以上的股票），达到平滑波动的目的。

这一切，只需要我们立刻抛弃"股票是筹码"的错误观念，建立"公司真实盈利能力提升，股价就一定升"的明确信念，对垃圾公司的大幅炒作视而不见、听而不闻，以较长时间（如三五年）不会动用的资金做投资，满足于公司成长推动的市值增加。如此，市场再也不值得害怕，完全不需要恐慌度日。

当你手握公司的成长盈利时，再顺带收割市场过度波动的馈赠，就简单轻松多了，那就真是"佛系炒股"了，过热过冷可以抛出或买进以达到"普度众生"的目的。忽略或错过也无所谓，反正有优质公司盈利推动垫底，何惧之有？

@ **不明真相的群众**：老唐的人生观是积极进取的，认为人可以学习、进步；我的人生观是消极的，认为人的愚蠢、贪婪、冲动很难改变。我觉得普通人适合投资货币基金，比这个范围小一点儿的普通人适合投资指数基金（分散投资），比这个范围再小一点儿的非普通人适合集中投资。

@ 安娜2012：长期看，即使有人认为自己了解某家公司，也是盲人摸象，因为影响其发展的因素太多了。

炒股的境界：世界上没有那么多的道可悟

@ v四木v：请问方丈，炒股如何才能化繁入简？

@ 不明真相的群众：看山是山：市场涨跌如画线，个股买卖如投注，是为简。看山不是山：精选个股，广跨行业，宏观微观，无一遗漏，高抛低吸，控制仓位，是为繁。看山还是山：选个股如探囊，视涨跌如微澜，是为简。

@ v四木v：王国维在《人间词话》中说："古今之成大事业、大学问者，必经过三种之境界：'昨夜西风凋碧树。独上高楼，望尽天涯路。'此第一境也。'衣带渐宽终不悔，为伊消得人憔悴。'此第二境也。'众里寻他千百度，蓦然回首，那人却在灯火阑珊处。'此第三境也。"这与方丈的三山不谋而合。我目前正想去繁就简，看来还是心境修行不足。

@ 不明真相的群众：脱离对公司、商业的认知能力，谈什么"修行"，只能走火入魔。世界上没有那么多的道可悟，只有一点一滴的知识积累和认知能力的提升。

投资和养老：把这两件事情分开来考虑

@ 悲喜人生：方丈，我父母突然想在海南买套房，兼做养老和投资，我对海南的房市完全不了解，感觉房价已经挺高了，想问方丈现在买还合适吗？如果买的话，哪些区域比较好？

@ **不明真相的群众**：我的建议是，把养老和投资这两件事情分开来考虑。如果是养老，如果老了确实需要在那里居住，那么买得起就随时买。如果是投资，要做好房价朝任何方向波动的准备。

跟市区常住房相比，旅游度假区的房子价格波动更大。很多抱着养老和度假目的购房的人终身从未居住于他购置的房子。

整体而言，投资旅游度假区的房产是最为昂贵的投资品类之一，原因之一就是投资者把度假、养老和投资混为一谈了。

经验主义炒股：如果猪发现农夫喂食与自己的努力无关，就该警惕

@ **KK 酱酱 insomnia**：最近看到一个反对经验主义者的例子，猪每次看到农夫都很开心，他一来就喂食，猪便将农夫和有吃的联系在一起，凭着经验认为农夫是善的，便在猪圈里待着，不会思考逃出猪圈，只有被杀的那一刻才能理解农夫所有的行为都是恶的，但那个时候的经验因为猪已经死了而没有意义。我认为很大部分人（包括我自己）都在用经验主义炒股，大多数的书、图形也是基于历史趋势，均线也只是很简单的过去价格的总结。这个例子让我害怕我从前所学、所用都是错的，请问方丈觉得经验主义能否用于股市学习呢？

@ **不明真相的群众**：关于经验主义，我们举几个例子来分析。

（1）这只股票前天上涨了，昨天上涨了，所以明天仍将上涨。你觉得对吗？大部分人是依此炒股的，但它是完全不对的。明天的涨跌和昨天、前天的涨跌没有关系，每天的涨跌（或者叫

波动）都属于现象。

（2）但你说股票的涨跌没有任何经验可以总结吗？也不是没有，真正成立的经验就是：长期来看，股市是上涨的，这又是经验主义成立的地方。它之所以成立，是因为人类生产力在提升，GDP在增长。这叫作规律。

（3）这家公司前年优秀，去年也优秀，所以明年仍将优秀。你觉得对吗？在一定概率上，它是对的，因为公司之所以优秀，是因为它的商业模式、治理结构、企业文化有优势，这些东西有一定的持续性。但它也不一定永远成立，因为任何行业、公司都有一定的生命周期。

所以判断经验主义有没有用，主要看是从现象中抽象出规律，还是只是对过去现象的简单拟合。

@ **不安分的韭菜5000**：（1）不要猜涨跌；（2）股市水位长期来看是不断抬高的；（3）买入过去优秀的公司比乱买可靠。

@ **宁静的冬日M**：同一群体在判断股市的问题时，很明显会存在两种对经验主义截然相反的态度。

很多人觉得过去的涨跌和未来有关系，是因为自己的心理需要：想要掌握一种简单到几乎不需要任何知识、技能、人际关系累积就能发现的"规律"，而且赚钱特别快。

对于股市长期随经济上涨这种真正存在的规律，很少有人会有不同意见。问题是慢慢变富不符合人们的需求，长期太长，即便存在这样的规律又有什么用？如果告诉人们股票资产在过去200多年里总回报比黄金（或者房产等任何没有复利效应的类黄金实物资产）高整整100万倍这个事实，人们通常会觉得：很好，然而并没有用，因为没人能活200年，要紧的是知道接下来哪个会涨,股票、房子还是比特币?然后上个杠杆。

　　从这两个相反的选择可以看出:人们总是过度关注短期变化,因为人生苦短,迅速暴富才是大家想要的结果。这时大家会特别趋向于经验主义判断——忽视越是短期经验越不可靠这个事实。基于同样的原因,人们又总是严重低估长期累积的巨大影响,忽视长期经验。

@ **依然一笑作春温:** 方丈没有回答好,我来答。如果猪发现农夫喂食与自己的努力无关,就该警惕,甚至放弃。千万别孤芳自赏地觉得是因为自己的猪头长得帅,农夫才喂食。投资也一样,如果研究得深入全面,那就是你该挣这笔钱。别误解了自己,以为自己是"股神"。经验主义的第一要义是认识自己的认知水平、知识储备、人生经历能否总结出点儿经验。连对自己都没有正确的经验总结,何谈总结投资经验。

@ **又夠夠又丢丢:** 长期成立的规律也不见得能作为有用的经验,因为要考虑人的寿命和规律起作用的周期。历史上,人类的经济活动有不少倒退的阶段,对当时的人来说,任何繁荣时期或者说更长期的规律都是无法借鉴的。

@ **不明真相的群众:** 是的,人类生产力会发展,生活会越来越好,其实就是最近这两三百年的规律或者现象。

企业投资价值:一家企业并不一定需要生态化

@ **若尔盖的往事:** 方丈,我在国外体会到了零售业的凋零,于是买了加拿大公司 shopify(shop)的股票,持有了很长时间,也研究了很长时间,有些困惑,一直没有答案。这是一家生态化的 SaaS① 公司，软件公司是互联网公司吗？软件公司需要生态化吗？有时我认为这是家伟大的公司，老板是另外一个贝佐斯，有时我又认为它其实比宝尊电商好不了多少。理想与现实，我应该靠近哪一端？我用什么方法测量这类公司的天花板？请赐教！

@ **不明真相的群众**：我觉得不要用这样的方式思考问题。首先一家公司是不是互联网公司并不重要，其次一家公司并不一定需要生态化。回到最朴实的思考：这家公司赚钱吗？能持续赚钱吗？它对外部资源（比如宏观经济、资金杠杆、管理层的努力和智慧）的依赖度高不高？它的产品是否具有越多人用越好用的特征？

自由现金流更能反映企业真实的经营情况

@ **小白也有春天**：方丈，想请问下未来自由现金流折现的估值为什么不用净利润呢？我不是特别理解自由现金流。

@ **不明真相的群众**：自由现金流更能反映企业真实的经营情况，也更接近股东的当下可变现利益，而净利润是可以调整的。我举几个例子。

（1）大部分企业的利润都包含应收账款，这些账款有可能收不回来，这时企业的自由现金流就小于净利润。但也有企业的商业模式有大量的预收款，就是产品还没有卖出去，钱已经到账了，这时自由现金流就大于净利润。显然，前者是企业承担风险，客户占了便宜；后者是企业占了便宜，客户承担风险。你作为企业的所有者，想要哪个呢？

---

① SaaS（Software-as-a-Servia）指通过网络提供软件服务。——编者注

（2）企业的投资性支出不影响净利润，但影响自由现金流。如果企业需要通过持续投资来维持经营，那么企业很有可能一直赚钱，但最后一把亏光了，股东利益荡然无存。

我再举几个例子，Facebook、腾讯、好未来都属于自由现金流超过净利润的公司。比如，腾讯2017年的净利润是700亿元左右，自由现金流在1100亿元左右；Facebook的净利润是140多亿美元，自由现金流在170亿美元左右。

私募基金：很多大V发产品前后业绩为何判若两人

@ golfdl：很多大V发产品前后业绩为何判若两人？发产品前后业绩判若两人在很多大V身上都发生了，为什么？我认为有以下三点原因。（1）激励机制存在缺陷。个人投资者风险利益匹配，投资者为获取高收益愿意承担一定风险。基金管理人可以提取基金手续费，管理人把手续费收益放在高于基金回报业绩提成的位置，不愿意承担风险以谋取高回报。（2）管理人发产品前业绩有局限性。有的仅仅是短期业绩好就忙于发产品，这类人比较多；有的是用高杠杆提高业绩，发产品后求稳，不再加杠杆，导致回报大幅减少；还有一类择时交易者，对企业研究基本很少，仅仅因为运气好就急忙发产品。（3）个人投资和基金管理差别较大，基金有局限性。大跌后往往是个人投资者加仓良机，而基金要控制回撤，不敢加仓，要等趋势显现才加仓，往往错失良机。个人投资者更适于做价值投资，基金本质是趋势投资，不适合价值投资。

@ 不明真相的群众：脱离具体的产品、具体的管理人谈这个没有意义。"私募变大了，业绩变差"确实是一个客观存在的现象，但它的主要原因并不是原来的人有能力管理小规模资金,没有能力管理大规模资金,而是:(1)业绩好的基金才有机会变大;(2)基金一定阶段内业绩好的原因往往和投资能力没有关系,有的是运气,有的恰好是因为采用了错误的投资方法;(3)当这些偶然因素均值回归以后,因为这些因素业绩好而规模变大的私募,其业绩变差了。这里的真相并不是他没有能力管理好大规模的资金,而是针对小规模的资金,他也没有能力管理。

所以,规模大小不是真问题,有没有真正的投资能力才是真问题。辨别投资能力很难,我还是推荐我的方法论——长期净值。不要看他人短时间赚了钱就很激动,即业绩归因。一个基金经理赚了钱,你要理解他是靠什么赚的钱,即人格认知。你还需要了解基金经理是个怎样的人,是否值得信任和托付。

中年小企业主的资产配置:一定不要认为自己能够预测资产价格波动

@ **风过无痕的小屋:** 请教方丈:中年危机下的传统小企业主如何转型?

背景:(1)即将不惑,生活于华南一线,上有老下有小。

(2)创业十多年,是传统制造小微企业。面临行业集中度提升、上游强势下游疲软、产能过剩、同质化竞争淘汰压力。如倾所有继续投入依然会面临小企业被淘汰的风险,何况人在中年,不敢搏。

(3)知识结构老化,虽曾求学于高校 MBA,混迹中小企业圈子,但大多面临同样的困惑,跟不上新经济、新知识快速变革的步伐。

（4）曾尝试跨行业发展突破，比如农业和餐饮业，但都是红海搏杀，铩羽而归。

（5）庆幸多年前未雨绸缪，在房产、证券方面做了基本的资产配置，靠主业还能勉强度日。

五年前，我希望在事业上有所突破，不但搁置房产投资，还将积累的流动资金与部分房产转化为实业投资，却大多化为乌有，主业依然夕阳西下，尤其在这几年房价暴涨的背景下。虽无近虑却有远忧，而且感觉空间越收越紧、空气越来越稀薄，站在阶梯的边缘如履薄冰。

@ **不明真相的群众：** 司马迁说：无财作力，少有斗智，既饶争时。您过了"无财作力"和"少有斗智"的阶段，而且觉得现在"力"和"智"不足用，所以目前主要考虑的应该是"既饶争时"，即尽量保住自己已经获得的财富，在有可能的情况下让它们保值增值，也就是做资产配置。

做资产配置，依然要考虑自己"力"和"智"不足用的情况，要尽可能保守。什么是保守呢？就是不要做需要"力"和"智"的投资，比如"跨行业发展突破，比如农业和餐饮业"，这就属于需要"力"和"智"的投资，再比如认为自己能够预测资产价格（比如房价和股价）的投资（赌博）。

所以，承认自己"力""智"不足，承认资产价格无法预测，做一个最保守的资产配置：优质公司股权（推荐指数基金或者优质私募）+适量的房产，承担一定的波动，长远来看，你的财富能够保住，并且有可能实现比较理想的增值。

但是，一定不要去赌，一定不要认为自己能够预测资产价格

第二部　世风日上

波动，一定要做好价格波动的准备。

@ **罗宾八宝粥：** 不知道你是不是在深圳或是广州，我的一个亲戚做厂房出租，主要出租给一些做低端制造业的小微企业。2016—2017年有好几例，企业老板关门，直接去炒房了。其实感觉好无奈，不光是你这种做实业的，我们这些围观群众也跟着烦恼。但要是大家都不做实业，都去炒房子，那不是陷入恶性循环了吗？

不知道方丈有何高见，我要是你，可能还会坚持，在实业上找其他突破口（这纯粹是说说，你们自己更懂），毕竟工作和事业是连接现实和社会关系的纽带。然后就是像你这样，同时还做证券投资、房产投资，有收益让自己有安全感。但我还是觉得，搞实业是苦，以后风向也会改变，没实业哪有未来？你还承担解决了部分就业问题。

@ **不明真相的群众：** 其实这和是否做实业没有关系。大家经常说实业越来越不好做了，是一种典型的认知误区。实业既不会比过去更好做，也不会比过去更不好做。真相是你的实业越来越不好做，原因是你的企业规模大了、员工多了，你的精力和智力在衰退，所以整个企业的效率有所衰减。而有更多年轻力壮的企业和企业家持续地加入这个市场，用创新的模式打破原有的实业生态。

这是没有办法逃脱的规律，在各个阶段做合适的事情就好。

商业逻辑：你眼中丑出天际的产品如何赚钱

@ **青山战魂：** 看到方丈说"使用该公司的产品和服务是最好的调研"，我现在也是这么做的。问题来了，体验之后发现大部分所谓"赚钱的好公司"的产品真不怎么样，那么到底该不该买这类公司的股票？好像几乎很少有巴菲特说的那种"其产品或者服务，自己使用或者送给别人会令人特别惊喜、满意的公司"。

@ **不明真相的群众：** 你说的这些都只是产品或者服务的局部，和整个商业的逻辑不是一回事。

比如你觉得某产品丑，那只是你对它的审美评价，那么就面临两个问题：这个审美评价只是你的评价，也许更多的用户认为它很美；更重要的是，这个产品并不是为了满足用户的审美需求，外观审美在这个产品里的权重非常低。

股票分红：投资者购买的是分红的能力，而不是分红

@ **等风的大默：** 永不分红的股票值不值得买？假如一家公司一直保持增长，不断扩张，却永远不分红，盈利被全部拿去再投资，这样的股票到底有没有价值？投资股票的收益无非两方面：分红，以及卖出变现股票自身的价值。可是股票自身的价值也是体现在人们对其未来分红的预期上的。说白了，现在不分红，盈利再投资，那我预期你将来分得更多，你的价格会上涨。可要是永远不分红，不管你的盈利能力有多强，价格都还会继续上涨吗？

@ **不明真相的群众：** 有一只股票符合你说的这个特征，即永远不分红、盈利全部再投资，过去40年它涨了1 000多倍，这只股票叫作伯克希尔（BRK.A）。你说它有没有投资价值？

所以，本质上投资者购买的是分红的能力，而不是分红。具体来说又会有很多问题，比如"盈利再投资"，有些企业的业务特征就是需要持续性的资本支出来维持运营，这种再投资有可能消耗它的分红能力，或者说，它的分红能力是低于它的盈利的，

甚至有可能最后一笔再投资失败，前面赚的利润又全部亏损。

选择私募十二字经：长期净值，业绩归因，人格认知

@ **不明真相的群众**：关于私募的选择，我之前说过多次十二字方针：长期净值，业绩归因，人格认知。现在我再把这十二个字分解一下。

关于长期净值，大部分投资者会问：长期到底得多长？这是一个好问题，理论上，如果仅仅出于归纳法，只有当基金清盘，把钱还给投资者的时候，我们才能确认这个管理人是否有投资能力。我们也确实见过很多案例，管理人在一段时间内业绩不错，但最后一次失误把之前的业绩都亏了。

所以单纯地谈长期净值是没有意义的，确实时间越长越有助于我们认知管理人的投资能力，但我们做选择的目的是相反的，即我们需要在尽量短的时间内确定这个管理人是否有投资能力。比如，提前30年知道巴菲特是巴菲特，能够让我们多赚好多钱。

缩短时间的办法是什么？主要办法就是业绩归因。我们一定要知道，业绩只是表象。为什么前一年的收益冠军基本不能买？因为短期收益冠军基本上是"错误的投资方法+运气"组合出来的，运气均值回归的时候就是我们投资失败的时候。我们需要找到表象背后的规律，要了解这个管理人的投资策略是什么，以及他的实际投资行为和他的策略是否匹配，他的策略是否具有持续性。我倾向于认为，对具体的买卖操作，机构也许有保密的需求，但是投资理念和策略要秘而不宣非常困难，也没有必要。像雪球这样的投资者社交网络，非常有助于投资者了解管理人的投

资理念和策略，也有助于管理人展示自己的投资理念和策略。

人格认知又能起什么作用呢？从管理人的角度看，人格认知是投资能力的一种具象化；从投资人的角度看，人格认知是一种增信手段。所以人格认知非常有价值，但如果人格认知脱离了长期净值和业绩归因，则有可能成为一个杀熟的手段，那些"庞氏骗局"往往都是从熟人入手的。

所以我觉得，长期净值、业绩归因、人格认知必须结合，三者缺一不可。

@ **趋势投资研究中心**：这个分析方法看起来有道理，但是否具备可执行性呢？我们套用 @不明真相的群众 讲的对他的基金做个分析。

第一，业绩持续性分析。由于方丈的基金成立时间不长，可以看实盘。2016 年成立的，不到两年，收益率为 16%，设立的目标是年化收益率 8%，达到了，并且是配资大类资产。雷石价值美元基金，8 个月，收益率为 18.37%。考虑很多美股基金波动很大，因此难能可贵。目前从其业绩上可以判断，具备稳定性，能实现其投资预期。

第二，业绩归因。从美元基金来看，跟他日常谈论的互联网公司股票一致，并且业绩稳定，比雪球上号称美股交易出身、善于预测趋势和捕捉波动的 @梁宏 的美股基金稳定多了。言行一致，知行合一。业绩的获取就是靠其对互联网行业的深刻理解，坚决执行，不被波动干扰，尤其今年在 Facebook 利空大跌时候果断加仓，真的是知行合一，难能可贵！我们认为，方丈的业绩不是靠蒙，靠的是事前逻辑和事中对策略的统一贯彻。

第三，人格归因。方丈作为一个文科生，从日常言行来看，具备理工科思维，能充分利用文科思维的模糊定性大法，多少利用了点儿理工科定量分析估值，二合一，促成模糊的精确投资理念，这个和其平时日常回答问题暴露的人格是一致的。知之为知之，不知为不知，看到好的有条理的答案，方丈会付费果断转载，不挑起争端，也不怕争端，为了雪球流量，赞扬智者，也能容忍弱智。方丈是个诚实、踏实而不失幽默的人，是个明明生活在高档社区但也能从低级趣味里获取快乐的人，活得真实、踏实、努力、上进。

综上所述，我们按方丈的理论判定方丈的基金是可以信赖的！

@ **okok74**：平均而言，A股市场股票私募客户不过是被市场坑之外加中介费。所以，几乎绝大多数私募客户都是在智商平均值之下，或者他们没有能力分辨自己基金的分布。

@ **不明真相的群众**：情况和你说的恰好相反，私募基金投资者整体收益比公募基金投资者收益高。但原因并不是私募基金经理水平比公募基金经理高，而是申赎私募基金不方便。

A股市场不如赌场吗

@ **二元论与物理主义**：方丈如何理解"中国的股市连赌场都不如"？

@ **不明真相的群众**：这是无知者的谬论，失败者的托词。中国资本市场监管严格，信息披露公开透明，交易成本低廉，流动性充沛，差不多是全世界最好的资本市场。还有一点：现阶段估值有吸引力。

当然，中国资本市场也有一些缺点，主要是：（1）可交易的品种还不够丰富多样，跟中国经济结构不完全匹配，比如很多优质的中国公司并没有在中国内地资本市场上市；（2）可交易手段不够丰富多样，比如做空；（3）很多以保护中小投资者为出发点的良好措施可能并不能真正有效地保护中小投资者。

世界上没有完美的市场，但大部分投资者（赌徒）的亏损都跟市场没有任何关系。就比如即使弥补了我上面说的这些缺陷，也并不一定能帮助具体的投资者赚钱。当你能从自己身上找出路，而不是从市场找原因的时候，你离盈利就不远了。

@ **思考的雕塑**：为方丈点赞！补充几点。（1）从中国发展资本市场的历史看，早期的资本市场比较混乱，它是一个成长中的事物，摸着石头过河，有着一些制度方面的缺陷很正常。（2）现在资本市场的优缺点，方丈分析得很充分了，我就不班门弄斧了。（3）资本市场上，理念、方式和态度千差万别。你把股市当赌场，它就是赌场；你把股市当投资，它就是投资（以企业为出发点，而不是纯粹以股票价格为出发点），不一而足。总之，你的心中有什么，你看到的就是什么。

@ **宁静的冬日M**：吴敬琏老师是特别值得尊敬的人，但如果说一个值得尊敬的人所说的每句话都一定是对的，并没有道理。真相比任何人的权威、名声和面子都重要——重要一万倍。雪球这种4.0版的市场有一个新特点：能轻易实现对任何权威的"祛魅"。这是传统金融市场做不到的。为什么呢？因为只有这种新一代的市场，才有足够的利益激励足够多的创见，才有足够大的范围展现这些创见，才有足够快的传递形成反馈。

如果单从自己的利益出发，我觉得当前中国股市最主要的缺点只有一个：发行限制太严，股票发得太少。相信很多朋友对此持相反意见。凡是对此持相反意见的投资者，原因无一例外，都是他们自己在赌：认为股票发多了会引起供求失衡，导致自己赚不了钱，打着经济规律的旗号在赌；认为退市不充分、法治不完善，所以必须严控上市，这是借着法治的旗号在赌。因为只有赌，才担心筹码变多，而不是担心可供买入的能赚钱的公司变少。

赌并不是什么丢人的事。但赌就是赌，不能由于自己赌，就说中国股市是赌场，或者连赌场都不如。因为对赌的人而言，地球上所有股市都是赌场——不仅是中国股市；对不赌的人而言，中国股市也不是赌场——跟其他股市一样。

在股市上赌的人和不赌的人，其交易形成了大家的交集。有交集，那就是有缘，甚至搞不好在交易之外的生活中都还是从小一起长大的亲密伙伴。所以大家完全不必因为对自己利益的理解不同、对世界的理解不同，就一定要在相向而行、擦肩而过时互吐唾沫、互翻白眼。

其实我们也可以在心里默送给对方一个真诚的祝福：祝大家好运。为什么不呢？

@ **alfredlau**：如果说 A 股有 3 000 只股票，可能其中 2 500 只股票都被高估了，原因有二。第一是新股网下配售，锁定三年。这些人是不能亏的，所以三年内的新股不能碰，否则大概率赔钱。第二是无知的投资者太多，割"韭菜"赚钱也远比价值投资容易。所以这些人都在制造波动，赚波动的钱。总体来说，A 股是保护融资者更多，都是大股东和机构投资者在赚钱，散户多是赔钱。

@ **不明真相的群众**：股票高估和这些都没有关系，只和一件事情有关，就是发的股票不够多。而发的股票不够多又是从保护投资者的角度出发的（怕坏公司上市坑投资者，所以需要审核；怕上市太多影响已上市公司的估值，造成投资者亏损）。所以我说以保护投资者为出发点的良好措施，并不一定能够真正起保护投资者的作用。

"精确"本身有可能导致"错误"

@ **大道无形我有型**："宁要模糊的精确，也不要精确的模糊"这句话应该是"宁要模糊的正确，也不要精确的错误"。

@ **不明真相的群众**：我来做另一个角度的解读，那就是"精确"本身有可能导致"错误"。

比如，我们认为长期（假设为100年）来说，股权是收益最高的资产，我们把时间缩短到10年甚至1年，那么很有可能这个结论就不成立。如果我们要求自己的投资组合每个月、每周、每天都没有账面亏损，则几乎只能犯错误——牺牲长期收益。

再比如，我们认为一个大市值公司的组合——在美股上选市值最大的500家公司，在A股上选择市值最大的300家公司，收益会非常不错，其背后的逻辑是：优秀的公司，其商业模式竞争优势有一定的可持续性。有些聪明的投资者会想，那么如果我只选市值最大的10只，会不会更好？并不一定。如果有一个聪明绝顶的投资者说我只买市场上市值最大的那家公司的股票，那么投资失败的概率有可能超过成功的概率。

@ **阅岳**：标普500并不是纯按照市值大小、规模编制的，这与沪深300不一样。标普500的成分股有大公司，也有中型公司。成分股是由专家组选定的，带有一定的主观性。

@ **不明真相的群众**：是这么个情况，所以我并没有说这是标普500指数。

@ **北溟有鱼天海风**：买股票就是买公司，买指数就是赌国运。

如何评估公司治理结构与企业文化

@ **阳某**：治理结构和企业文化，要怎么评估是好是坏？

@ **不明真相的群众**：（1）公司是不是在做正确的事情？是否在用正确的方法做事情？

（2）能不能保证由合适的人来管理公司？会不会出现由不合适的人来管理公司的风险？或者一旦出现由不合适的人管理公司的风险，是否可控？

（3）在公司的经营活动中，员工的协作是否实现了超过单个员工能力加总的效果？

（4）在股东的利益与公司实际控制人的利益发生冲突的时候，股东的利益是否有保障？

@ **大道无形我有型**：首先，做正确的事情实际上是通过不做不正确的事情来实现的，也就是说，一旦发现是不正确的事情，就要马上停止，此刻不管有多大的代价，往往都会是最小的代价。举个简单的投资案例，发现买错了股票或公司就应该赶紧离开，不然越到后面损失越大，但大部分人往往希望等到回本再说。同时，正确的事情要坚持，比如买了家好公司。举个我们自己的小例子，大概五六年前，我们公司让我负责一笔人民币闲钱的投资，我们开始买的时候可能了解不够，没能完全看明白，后来觉得买错了，最后亏了点儿钱卖掉了，全部换成了贵州茅台这只股票。如果当时不及时改正错误，可能到今天还亏着钱呢。亏钱卖股票不容易，但如果懂沉没成本和机会成本的概念就会容易很多。是否在用正确的方法做事情属于如何把事情做对的范畴，这个我不擅长，所以我早早就退休了。不过，我知道一个很重要的东西，就是在把事情做对的过程中一定会犯很多错误，所以在做对的事情的过程中所犯的错误和因为做错的事情而产生的结果要严格区分开。

其次，能不能保证由合适的人来管理公司？会不会出现由不合适的人来管理公司的风险？或者一旦出现由不合适的人管理公司的风险，是否可控？没有绝对的办法来保证，但如果选人时先看合适性（价值观匹配）会比只看合格性（做事情的能力）好得多，选中合适的人的概率要大得多。许多公司挑人时首先看合格性，概率上就容易出问题。许多公司本身价值观就有问题，选人自然就困难了。很多时候，不合适的人管理公司的风险是难以控制的，结果公司很可能就会垮掉。企业文化比较好的公司往往会更快发现问题，所以纠正的机会大很多，存活下来的概率就会大很多。

再次，在公司的经营活动中，员工的协作是否实现了超过单个员工能力加总的效果？这个是当然的，我想不出不协作效果反而更好的例子，哪怕你是个作家，平时也是有人帮点儿忙才效率高的吧？

最后，在股东的利益与公司实际控制人的利益发生冲突的时候，股东的利益是否有保障？我没太看懂你为什么这么问，当然是有的有、有的没有啊，企业文化不好的公司没保障的概率大得多。

@ **非完全进化体**：没有人能确保自己 100% 正确，整体上的正确必须基于局部的认错或纠错来实现。一名正确率为 60%、善于纠错的投资者，长期仍可实现稳定盈利；一位正确率为 90%、更专业也更聪明的投资者，如果陷入某个错误不可自拔，结局可能是毁灭性的。在这一点上，投资与公司经营的道理是相通的。

@ **zompire**：我还是趴在方丈肩上总结一下吧：（1）方向与方法；（2）纠错与制衡；（3）效率与持续。

@ **仓佑加错－何弃疗**：至关重要的是，公司里衡量做事情正确与否的标准，也就是企业文化。说白了就是在公司目标正确的前提下，员工为公司目标干活还是为KPI干活？公司员工做有助于达成公司目标但损害KPI的事情，受奖励还是受惩罚？员工做有助于达成公司目标的事情，失败了会怎么样。以上是普通公司、优秀公司和卓越公司的重要区别。

@ **大苹果的飞飞**：提一个需要深度思考却又令我诚惶诚恐的问题。我最近看了三场股东大会的实录——格力、招行和万科，管理层对股东问题的回复很大程度上反映了三家公司的治理，格力的态度是"我优秀所以我任性，你们不理解是你们的错"，招行的态度是"我专业，我努力，我有好的治理，所以我希望你们和我一起成长"，万科的态度的是"虽然一直以来我很优秀，但是依然对未来的挑战心怀敬畏，所以我保持非常健康的资产负债表，同时努力寻求突破转型"。我个人更喜欢后两种企业文化和公司治理。

@ **不明真相的群众**：补充一条，一定要符合公司的生存环境。一般来说，淘汰率越高的行业，企业文化越接近狼——拼杀嗜血；越是传统行业，越接近牛——精耕细作。与其说企业文化造就了企业，不如说环境造就了企业文化。类似于达尔文的"物竞天择"。

@ **关耳闻心**：所以先看你要投什么行业，也就是判断这家公司的生存环境，然后找出在这样的环境里成长最需要的文化属性是什么，找有这种属性的公司，你就发现了牛股基因。

生意模式：免收过桥费，可能会赚旅客更多的钱

@ **李不二**、：财富是否源于利用信息的不对称进行剥削？是否所有商品的价值都取决于个体意识的自我满足？

@ **不明真相的群众**：我举个例子，客户要过河，这叫需求。你可以建一座桥，提高客户过桥的效率，然后向他们收一点儿过桥费，甚至不收过桥费，在桥头开个卖饮料的亭子赚点儿钱。你也可以把方圆十里的桥都拆掉，船都沉掉，让客户过不了河，只能坐你的船，然后向他收摆渡费。两种办法都可以赚钱，大钱主要来自第一种。

@ **Stevevai1983**：很精辟啊……最赚钱的是免费过桥，其次是收费过桥，最弱的是毁桥收摆渡费。比如微信，就是让用户免费使用。

@ **长安卫公**：最弱的是毁桥收摆渡费？那方丈是没看见给钱让用户过桥的。比如近期上市的一批代码为 ABB 型的公司。

@ **青山战魂**：真正有护城河的是毁桥走船的，这叫特许经营。免费送钱的都是资本毁灭型的，没有特许经营权，只要有利可图，别人在上下游想架几座桥就架几座，资本投入全打水漂儿。

@ **仓佑加错-Leo**：最棒的生意模式还是收费获取用户，比如 Windows，比如有线电视，只可惜没有再往前进一步，Windows 的用户没有成为微软的用户，买电视的人也没有成为电视机厂的用户。最近一些做 SaaS 的公司声称做到了，需要再观察。

收费获取用户的模式最大的问题是很容易让别人用免费抢走用户，于是微信、微博、今日头条、抖音全都是免费的，怎么赚钱？几年前，傅盛说"羊毛出在猪身上"，你们这些玩《王者荣

耀》的、投放广告的，就都是傅盛嘴里的"猪"。

还有一帮来晚了也想发财的，也想免费获取用户，但是一看地盘都让人占了，这可怎么办，于是有脑袋灵光的人在旁边开场子，一个贴钱请人买东西，一个贴钱请人看新闻，实属无奈，如果能不贴钱就让人过桥，谁愿意贴钱呢？

@ **长安卫公**：其实，不谈格局的话，对大部分行业来讲，过桥的方式就决定了公司护城河的深浅。资本家又不是慈善家。

@ **艾古布拉－爱买T**：最聪明的办法是找个水位比较浅的地方，收了你的钱，让你摸着石头过河。

真正的规律：长期投资回报率高的资产，收益更高

@ **傻的可爱的群众**：请问方丈，1998年，国家把房地产作为支柱产业，经过20年大发展，房价涨了10倍，房子成为人们的财富仓库，而同期股市只涨了1倍。那么老话说"三十年河东，三十年河西"，房子涨了20年，自然势头也应该结束了吧？接着一二十年会轮到股市慢牛、长牛吗？毕竟以资本市场牵引带动的公司群落才是创造社会价值和财富、解决就业的真正基地。就算有一些良性的资产泡沫，也能激发人们的创业劲头啊！

@ **不明真相的群众**：此消彼"涨"只是表面的资产价格现象，并不是真正的规律，真正的规律是长期投资回报率高的资产，收益更高。全球资本市场100多年的历史表明，股票是投资回报率最高的资产。

目前中国股票的回报率比住宅高。沪深300的市盈率只有十几倍，分红率（分红只是股票的部分租金）将近3%，而住宅的全

部租金回报率只有 1.5%~2%。但某个具体的时段，房价的涨跌和股价的涨跌都很难预测。这里面特别要提示几个风险：（1）股价波动很大，会远远大于每股收益的波动；（2）股票的盈利也有可能变化，盈利的公司，有可能盈利会下降，甚至亏损。

@ **谋杀妙脆角**：方丈，为什么说"分红只是股票的部分租金"？

@ **不明真相的群众**：因为上市公司并不把全部盈利分给股东，超过一半的盈利会变成公司的资产。

@ **投资人李木白**：房产和股票的最大区别是，房产投资几乎所有人都能做好，股票投资却只有极少数人可以做好。依我个人经验，身边买房或炒房的人还没有亏钱的，但是做股票投资的人长期赚钱的真不多。这里有个能力圈的问题。所以彼得·林奇才说："进入股市前自我测试的第一问就是，我有一套房子吗？在你确实打算进行股票投资之前，应该首先考虑购买一套房子，毕竟买房子是一项几乎所有人都能做得相当不错的投资。"这倒不是说不应该投资股票而去投资房产，关键是在你确定有投资股票赚钱的能力之前，不宜投入股市太多。实话实说，投资股票的难度远高于投资房产。

投资者应该担心什么，不应该担心什么

@ **不明真相的群众**：作为一名投资者，大家应该担心什么，不应该担心什么呢？

首先，不用担心全球自由贸易体系崩溃。主要原因是它的好处实在太大，没有人能够放弃。自世界上有国家以来，国与国之间就征战不休，酿成了无穷灾难。战争的原因，据说有时候是争

夺美女，有时候是争夺玫瑰，但大多数时候都是在争夺土地、人口、矿产、港口之类的经济资源。可以说，战争主要是为了经济利益。"二战"以后，全球承平日久，根本原因之一就是建立了一套自由贸易体系。全球各国只要符合条件，都可以参与这个体系，通过自由贸易获得自己需要的资源，发挥自己的优势，在全球产业链上找到自己的位置。基于这个体系，美国成了世界上最强大的国家，日本和德国这两个"二战"战败国发现它们之前发动战争想要达成的目的居然在战败后达成了，韩国、中国台湾、中国香港、新加坡这些资源禀赋不那么好的国家和地区也靠全球分工一跃挤进全球最发达国家或地区行列。当然，最大的奇迹是中国——曾经与自由贸易体系完全隔绝的大国，加入这个体系之后，短短三四十年，居然成为全球第二大经济体，人均GDP从100美元增长到8 000美元。全球自由贸易体系可以说颠覆了几千年来国与国之间的相处之道：一是征服别的国家，占领他国领土，奴役他国民众，掠夺他国资源，不但没有必要，而且不划算；二是他国的繁荣和稳定有助于自己国家的繁荣与稳定；三是任何一个国家只要从这个体系里单方面抽身，都会成为纯受害者。这就如同，现在一个北上广深的中产阶级突然要回农村，种水稻解决自己的粮食供应，养猪解决自己的蛋白质供应，种棉花、织布、自己制作衣服。当然，这个体系是动态的，需要随时调整，因为每个国家、每个人在这个体系里的相对优势会变化，生产要素的价格也会变化，并不可能每个参与主体都是永恒的、绝对的受益者。体系需要所有参与者不停地谈判、调整、妥协。所以，贸易战几乎就是全球自由贸易体系的伴生物，违背自由贸易理念的惩罚性关税、行业准入从来没有绝迹过。但几十年过去，整体趋势还是贸易的自由度越来越大，全球化的程度越来越高。

其次，不用担心美国孤立化。历史上，美国因为自身资源丰富，曾经有很强的孤立主义倾向，两次世界大战，美国都是后期才被动加入的。"二战"后美国的政策，短期也总在孤立化和全球化之间摇摆。比如，美国工业品行销全球的时候，美国的政策是比较全球化的；当美国的制造业优势被日本、德国甚至中国赶超时，美国部分阶层有孤立化的倾向，比如底特律的汽车工人，他们估计根本就不希望世界上有日本这个国家。但随着美国服务业和互联网行业的异军突起，其在全球市场的份额远超美国工业品曾经占有的市场份额。像 Google、Facebook 这样的公司，不但业务是全球化的，连员工都是全球化的，很难想象这样的行业、公司能脱离全球市场，单独存在于美国。特朗普是一个有一定反全球化倾向的人，但他只是一个有一定任期的政客，他的个人偏好不可能完全主导美国的政策。

最后，不用担心中国闭关锁国。原因有三：经济全球化、财产私有化和信息透明化。中国已经不是过去的中国，没有办法往回走了。正如近些年大家看到的，中国政府推出了一系列对内、对外开放的政策，可以看出更大程度的开放是主流。

那么大家应该担心的是什么呢？（1）买错了。比如买了价值归零的公司。（2）买贵了。每轮经济危机有各种各样的诱发因素，但根本原因无非一条：资产价格太高。就目前而言，A股、港股估值都不算高，美股估值整体有点儿高，但仍然可以找到有吸引力的公司。（3）承受不住市场波动，被驱逐出市场。杠杆就是一个降低波动承受能力、有可能让投资者被迫离场的工具。但资本市场的大部分参与者都不担心应该担心的问题,而是担心没有必要担心的问题。人们的担心有可能造成市场的非理性波动,这种波动对理性的投资者来说是很好的机会。

上市公司再融资不是什么丢人的事情

@ **ST 李哥**:方丈,有众多公司在 A 股市场上市后依然定向增发股份,这类公司是否需要避开?或者说怎样衡量一次定增对股东权益的利弊?

@ **不明真相的群众**:公司上市的目的就是融资。融资,或者再融资,不是什么丢人的事情。如果没有再融资的功能,很多公司可能根本就不会上市,投资者也无从认购它们的股份。

作为股东,对再融资有清晰的预期就行,有很多商业模式就是需要持续的资本投入,所以公司需要持续再融资。

公司再融资摊薄了老股东的权益,同时公司获得了经营所需的资金,如果公司能用所获资金取得好的资产回报率,对老股东也是有利的。

如果不喜欢再融资和摊薄,那么就不要买会再融资的公司,不会再融资的公司也有不少。

如何判断一个人有没有投资能力

@ **我的梦想就是发财**:什么样的人具备投资能力?

@ **不明真相的群众**:判断一个人有投资能力,太难了;判断一个人没有投资能力,相对容易一些。

如果有两个人，一个人认为从股市上赚钱很容易，另一个人认为从股市上赚钱很难。前者没有投资能力的概率高于后者，但也只是概率。

同样有两个人，一个人说起什么都头头是道，观点鲜明，另一个人对什么看法都模棱两可，不敢下决断。前者没有投资能力的概率高于后者，但也只是概率。

以上都是段子。严肃点儿说，我们可以从几个角度对一个人是否有投资能力进行判断。

（1）公开的长期投资业绩可以在一定程度上证明一个人的投资能力，但也只是一定程度上。比如，某一年度的业绩冠军很可能凭借的是错误的投资理念＋运气；再比如，长期太漂亮（高回报、无回撤）的投资业绩可能是个彻头彻尾的骗局，有一个叫麦道夫的人，就展现过这样的业绩。

（2）可以理解的投资理念、策略可以在一定程度上排除业绩表现中的噪声，比如之前说的某一年度的业绩冠军，比如有太漂亮的业绩，却没有清晰可见的投资理念和策略支持，那么要当心。

（3）是不是知行合一？比如某个人说起投资理念都是价值投资、长期持有，可是一看换手率，却是月度300%，那么要当心。

我再提供一个办法，如果你身边有一个人，看法经常与众不同，细听发现都有事实和逻辑支撑，而不是为不同而不同，长期观察他的判断被验证为对的概率高于他人，那么这个人有投资能力的概率较高。

@**青山战魂**：方丈说的这些都是需要自身到一定段位的人才具备判断别人的能力。我来补充几个草根版的角度，投资是以结果论成败的。

首先判断这个人的经济实力,他可能不炫富,但偶尔在住房或者旅游等方面体现出让人惊诧的实力,比如方丈当年投特斯拉的时候说赚了个车队,有些人还在为自己的纳米基金沾沾自喜的时候,大师已经在准备买上千万元的房子了。

其次看这个人的家庭地位,看他是否手握财政大权,一个人能不能通过股市赚钱,别人可能不知道,但他老婆大概是有数的,他老婆愿不愿意把家里的大钱给一个股民(赌徒)管,大概率能反映出他有没有通过股市赚钱。

最后真正的投资行家在日常生活中不太会跟别人交流投资,这不一定是要藏私,而是投资赚钱的方法虽多,能跟普通人交流的却很少。

总结画像:实力强、低调(不太爱公开谈论投资)、手握家庭财政大权。

@ **方锐－肥尾基金:** 方丈说得更多的是指如何判断个人投资能力。自打有了私募管理人,更多的人需要判断基金管理人的投资能力,判断基金管理人是一件更复杂的事。

我认为优质的私募基金大体具备九个特征(必要条件而非充分条件)。(1)公司实际控制人和基金经理是同一人,公司的核心投资负责人也应该是承担整个公司经营运作的第一负责人,而不是找傀儡出面,自己再垂帘听政。这样,无论是投资层面,还是其他层面,公司遭遇风险,都有明确的受益人承担责任。(2)没有很多基金经理,没有所谓的"多策略",主要依靠一个核心投资负责人,不搞"东方不亮,西方亮"。(3)旗下全部基金都是复制策略,同期净值走势基本一致。由于中小私募创业初期需要对接不同的渠道,而各个渠道券商都要自己把持着自己的托管、外包、交易端等,并且产品常常涉及止损线,所以实现母子基金结构初期很难,手工复制,外加止损线要求等,净值走势难免会略有差异,这是正常的。但如果是投资组合或持仓比例相差过大导致的,就没法解释了。(4)旗舰产品有一定的规模(如1亿元以上),明确可以开放申购,不限制申购(谨防打榜做局)。(5)有一以贯之的投资哲学,知行合一。(6)基金负责人自有资金大量跟投,并长期锁定(无大量赎回记录)。(7)若合同规定将赎回费归属于基金资产,应谨慎审核赎回费对净值的贡献,以防打榜做局(所有"肥尾价值"基金赎回费均归属于管理人)。(8)基金负责人有十年以上的股票投资经验(非上市股权投资经验没意义)、实战能力强。至少有连续三年以上公开业绩,且综合指标名列前茅。(9)对投资哲学有深入的认识,在长期学习与实践中不断完善自身的投资哲学。

A股公司为何分红少、回购少

@ **chaochao621**:方丈,相比美国,为什么中国的企业家很少进行股票回购?我最近仔细看了下,很多美国公司对股票回购的手笔简直大得惊人,星巴克去年600亿美元的市值,能宣布一个250亿美元的回购计划,也难怪人家即使增速不高,股价也很难掉下去。而中国公司的一个鲜明特点是喜欢囤现金。您作为公司领导者能解释下这到底是为什么吗?或者单纯地说就是对未来信心不足,"手里有粮,心里不慌"?我想,这样的话,资金效率比美国低很多,中国整体估值上与美股相比,最少也要打个折吧。

@ **不明真相的群众**:这个原因非常复杂,没有答案。"文化"是个很宽泛的概念,我们可以从几个方面找找异同。(1)从发展阶段来说,美国企业通常过了靠资本投入扩大业务规模的阶段,而基于中国过去的经济增长速度,企业家增加资本投入的动机更强,如果需要持续的资本投入,就不会倾向于大比例分红或者回购。(2)从动机角度来说,中国企业的治理结构通常有两种:一种是管理层大股东合一、拥有绝对控股权的民营企业,这种企业的管理层有很强的市值管理的意愿,但又通常不愿意放弃对现金的控制权,所以可能采取别的方法进行市值管理;二是管理层没有股份(或者股份很少)的国有控股企业,这种企业的分红或者回购对管理层没有什么激励作用。而美国大部分企业是职业经理层收入主要依赖股权激励,所以他们市值管理或者回购的动机很强。(3)从另一个角度来看,中国上市公司管理层还有很多关联交易的机会,所以拥有对公司资产(包括现金)的控制权,可以给关联交易创造机会,而美国上市公司管理层这样做的风险大多了。

但是,即便是这样,也不能否认中国上市公司分红、回购股票动力越来越强的事实。沪深300分红回报高于标普500已经很多年了,所以现在基于红利的选股策略已经做出很优秀的基金。这几年上市公司回购也非常普遍,有的公司回购力度非常大。

所以看这些问题,要看到不同,但也要看到趋势。很多问题只是阶段性的问题。

@ **踩着牛屎去翱翔**:方丈,中国公司上市圈钱的门槛其实要比美国高得多是吗?

@ **不明真相的群众**:对,中国是让谁圈、怎么圈、圈多少,都有人管。美国是基本什么都不管,只要你愿意公开披露信息,你能圈到就随便圈。

第八辑
世风——历史与地理

日本"失去30年",为什么GDP还是世界第三

@ **不明真相的群众:** 所谓日本"失去30年",其实是之前超速发展几十年的均值回归。(1) 人均GDP领先全球,趋于增长的极限,如果生产率不能进一步提升,GDP增速一定会降下来。(2) 资产价格建立在这个超速发展的基础上,如果这个速度不能持续,资产价格就会被修正。(3) 政府也不喜欢增速放缓,为了发展经济,大举借债搞财政刺激,无奈经济不受刺激,政府背了一身债。

@ **求真求善求美:** 日本,一个低调顽强、不接受赞美的国家。日本影视界和出版界曾推出一系列的忧患反省之作——《日本沉没》《日本即将崩溃》《日本的危机》《日本的挑战》《日本的劣势》等。

　　日本这个民族不接受赞美。他们从来都是把自己放在暗处,放在一个很低的位置,用很缜密严谨的心思在思考,用很低调的声音在说话。他们深谙"枪打出头鸟"的哲学,他们吸取了过去咄咄逼人而招致暗算和打击的教训,精心"化妆",有意弱化自己,努力改变国际上流行的"日本第一"的国际形象。

第二部 世风日上

　　日本政府公布的数据常因缺乏透明度、具有暗箱操作性受到西方学者的批评和指责，但日本政府照样我行我素，始终将自己打扮成一个日益走向萧条的国家，将自己定位在"危险"和"萧条"的边缘。日本的学术界也不断地进行历史总结和"学术创新"，毫无愧色地说过去的十年是"失去的十年"，而且追加说，弄得不好还将再失去一个十年，惹得海内外舆论一起唉声叹气。在很多领域，日本竭力以低调和不事张扬的面貌出现，无论是在制造业、科技领域还是金融业，主动放弃了许多"世界第一"的称号，以弱者的姿态出现在世人面前，让人们觉得日本是个正在衰落的国家，从而放松对日本的警惕。但是常去日本的学者和专家到了日本一点儿也感觉不到萧条。即使经历了大地震和海啸，经历了金融危机，日本人的日子照样过得有滋有味，依然保持高品质的生活。

　　可以说，正是日本这种"严谨精细""积极认真""低调顽强"的民族素养，让这个民族能够迅速从灾难中奋起，始终屹立于世界强国之林。

@ **长安卫公：**日元极度升值才是日本"失去30年"的原因。日本崩盘的主要原因不是贸易战，而是日元是一个开放的货币系统。20世纪80年代日本电子制造业强大的时候，民族自信爆棚。当时的日本把很多低端制造业迁到了亚洲其他国家，国内只留高精尖。结果国外炒手进场炒高日元又大幅抽血，才使得日本"失去30年"。

@ **不明真相的群众：**1995年日本人均GDP是43 440美元，如果日本不"失去"，而是一直以6%的速度增长，现在日本人均GDP是165 929.93美元。大家发现什么问题没有？

@ **青山常在789**：根本不可能实现，日本"失去30年"本来就是个伪命题。怎么不说如果美国一直都按"一战"之后的速度发展呢？"二战"后美国GDP占全球一半，美国失去了70多年。

@ **Bohemianbobo**：的确，日本这30年过得不差，去看看就知道，只能说前面的发展，特别是基础设施建设已经达到一个高度，没有大规模建设需求了。

@ **青山战魂**：所谓的日本"失去30年"，本质上是原有的工业化产业效率达到了极致，而创新行业又不是美国的对手，例如信息革命的旗手依然是美国。《广场协议》之类的不是本质原因，甚至按照《时运变迁》一书的观点，日本是主动选择刺破泡沫的。

@ **小小基巴**：方丈的意思是说所谓的"失去的30年"根本就是伪命题，不过是经济从高速增长下来换挡了而已，任何经济都无法长时间保持高速增长，这就是为什么日本"失去了30年"，GDP依旧是世界第三，人均GDP依然保持在发达国家队伍内。

@ **福布斯与怀特**：达到极致，高位横盘，并未失去。

@ **宁静的冬日M**：对于日本长期经济停滞的观点大致上都集中于固定资产投资过度、房地产泡沫、货币金融政策失当等，而日本当年确实也有很多地方看起来跟当今的中国很像，所以按图索骥，中国也很快会步其后尘（当然还有一种流行观点是日本停滞是假象，中国想步其后尘也做不到，只会糟糕百倍）。

　　我却一直怀疑日本的问题核心根本不在于这些周期或金融货币政策因素，换句话说，长期看，这些因素的重要性远没有天天关心股价涨跌的朋友们直观上那样高。甚至可以说，这种停滞也不是其高经济基数下的必然（20多年前新加坡的人均GDP只有日本的一半，后来达到了日本的水平，却并没因此出现同样的停滞，如今新加坡的人均 GDP 已经至少比日本高了 50%，却依然在以比日本更快的速度增长），而是一个体制问题。

　　所谓体制，并不仅仅指政治制度，而是政治、经济、文化、传统、宗教、习俗、偏好等多因素的综合体，这种综合体最终决定了一个国家的总体效率。类似于不同的企业文化最终决定了企业效率。在不同的时代，有不同的高效体制国家，比如英国曾经比清朝高效得多，日本也曾经比民国时期高效得多。然而令人遗憾的是，世界上永远找不到固定的体制可以维持高效，这是充满悖论的人性本身所决定的。日本效率日益低下有两大诱因：一是企业层面的年功序列制；二是更加普遍存在的、整个社会层面的过度福利，这个顽疾也可见于希腊、西班牙、意大利……这是一个法久弊深的体制顽疾，绝不是可以轻易改变的——如果人性无法轻易改变。这个顽疾导致了日本的效率低下，导致了它今天落后于新加坡。如果不改变，它未来落后于中国也仅仅是一个时间问题。

@ **不明真相的群众：** 我也觉得企业内部和整个社会激励不足，在分配上下了太多功夫，可能是日本丧失发展动力的根本原因。

@ **不明真相的群众：** 前两天有人问日本资产泡沫破灭以后什么品种表现最好，答案可能超出大部分人的预料——股票。

@ **Michael0001：** 丰田。

@ **不明真相的群众：** 好，你说到丰田汽车，那么丰田汽车在 1985 年 9 月（《广场协议》签署时间）的股价是每股 7 美元，现在每股 120 美元，还不包括分红哦。

@ **认知狗：** 那么有表现最差的品种吗？

@ **不明真相的群众：** 房子啊。

所谓盛世：现代经济模式和政治制度对传统治乱模式的颠覆

@ **不明真相的群众：** 我觉得现在中国国运很好，三千年未有之盛世。

@ **wdctll：** 比唐朝还好吗？

@ **不明真相的群众：** 比唐朝不知道要好多少倍。所谓盛唐，不过就是饿死的人少一点儿而已。

@ **河务局：** 关键是随着科技的发展，煤、油、矿产资源越来越多、越便宜，对一个国家的重要性降低了，也使得发动抢夺地盘和资源的战争不必要。

@ **不明真相的群众：** 对，这是根本性的改变，占领他国的领土在政治经济上已经没有意义。

@ **狸哥很懒：** 每次鼎盛世道过后，离乱就不远了。不知这次是否不一样。

@ **不明真相的群众：** 要看到现代经济模式和政治制度对传统治乱模式的颠覆。

@ **不远的将来：** 听着还是挺让人激动的。近几十年，人类的能力发生了跨越式的提高，完全可以坐下来谈判，解决任何困难，发动战争只能是愚蠢而疯狂的行为。

中国人是世界上最勤劳勇敢而又聪明的一群人吗

@ **打发滴儿吧：** 经常有这样的论调，中国人是世界上最勤劳的一群人。您满世界转过，见多识广，您认为这到底是一种狭隘的观点还是偏向事实？如果是偏向事实，是不是因为此前中国人民日子太苦，被逼着勤劳？还有是否全人类根本上都贪图享受，导致这种勤劳是阶段性的,随着经济的发展会逐步变得懒惰?

@ 不明真相的群众: 这个问题,我也没有答案。我记得早年欧洲殖民者刚到美洲的时候,需要劳动力。理论上,当地有现成的劳动力,就是印第安人,但是实验以后发现,当地原住民不但接受劳动分工的意愿很弱,而且劳动很容易把他们折磨致死。所以欧洲殖民者改成到非洲去拉黑人,黑人的耐劳性比印第安人好。但是殖民者也承认,即便是最耐劳的黑人,还是比白人的劳动效率低(指的不是科学家、工程师这样的高科技劳动,而是耕地这样最简单的劳动)。美国修泛太平洋铁路的时候,爱尔兰劳工效率不是很让人满意,有人提出引进华工,结果华工的表现很让人意外,劳动效率比爱尔兰劳工高多了。

所以我倾向于认为,不同的种族在工作精神、劳动效率方面是有一些差别的,当然这种效率跟这个种族的经济水平、教育水平、产业经验可能也有一些关系。同时,社会的发展状态、社会制度对民众的劳动意愿和效率也有影响。基本上,在社会高速发展阶段,存在可逾越的贫富差距和阶层鸿沟的时候,民众的劳动意愿和工作效率较高。如果社会的贫富差距和阶层鸿沟无法逾越,比如资源世袭的专制社会,或者不需要逾越,比如吃大锅饭的福利社会,那么民众的劳动意愿和工作效率可能会下降。

这些都是很感性的看法。有很多专家、学者写过这方面的专著和论文,你可以找来看看。

@ 阿土老伯伯: 简单地讲,是不是跟民族文化和社会制度有关?

@ 不明真相的群众: 如果一定要概括,可以这样说。据传有一位印第安酋长曾经对追捕他的白人说:你们认为我们淳朴善良,其实根本就是错的,我们不想劳动,我们就想偷盗和抢劫。但到现在很少有印第安人靠偷盗和抢劫为生,他们融入现代社会以后,也接受了现代社会的分工和劳动秩序。

@ **几千越甲**:主要是两条:(1)聪明,预期能力强,总是着眼于未来;(2)历史上生存环境恶劣,养成未雨绸缪的习惯。

@ **多思慎行**:这好像逻辑不通,既聪明又勤劳,那为什么落后呢?

@ **几千越甲**:制度。作为个人的中国人是优秀的,智商比白人还要高10个点,即便体力处于弱势,一般也不会混得很差。在本土,几千年处于奴隶制或准奴隶制之下,每个人都精于个人计算,灵光地屈服于暴力,使得整体处境越来越差。

@ **学经济家**:我的看法是,在同等富裕情况下(强调这个前提):(1)新教文化是相对比较勤劳的;(2)公共福利稍差的比较勤劳;(3)农耕生活历史久的比较勤劳;(4)交税、交租历史久的比较勤劳;(5)刚脱离游牧采摘部落的最懒,再加上福利体系的话简直没救。

儒家社会鼓励读书、鼓励熬出头,但后劲相对不足,而且鄙视体力劳动,鄙视"治于人",创新投机优于日本,耐性低于日本。二代、三代接续意愿和能力差。鄙视体力劳动的观念现在觉不出,其实挺深的。以前士子小指都留长指甲,以区别于体力劳动者。即使不留了,喝茶也翘个小指,以示自己出身于士绅之家。

@ **不明真相的群众**:刚脱离游牧采摘部落再加上福利体系,可以解释很多民族的灾难。

@ **王小大力**:这也能看出来采集渔猎民族生活比农耕和工厂里的人舒服多了,可能营养也要好。农民和代工厂的工人是最苦的,做的是最难以忍耐的工作。中国人有勤劳忍耐的美德,是几千年的农耕生活练就的。

为什么有些聪明人沦落为流浪汉？因为有些人骨子里就难以忍受长久的重复劳作，宁愿挨冷受冻也不愿意做这种工作。

@ **不明真相的群众**：但是渔猎社会食物供应不稳定，生存概率应该远低于农耕社会。

改革也有瞎折腾，减税才是硬道理

@ **养猪的汉子**：司马光说过，世间万物的供给总量基本有个大概的总数，官府得到的多，老百姓得到的自然就少。所以说，王安石的改革虽然充实了国库，但是与民争利，是个不折不扣的奸臣，其实还是很有道理的。所以减税才是硬道理。

@ **不明真相的群众**：司马光批评王安石与民争利，是奸臣，大体上是对的，但他说"世间万物的供给总量基本有个大概的总数"是不对的，其实，只要技术进步、贸易自由，人类需要的产品和服务会源源不断地增加。

@ **随云舒卷**：王安石和司马光是出了名的政见之敌，司马光是纯儒风格，会这么说王安石并不奇怪，汉武帝时期负责经济体制改革的桑弘羊不也是被儒臣们批得一无是处吗？

@ **不明真相的群众**：桑弘羊和王安石都是妖言惑上、祸国殃民的妄人啊。

@ **aglass888**：方丈把王安石和桑弘羊定性为妄人，充满负能量。那么请问方丈，该怎样评价贾似道？

@ **不明真相的群众**：贾似道只是一个弄权的政客，并没有清晰的政见。桑弘羊和王安石有清晰的、一定通向坏结果的政见。所以，桑弘羊和王安石造成的后果比贾似道严重多了。

@ **陈锡载周**：那这两个人有主观恶意吗？

@ **不明真相的群众**：他们的动机很清晰——给皇上敛财，你说这是不是主观恶意呢？他们的做法很简单：国进民退，与民争利。他们的结果很清楚：民财没了，国用也没有搞到，就是"国民经济濒临崩溃"。从审美趣味、个人道德方面看，围在他们周边的都是一帮妄人，导致整个社会欺上瞒下，道德矮化很明显。

@ **不明真相的群众**：我觉得减税属于很好的改革，不折腾，让利于民，民肯定十倍报国。

@ **谁主沉浮 i**：方丈，这是让利于民，可是才减少 1% 啊！

@ **不明真相的群众**：中央也没余粮啊，能减一点儿是一点儿，历史上的盛世都是轻徭薄赋、休养生息搞出来的。

@ **随云舒卷**：这是拿现今人民权利的标准看，他们当时破坏了原有体系的稳定。但是换成以封建时代臣以君为纲的标准看，这两个人实施了皇帝心中的迫切渴望，都是标准的忠臣啊！

@ **不明真相的群众**：他们的动机是这样，但他们的搞法是涸泽而渔，只有阶段性疗效，最后皇上的渴望也落了空，皇上会翻脸的。

@ **学习投资 ing**：那方丈怎么看张居正的改革啊？

@ **不明真相的群众**：张居正的改革核心是一条鞭法，提高了税收征管效率，对增加国家可用财税资源起了一定作用，但依然是在分配上下功夫，没有在生产上解决问题。只有新中国的改革开放，白猫黑猫，解放思想，分田到户，村村冒烟，西风东渐，做起了巨大的增量，成就了今日盛世，这才是几千年来伟大的改革。

殖民与自由贸易：德国和日本战败后实现了战前的经济目的

@ **啊 _ 呀哈**：非洲是当年欧洲人的殖民地，是什么原因致使欧洲人放弃非洲，打包回老家的呢？

@ **不明真相的群众**：（1）欧洲人发现，经营殖民地从经济上是不划算的。（2）非洲人不欢迎他们。

@ **lamppost**：方丈说的第一条可以理解为从非洲到欧洲以及全球其他地方进行贸易基本无利可图，第二条可以理解为尝试后发现，欧洲的价值观和政治理念没法在非洲生根发芽。殖民的两大目的既然都达不到，也就放弃了。

@ **不明真相的群众**：并不是跟非洲贸易无利可图，而是殖民地这种"治理结构"有问题。如果殖民地以原住民为主，而宗主国处理跟原住民关系的方式不被原住民认可，那么原住民的工作效率就很低，甚至完全不工作，而且不时叛乱。宗主国在殖民地的主要工作最后变成了维稳，所以经济上并不划算。最后，英国人悲哀地发现，本土中产阶级缴纳税收维持大英帝国的荣耀，其实这个荣耀只是印度总督个人的奢侈生活。这是"二战"以后殖民体系崩溃的根本原因。

然后，最搞笑的是，"二战"的主要发起国德国和日本想要通过战争达到的经济目的，在它们战败后完全实现了。"二战"后，德国和日本成了经济外向性最强的国家。

王朝更迭：清朝对明朝的财税系统有什么改进吗

@ **铁臂阿吉**：方丈，你说单姓王朝300年是个生存周期的极限，核心原因是财税系统崩溃。那为什么清朝统一全国后又能再统治200多年，它对明朝的财税系统有什么改进吗？

@ **不明真相的群众**：没有根本性的改变，但王朝更迭本身会有很多改变。(1)人口减少。主要是因为明末长年的战乱死了很多人。(2)财政供养的人口减少。比如几十万完全由财政供养的朱元璋后代基本被杀光了。大量土地占有者也无法维持对土地的占有,所以政府可以调节土地占有关系,省掉中间的收租层,类似于土改吧。

当然,清朝后来也碰上几件比较有利的事情:一是新的农产品的引进;二是晚清工商业的发展,跨国关税和地区间关税(厘金)提供了大量的新增财政收入。

广东的繁荣:香港和深圳的作用大过广州

@ **美国消费**:来验证下,是不是广东的股民朋友最多?

@ **不明真相的群众**:最主要原因是广东人最多。美国炒股的人里肯定也是加州人最多。广东常住人口数量在1.2亿左右,四川、河南等人口大省的常住人口小于户籍人口,而且其中消费能力最强的一批可能都外流了,人口结构不如广东。

当然只讲结构的话,广东又不如北京、上海、江苏、浙江,但是这些省市的人口总量又远不如广东。

@ **胡嘉**:不仅是人口比例吧?在全世界所有城市中,只有广州是保持千年不衰的商业型城市。像纽约、首尔、东京等城市都是过去500年间才崛起繁荣的,上海开埠时间也不足200年,香港是从20世纪50年代才繁荣起来的。

@ **不明真相的群众**:我觉得现在广东的繁荣和广州没有特别大的关系,龙头是香港和深圳。香港让中国产业有对接全球的渠道(对外开放),深圳打开了体制创新的口子(对内开放)。

如果只有广州的"商业传统",那么广东现在肯定只是一个平庸的省份,甚至广州过去的商业传统在很大程度上也依赖于它取得了一定阶段的外贸特许权。

@ **老汉推车:** 这个说法太偏激了吧?真的很难想象是方丈的发言。我不否认深圳、香港对广东繁荣的贡献,但你拉长这个时间维度,10年前、20年前、30年前,深圳刚起步,还在广东的悉心培育下。

我国的发展是外贸立国,经济发展主要靠外贸驱动,广交会一直以来是我国的出口晴雨表,珠三角的"三来一补"①出口外贸获益良多。广州又是全国最重要的批发市场和商品集散地、铁路航空枢纽,人流物流聚集,为广东经济发展注入原动力。北上广超一线地位对人才的引力就像黑洞。深圳近些年发展比较好,我身为广东人也非常自豪,但不应该抹杀其他城市的贡献,各领风骚而已。

客家人:跟其他人没有什么区别

@ **梁高198:** 方丈,海内外客家人多大政治家、少大富豪。作为客家人,你怎么看客家人?

@ **不明真相的群众:** 这是因为客家人聚居的地区(福建、广东、江西、湖南、广西几省交界处)过去没有从商的便利,而有从政的便利。客家人跟其他人没有什么区别。

@ **MTery:** 对的,我就是梅州客家人,其实究竟是经商还是从政,

---

① "三来一补"指来料加工、来件装配、来样加工和补偿贸易。——编者注

我们很小的时候就受到环境影响，比如与我们同饮一江水（韩江）的潮汕人，从很小就开始帮家里看店铺做生意，稍大一点儿开始做批发之类的生意。而我们客家人小时候，家人强调的是你可以少做家务，但是得读好书，稍大一点儿就开始告诉你，考公务员是世界上最好的选择。所以一江之水的上下游产生了不一样的文化。

@ **顿牛**：这30年南方之所以经济发达、富裕，不是因为南方人机会好，而是因为30年前没机会。30年前的中国，江苏、浙江、福建、广东一带因为各种原因没有基础工业，交通不便，土地贫瘠，不适合大规模种植，生活艰苦。改革开放前，很多福建人就因生活所迫在全国各地做生意，那会儿叫"投机倒把"，改革开放后，这些人就成了最先富起来的人。现在经济比较落后的省份，60岁以上的人大多有退休工资，他们年轻的时候很安逸，缺少拼搏的压力。

@ **不明真相的群众**：因为穷而到处跑，这个机会相对全国人都是公平的，不太可能有超额收益。真正不可复制的是珠三角和长三角的区位优势。

@ **vmnvw**：方丈，作为客家人族群中的杰出代表（以后可能会更杰出），当非客家人提起你时给你打上客家人的前缀，又或者客家人提起你时骄傲地强调你也是客家人时，你会排斥反感被这样强调并反过来鄙视以你为荣的客家人吗，觉得他们低俗之类的？

@ **不明真相的群众**：我认为两种认识方法是有效的：每个人的独特性，以及人性。中间的特征分类办法都面临着取样科学性、统计偏差的干扰，价值不大。

@ **梁高198**：方丈是觉得大到种族、小到地域群体，性格特征不

第二部　世风日上

会有差别，对吗？那为什么全球范围内日耳曼语系的人管理的国家普遍比拉丁语系的人管理得好（拉丁语系的人好像比较懒散、好玩）？美国种族之间勤劳好学等方面表现得也明显不一样？

@ **不明真相的群众**：换一个角度，你有没有发现发达国家基本都位于寒温带，而这些国家的居民包括各个民族，说拉丁语的人基本住在亚热带，而黑人则住在热带。

@ **Serenity 想看世界**：是不是天气一热，人就根本勤劳不了？时间长了就形成文化了？

@ **不明真相的群众**：等黑人搬到寒温带的芝加哥住，他就当了美国总统。

@ **用户 5979397136**：热带天气炎热，工作环境差，而且雨水、光照足，植物繁茂，生存资源比较丰富，不太需要琢磨工业、技术之类的对抗环境，发展通常也就慢。

@ **我是闪电**：《枪炮、病菌与钢铁》这本书的观点是欧亚大陆的地理特点决定了可以培育更多品种的高产农作物、更多品种的牲畜、更多致命的病菌。当然由于物竞天择，生存下来的人都是有相当抵抗力的，这些奠定了欧亚大陆具备产生更高层次文明的条件。

@ **是些儿家**：这本书作者力求客观，除了日本陶瓷造假引发的突兀。这本书成书年代早于被揭露时间，确实是好书。中国技术发展最快、文化最强大的其实是春秋战国时期，儒家、法家、墨家三派争雄，墨家其实就是西方科学派一类。

文化渊源和路径依赖：莆田人为什么开医院

@ **forcode**：王兴和张一鸣也是客家人吗？客家人真的这么重视

教育吗？方丈考大学有没有得到宗族或同村人的支持？

@ **不明真相的群众：** 我觉得客家人和其他人没有太大的区别。查一下明清进士榜，结论很简单：经济发达地区的教育水平高。

@ **forcode：** 但是，为了躲避战乱、放弃既有的社会关系、财产、拖家带口、远距离迁徙到一个完全陌生的地方，这需要很大的魄力。在陌生环境中，要想获得土地、争取生存资源，免不了受到当地人的歧视、敌意，不得不聚居、集体防御、抱团取暖，这种独特的群体经历和聚居生活方式还是会影响他们的做事方式、思想观念吧？是不是客家人相比其他民族，老乡观念更强、更愿意抱团取暖？

@ **不明真相的群众：** 汉族的发展史就是不停地从北方往南方移民的历史。现在华东、华南、华中的居民大多数都是从北方迁移过来的。客家人只是其中的一个语言分支。

@ **forcode：** 我最近在思考为什么会有互联网"龙岩帮"现象，你觉得核心原因是什么？互联网社交类成功创业者（微信的张小龙、快手 App 的宿华、陌陌网的唐岩、映客的奉佑生等）集中来自湘西、湘南地区，同样引人深思：这背后是否有某种共同的地域文化因素，使得该地区的人对某类细分市场特别敏感、特别能摸清其中的门道？湖南卫视能够在全国省台中脱颖而出，与湖南广播电台高质量的节目是一脉相承的，这又跟湖南长沙、湘潭、株洲等地夜总会文化多少有点儿关系。而东北寒冷漫长的冬天，坐在炕上唠嗑的传统也锻炼了东北人说段子的口才，这种地域文化和群体性格多少又在今天的在线直播领域异军突起了……你们龙岩有什么独特的文化渊源，让你们这么多人都在互联网创业中冒出头来，成为一种现象呢？

@ **不明真相的群众：** 文化渊源基本无法分析，路径依赖是可以分析的。比如，莆田人为什么开医院，难道他们有治病救人的文化渊源？非也，是因为家里亲戚都在开医院，你开医院的可能性和成功的概率就大多了，这就叫路径依赖。宁德人都做钢贸，是因为他们有打铁炼钢的文化渊源？根本不可能，宁德没有一座钢厂，也没有一粒铁矿石。安徽凤阳出了那么多将军、元帅，是因为当地人都好武吗？非也，是因为出了一个朱元璋……

长汀人卖调料，仙游人贩木材，永福人种鲜花，南靖人种柚子，都是这个道理。

@ **释老毛：** 文化是一个什么都能解释的万金油概念。为什么桐庐成为快递之乡？为什么连云港药企扎堆？都是改革开放之后兴起的，有什么文化渊源！原因很简单，亲戚邻里之间羡慕妒忌恨，比学赶帮超……

@ **forcode：** 那不说文化，说渊源就好了，还是有个渊源的。

@ **释老毛：** 渊源就是第一个因此而发家致富的人。

@ **forcode：** 青岛啤酒的渊源就是当年德国侵占青岛，百威啤酒的渊源据说是美国的德国移民，三一重工和中联重科的渊源就是当年三线建设从上海迁到株洲的机械研究所，硅谷的渊源是斯坦福大学和靠近美军西海岸的军事研发基地，湖南卫视的渊源跟湖南夜总会表演有关，东北人在线直播的渊源跟二人转和东北寒冷漫长的冬季人们无事可干有关。渊源这东西，我觉得还是有点儿道理的。

@ **灵_狐：** 江西当初经济也不发达，为什么出了那么多状元呢？

@ **不明真相的群众：** 江西的地位，在近现代有一个断崖式的下跌。

在河运时代，江西是中国南部的交通要冲，因为它是鄱阳湖—长江—赣江航运网的中心,也是华北进入广东的主要通道(从赣江经过梅关古道进入广东),因此江西的经济、文化相对周边省区发达。

一旦交通改成铁路和海运,江西就悲剧了。江西完全不靠海,跟江苏、浙江、福建、广东没法比;南北向的铁路主干道变成了京广线,根本不经过江西,甚至东西向的主干道浙赣线也不经过江西的核心地区(南昌、九江),于是江西的地位一落千丈。类似的情况也适用于安徽。如果说向塘是江西的阿喀琉斯之踵,蚌埠就是安徽的阿喀琉斯之踵。

@ **e大海航行靠舵手**:为什么古代江西"状元冠天下",近代却落后于湖南?从历代人物和科举情况看,唐朝以前湖南与江西所出的人才相差无几,北宋开始拉开差距,南宋至清初,江西远远超过湖南。在《二十四史》中有籍可考的5 783位历史人物中,湖南只有57人,仅占全国的0.98%,而江西达378人,占全国的6.54%。从明朝科甲人物看,湖南有进士427人,占全国的1.9%,而江西有进士2 724人,占全国的11.9%;鼎甲(状元、榜眼、探花的总称)人物,江西有55人,占全国的21%,为全国之冠。在明朝89个状元中,江西有17人,湖南只有1人。

@ **思念如燕**:方丈怎么看犹太人中有如此之多的科学家、艺术家?

@ **不明真相的群众**:因为他们没有土地,被迫经商致富,所以有条件在教育方面投入更大。

@ **WasteHouse**:怎么区分经济强促进了教育,以及重视教育促进了经济?

@ **不明真相的群众**:这个肯定可以互相强化,但是经济发展更容易突变,比如技术革命、制度创新,所以容易成为自我强化的起点。

地理与经济：广西准备挖一条运河来面朝大海？

@ **不明真相的群众：** 有一个很有意思的现象，没有河流流入的沿海地区，可能比内陆还贫困。我们来看广东，汕尾是比较罕见的沿海连片贫困地区，但西部的珠江三角洲和东部的潮汕（韩江三角洲）都比较发达，汕尾整个区域没有大的河流注入。

再看福建，最贫困的沿海区域是宁德，没有大的河流注入。

再看浙江，传统上北部的杭州周边（钱塘江入海口）和南部的温州（瓯江入流口）都比较发达，但中间的台州就一般。台州地区没有大的河流注入。

@ **君子思无邪：** 孟加拉国笑了，你要多少河流！河流过多、降雨量过大的沿海地区也可能比内陆还贫困。

@ **Wonderful1439：** 山东没这个规律呀，大港都没有河流流入，黄河入海口反而落后，我觉得背后的逻辑是改善运输成本，山东靠铁路，东南靠河流，公路成本还是太高。

@ **不明真相的群众：** 对，本质上是运输。没有通航条件的河流没有意义，比如黄河沿岸和入海口。铁路和公路取代水运后，这个规律会变化，比如石家庄、郑州、青岛。

@ **forcode：** 地理决定论认为，广西经济不行，主要因为河流不是南北走向，而是东西走向，虽然主要河流离海只有100千米，却要走1 000千米才在珠江入海，便宜了广州和香港。据说广西准备投资挖一条运河，把入海距离大幅缩短，广西货物不需要绕道，就近入海，水运成本远低于公路……

# 第三部
关于雪球

第一辑　世风——经济与周期
第二辑　世风——城市与农村
第三辑　世风——市场与消费
第四辑　世风——房产与房价
第五辑　世风——行业与公司
第六辑　世风——银行与金融
第七辑　世风——投资与炒股
第八辑　世风——历史与地理

你在雪球可以做什么[1]

今天是 2016 年 11 月 26 日，2016 年很快就要过去了，在座的大多数都是资本市场的投资者，我先问大家一下，今年赚钱了吗？赚了的人举一下手。看来大部分人还是赚了的。我觉得，之前有个传言说雪球每次办活动的时候股市都要跌。昨天跌了没有？昨天上证指数创了熔断以来的新高。昨天的美股跌了没有？昨天美股三大指数创了历史新高。所以关于雪球一办活动股市就会跌的传言不攻自破。

前天晚上是美国的感恩节，有很多用户在雪球上给我发红包，为什么给我发红包呢？都说是雪球在投资这件事上帮到了他。雪球对投资者有什么用？估计各位都非常清楚，但是我在这里还是要花大概 15 分钟的时间向大家汇报一下雪球在过去一年的发展。这个主题就是你在雪球可以做什么。

---

[1] 方三文 2016 年在雪球嘉年华上的演讲。

在雪球可以做什么？大家可以想到的第一件事情是非常简单的，可以关注一只股票，这只股票的价格、数据、资讯就可以推送到你的手机上。可以在雪球上关注多少只股票呢？到现在可以关注2 855只A股股票，可以关注8 546只港股股票，可以关注8 669只美股股票，还可以关注8 429只债券、814只基金，以及9 343只新三板的股票。持续丰富投资品类是雪球数据服务一直的努力方向。

除了关注股票，雪球可以做的第二件事情是关注一个人，一个人可以是一个像我这样的人，也可以是在座的各位这样的人，到现在为止，雪球可供大家关注的注册用户一共有1 200万。这1 200万是一些什么样的人？是各种各样的人，首先是投资者，有技术派、价值派、趋势派、套利派。以前有一个人说过，"党内无党帝王思想，党内无派千奇百怪"，雪球这1 200万用户分很多的党和派，可能吵架、打架是难免的，大家已经习以为常。除了个人投资，雪球也立足于构筑一个立体的投资体系，上面有600家上市公司的账号，有1 100家投资机构的账号，有330多家基金公司的账号，有100多家财经媒体的账号。这些账号都是从各自机构服务用户的角度出发，给大家提供服务的。比如基金公司的账号就非常好玩，大家想象的基金公司都是某家基金公司开了一个账号之类的，雪球上不是这样，是某家基金公司的某只基金开了一个账号，所以关注这些基金的账号，除了关注基金公司的产品，还是了解这个产品的另外一个渠道，而且这个渠道是可以跟大家相互交流的。

关注基金、关注用户都是看雪球、刷雪球，有很多用户不满足于单向地看和刷雪球，那你还可以做什么呢？可以做一件很简单的事情，你可以发帖让别人看。现在雪球上每天会产生大概 30 万个帖子，有几十万条评论。除了看，我们围绕这个帖子还有丰富多彩的互动方法。比如你这个帖子说得非常有道理，甚至说一年前发的一个帖子最后导致了你在这个事情上赚了钱，你就可以给这个帖子打赏，向这个帖子的作者表达一下你的谢意。如果你在投资上有一个问题，你特别希望某个特定的人来回答，你可以 @ 这个人，向他提问并付一点儿感谢费。甚至你有一个问题想得到解答，但你并不知道谁能给你满意的答案，那么你可以开个悬赏说：我可以提供 1 000 元，谁给我提供好的答案，我可以把这笔奖金发给这个人。

我们开始都是围绕怎么挣钱来交流的，可是这些交流往往超出了我们的想象。比如"二十几岁时的事业和爱情如何平衡"，我也不知道，但好像雪球上有很多人都知道。"从人最终都要死去的角度来看，在世上所做的一切事情是不是都毫无意义？""算下姻缘，女 1987 年十月初一出生，男 1989 年八月十二出生，两个人合适吗？""恭喜你的孩子上了清华，能不能讲讲你的育儿经？"这个问题在雪球上获得了几百人的回答！还是说回来，雪球是投资者的社区，大部分交流都是围绕投资展开的，但是在投资周边产生的交流也给我们提供了非常多的额外的乐趣，我希望大家都可以充分享受这个乐趣。

毕竟雪球是一个投资者的社区，你希望有一个东西能够展示自己的投资能力，或者说验证自己的投资思路，你还可以做什么？你可以做一个组合，雪球上有提供 A 股、港股、美股的投资组合的功能，目前有将近 100 万种投资组合，每天产生 28 000 次调仓行为，有 800 个新增创建，有很多投资组合是实盘组合。我们可以从不同纬度衡量组合，比如最高收益、最抗风险、最佳选股、最佳择时、最稳定。

刚才说了，可以关注股票、关注人、发帖子、创建和关注组合，那么这时候大家觉得可能离一个投资决策已经不远了，如果你要开始投资，你在雪球上还可以做什么？你还可以开一个账户，A股、美股、港股的账号在雪球都可以非常便捷地完成开户，雪球目前提供了将近1 000亿的交易量，服务20万交易者。很多人会问，为什么我要在雪球上交易？这是一个非常有趣的问题。在雪球有交易功能之前，大家怎么交易呢？是跟网线另一头不知名的人在交易，你不知道谁在交易，但雪球是一个创建了社交化的交易场景的交易工具，你在雪球交易不孤单，你可以通过你的交易分享获得别人对你的交易的评价。你可以通过实盘大赛和摇一摇捉对厮杀，和雪球上你认识的人进行交易来决一雌雄。在场的用摇一摇跟我"对战"过的人请举一下手，那位女士，你赢了吗？我在雪球上也是有公布实盘的，你想显示自己的炒股水平比老方高明的话，就可以跟我捉对厮杀。这是我们创造的独特的交易场景。

也有很多人通过在股市上追涨杀跌、起起伏伏，最后发现自己跑输了指数，那么有没有什么办法可以让自己更简单方便地达到投资目的呢？也有，你可以买一个策略，雪球跟蛋卷基金销售有限公司合作，在雪球上推出了一系列策略，包括最稳健的股债平衡的蛋卷安睡二八平衡，包括海外资产配置的蛋卷安睡全天候，包括趋势交易的蛋卷斗牛二八轮动，包括为家族理财的蛋卷家族理财组合，包括主题轮动的蛋卷斗牛八仙过海。

除了自己投资，雪球上有很多用户觉得自己有比较强的投资能力，愿意把自己的投资能力输出，那你可以做什么？你可以通过雪球的私募工厂发行一个自己的阳光私募，把自己的投资能力加上杠杆。雪球的私募工厂到现在发行了 134 只产品，总管理规模有 12.7 亿元。大概从意愿的落实到最后完成产品的上线平均需要 30 天，30 天就可以发起一只阳光私募。大家看这些人——大卫的自由之路、Dinny-Sachs、秃鹫投资，他们都是雪球上的用户，最终都走上了职业化的投资道路，而且产品的净值过去都表现得不错，他们看起来有没有一点儿人生赢家的样子？

雪球还在做一件事情，就是成立了自己的 FOF[①] 产品，投资雪球上表现出持续的利润获取能力的优秀的私募产品，可能很多用户觉得有这么多优秀的私募产品，我不知道应该投资哪一只，其实也可以通过我们的 FOF 产品来投资，通过多个私募产品的组合、多个策略的对冲，最后实现比单一私募更加稳健的投资效果。

禁言与公平：人身攻击是人类相处的主要方式之一

@ **F 凤姐：** 方丈怎么看待雪球上的人身攻击，辱骂他人？别人辱骂我，我应不应该还击？我还击被禁言是否公平？我不还击，只是举报，对方被短暂禁言，处罚是否太轻？

@ **不明真相的群众：**（1）人身攻击是人类相处的主要方式之一，所以人身攻击不可避免。（2）一个巴掌拍不响，你不攻击别人，不对别人有不切实际的需求，不主动给别人提建议，人身攻击可以

---
① FOF（Fund of Funds）指基金中的基金。——编者注

减少 90%。(3) 人身攻击是中止还是延续、扩大取决于你自己，雪球提供了中止攻击的工具——取关或拉黑。(4) 不要指望第三方来主持公道，这件事对你很重要、很清楚，对别人来说一点儿不重要，也搞不清楚。

@ 飞鱼巴菲特： 官方也无力甚至无意维护所谓的公正和公平。雪球官方从来就只代表雪球的利益，而不是天使般的公正和公平。

@ 不明真相的群众： 这样说也不对，确切地说是这样的：这个世界上，并不存在洁白的雪球（不信你拿显微镜去看），也不存在所有人都无争议的公平和公正。(不然法院的判决为何需要强制执行？) 作为资源有限的商业公司，雪球更是没有能力提供天使般的公平和公正。如果一定要请雪球官方来裁决有无限复杂语境的口角是非，那么雪球的裁决一定做不到让所有人都满意，但在雪球的地盘上，请服从这个裁决。

@ vmnvw： 没有任何开放平台能满足所谓骂人即禁言的管理功能。如果真的有哪个平台做到了，那一定是没人去的，否则网友应该更喜欢线下面对面交流才对，克制、隐忍、微笑、客气。

@ 直言不讳的勇敢： 咋说呢！现在用户还是在向你寻求公平正义，一旦用户都觉得问题得不到解决的根源在于你偏向大 V，麻烦就来了，不纯洁的不仅是雪球环境吗？你跟雪球本身就那么干净吗？只不过是有没有人懂、有没有人跟你认真罢了，你可以赌没人会因为得不到公平正义去花时间和精力找你麻烦，但你怎么保证没有万一，你还是谨言慎行，尽量让大家心理平衡吧！一封信折腾你半年的事在现实中还少吗？

@ 不明真相的群众： 如果我说雪球能提供让大家都满意的"公平正义"，大家听着很满意，但雪球事实上提供不了，那样我就成了一个骗子。我宁愿大家认为我是个无能的人、没有正义感的人、不负责任的人，也不想变成一个骗子。我觉得，雪球能做到的"正义"是让用户尽可能接触更多的信息，了解不同的观点，发表不同的观点，而不是说雪球拥有裁决什么是正确的信息和观点、裁决用户之间的是非的能力。

你有评论别人的自由，别人就没有屏蔽你的自由了吗

@ **Crossking**：你们有个所谓的V，在他下面的发言，即使是被多数网友点赞的，他也会删除。这是长久以来的现象，当别人的言论有说服力时，他就拉黑别人。请问雪球平台就是请这样的人做所谓的V吗？请恕我直言，这样的水准代表你们的门面，也许无须多久，雪球整个平台还不如别人一个公众号有价值。

@ **不明真相的群众**：（1）他并不是"我们"的，在有雪球之前很久，他就存在了。（2）在合法合规的范围内，任何人都有选择自己与世界相处的方式的自由，是谦虚谨慎还是骄傲自负，是平和理性还是偏激夸张，都可以。至于他和世界的相处方式是不是好的，他自己承担后果。比如，因为态度不够平和丧失了与他人和谐相处的乐趣，因为思维不够开放丧失了从他人言论中获取启发的机会，因为情绪不够稳定丧失了投资人的信任，那也是他自己的事情。（3）这个世界上有各种各样的人，里面肯定有很多你不喜欢的人，你可以评论他的行为和处世方式，选择自己与他相处的方式，甚至可以在街上打他，但你无权干预他人的处世方式，更不能通过第三方干预他人处世的方式。人类历史的经验表明这会通往无尽的灾难。

补充：把他换成任一用户，都是成立的。

@ protlb：雪球给予 A 拉黑 B 的能力，也取消了 B 反击 A 的能力。长久以后，大 V 下面全部都是顺言顺语，因为敢讲反话的人已经被拉黑了。雪球并不是一个股票论坛，而是股票大 V 的培育论坛。作为普通人，看不到激烈的思想碰撞，有点儿可惜。

@ 不明真相的群众：你喜欢冲突，但你没有权力强制别人跟你发生冲突。

@ crossking：原来每个开帖者都是可以专制的，可以删除、屏蔽一切不喜欢的言论。哪怕那个言论是公允、客观、没有任何攻击性的。

@ 盛夏雨晨：逻辑鬼才，你有评论别人的自由，别人就没有屏蔽你的自由了？到底谁专制？

真实的世界和世界的真实：粗鲁野蛮和网络没有什么关系

@ 老黑 01：方丈，网络文明交流应该是公民的基本素养，我们在滚雪球的过程中看到太多不谈观点、直接侮辱他人、人身攻击的言论，这些人在现实生活中未必如此野蛮粗鲁，因为在网络虚拟空间中就放任内心的魔鬼肆虐，完全缺乏自律。

个人有个倡议，遇见这种低俗粗野辱骂他人的 ID，一方面是雪球管理员可做禁言删帖等处理，另一方面倡议大家凡发现这类言论直接拉黑发表言论的 ID，就如同建立社会诚信体系一样，让这些粗俗野蛮言论者付出代价，至少让他们看不到有价值的交流探讨。

@ 不明真相的群众："粗鲁野蛮"和网络没有什么关系，粗鲁野蛮是人性的一部分，每个人都有粗鲁野蛮的一面。风评良好、经常贡献干货的良心大 V 也有粗鲁野蛮的时刻和侧面。

  作为社区管理者，对粗鲁野蛮侵害他人的行为可能会有一些干预，但我们对这种干预不要寄予太高的期望。如果这个世界上完全没有错误、偏见、失礼、冲突，这个世界就不真实，甚至根本就不可能存在。

雪球问答：不是我在普度众生，而是众生度我

@ **TOPCP**：雪球把一个收费的问答功能设置为所有人都能看到提问和回复。产品经理的这种设计，不知道是该表扬还是该打屁股呢？也许，这个是老板自己设计的，呵呵。

@ **存钱罐**：这是一个非常好的设计，否则互动越来越少。

@ **不明真相的群众**：（1）这世界上有很多私密的（包括付费的）交流工具，可以打电话、发短信、发私信，不太需要雪球再多做一个。（2）我个人也通过回答问题收到一点儿钱，这点儿钱对我没有任何经济上的价值，但它带来的心情愉悦是不可否认的。当然，更大的愉悦是用户反复地补充、辩驳，给我提供了我根本预想不到的信息和角度，而事前我通常不知道这些信息和思维会来自哪个用户。我从来不觉得是我在普度众生，我觉得是众生度我。（3）从看的角度，我从来不觉得一个用户回答一个问题时生产的内容和他不是回答问题时生产的内容有什么区别，相反，因为有"问"这个场景设置，回答问题时提供的内容往往更加具体、更加生动。

@ **TOPCP**：哈哈，看来我确实理解错了方丈的用意，本以为这是一个给大 V 提供的生态闭环，现在看来本意并不是。只是不知道雪球总是希望无限期免费使用大 V 产生内容这个自信从何而来，

又能持续多久呢？

@ **不明真相的群众**：人并不能被分成两种——大V和非大V，人与人之间的关系并不是只有单向度的施与受，人与人之间交换的并不是只有金钱，人与人之间交换金钱的场景并不是只有当场兑现。如果答案都是"是"，这个世界将变得多么粗暴、贫乏、无趣。

交流的意义：哪座寺庙都无法保证你能修成正果，结果都靠自己的造化

@ **投资从入门到精通**：我突然想明白雪球为什么有这么多喷子和杠精了。这是不是雪球的推送和筛选机制造成的？比如我发布了一篇文章，我的读者都是高素质的人，不会不懂装懂，也没那么多戾气，那很可能这篇文章下面也就寥寥几条讨论。下面重点来了，假如有人喷我，我再喷回去，最后发展成团骂，回帖数马上就会飞涨。那这就是一条热帖了，雪球的机制看到回复这么多，一直有人跟帖，毫无疑问，这应该往热点上推荐啊。

显而易见，在这种制度下，越是有争议性，越是观点偏激，越是容易激起民愤的观点，越容易火。

最后的结局就是喷子、杠精和观点偏激的大V互相成就，而客观冷静的原创作者一个个选择了闭关。

@ **不明真相的群众**：一方面想获得热烈的反馈，另一方面又希望反馈完全符合自己的意愿，是人类社会无解的问题。作为一个个体，只能选择其中一项。

@ **询问真相的群众**：所以我慢慢就变得不喜欢和人交流了。

@ **不明真相的群众**：倒不是这样说。交流既有乐趣又会有很多收

获，但决定交流质量和效率的其实是我们自己而不是别人。

我们交流的目的是什么？如果是从别人的信息、观点里获得启发，而不是获得他人的认同，那么就不太容易被他人伤害。当然，如果是期望从他人那里获得启发而不是认同，那么就得预设自己不一定是对的，当别人指出自己的错误时就不会暴跳如雷，觉得世界上都是跟自己作对的喷子。

千万不要把自己跟"傻子"、喷子对立起来，很可能在别人眼里，我们自己就是"傻子"、喷子。

@ **艾萨克的追随者**：方丈这是在和稀泥，人多少都会抬杠，就否认喷子的存在；无法彻底解决，就否认有改善空间的存在。举个例子，发言次数差不多的非大 V 用户中，有些人被拉黑的次数多，有些人被拉黑的次数少，这难道不能作为区别用户的根据？让用户可以选择，禁止被拉黑率高于一定数值的用户评论，不就改善很多人的需求了吗？

@ **不明真相的群众**：我不用算数据都知道答案，被拉黑率最高的就是抱怨喷子最厉害的用户。

@ **艾萨克的追随者**：那方丈是确定大 V 以及普通用户都没有拒绝"高被拉黑率"用户评论的需求吗？

@ **不明真相的群众**：有这个需求，但无法用你说的这个办法来满足（因为用户是非常复杂而多变的，无法被简单定义），雪球提供基于用户自定义的功能解决这些需求问题：可以不允许用户评论，可以只允许关注自己的人评论，也可以只允许自己关注的人评论。

@ **Miss 樱桃子**：多见识一下不同性格、不同心态的人的视野和观点也没什么不好的呀！

@ **投资从入门到精通**：我再多说一句，雪球是不是更热衷于解决制造矛盾的人，而不是修正造成这种问题的机制？我有个幼稚的想法，能不能通过程序，针对喷子和杠精（那些粉丝少、主动发帖少、跟帖多、被人拉黑的次数多、发言中的不洁词汇多的用户）设计一种规则来减少这种问题的产生？

@ **不明真相的群众**：雪球不会狂妄到想去解决人性、社会层面无解的问题。

@ **高望村东头 004 号**：哪座寺庙都无法保证你能修成正果，结果都靠自己的造化。

雪球从不认为自己有确认信息正确客观的能力

@ **Daniel 谈股论今**：方丈，雪球的工作人员是不是因为知道您不大喜欢某个人的性格，所以对论坛上黑他的各种假新闻泛滥置之不理？

@ **不明真相的群众**：简单地看，这是中央处理器运转，从全世界抓取和他有关的资讯的结果，和"雪球工作人员"有什么关系呢？任何资讯，在中央处理器看来，都只是一些字节而已。复杂一点儿看，不同的公司在不同的时段有不同的舆论，有的公司新闻多，有的公司新闻少，有的公司正面多，有的公司负面多，有的时间段正面多，有的时间段负面多。公司从这个世界上获得的舆论，属于这个世界对企业产品、服务、经营行为的一种反馈，你可以说你不喜欢这个反馈，但世界会因为你的喜好而改变吗？然后你就怪罪到一个能帮你更全面地了解这个反馈的渠道头上？

@ **e 大海航行靠舵手**：哈哈，方丈这个解释不是很好哦！您的爱股

Facebook 就做过实验，可以通过修改社交网络的信息影响舆情和公众的情绪。

@ **不明真相的群众：** 现在的情况是相反的，很多用户因雪球没有把他的股票的信息流"修改"成他喜欢的样子（符合自己的多空意愿）而非常生气，然后展开丰富的想象，认为这是雪球的阴谋。在这个事情上，雪球是无能为力的。从投资角度看，这种想象非常有害。

@ **滚一个雪球：** 如果仅仅是这样，我想没几个有独立思考能力的人会提出这样的疑问，而是雪球类似"要闻直播"这样的官方工具会有选择地报道相关企业的新闻，也就是负面的新闻会更多，这倒不是说雪球的立场问题，而是考虑流量的问题，这也不是雪球一家媒体有这样的倾向，所以说是中国社会的悲哀。

@ **不明真相的群众：**（1）全世界都在跟你作对。（2）别人都怀着不可告人的恶意。对的，世界确实是这样子的。

@ **滚一个雪球：** 呵呵，方丈啊，同样的道理也适用于自身啊，即使是扎克伯格也会觉得自己没有错，但最后去了美国国会。

如果仅仅是从投资角度出发，持有公司出现负面舆论，一点儿都没关系，好公司从来没有被人唱衰而倒闭过。但是对社会来说，如何传导正确客观的信息给大众就变得有意义了，特别是作为一个媒介平台，这种责任感和追求可以让公司走得更远。

@ **不明真相的群众：** 雪球从不认为自己有确认信息正确客观的能力。如果雪球认为自己有这个能力，那是雪球不可饶恕的自大；如果用户认为雪球有这个能力，那是对雪球错误的期待。

但雪球有意愿（未必有能力）做到让信息尽可能全面，雪球有意愿（未必有能力）提供持续互动的功能，让信息得到补充、纠正。仅此而已。

你是方三文吗？一个没有意义的问题

@ **人生五味子：** 请问方丈，是您本人（方三文）在答问题吗？

@ **不明真相的群众：** 互联网上的名言："在网上，没有谁知道你是不是一条狗。"所以，谁说的不重要，说得对不对、有没有价值才重要。

@ **即溶咖啡粉：** 要判断一句话对不对、有没有价值太难了，信息费用太高。捷径是看说话人的身份、地位，曲线判断。

@ **不明真相的群众：** 当你判断信息价值的时候，摆脱了对信息发布者的身份依赖，那你就自由了，全世界都是你的情报官。

@ **不明真相的群众：** 有个古圣，他说"世风日下，人心不古"，我认为他在这个事情上是胡说八道，但这不影响他的胡说八道流传千古，也不影响他说过些有道理的话流传千古。无论是古圣还是今贤，都很有可能胡说八道，不要无保留地相信任何一个人。